Zach Goodman

Diccionario cripto

Primera edición
Arkadia Ediciones 27.03.23

Título original: *Diccionario cripto*
© Arkadia Ediciones, 2023
Diseño de cubierta: Arkadia Ediciones

Editor: Arkadia Ediciones
Primera edición: marzo 2023

ARKADIA

ISBN: 9798388747709

prefacio

Bienvenidos al Diccionario cripto, un manual esencial sobre blockchain, criptomonedas, DeFi, NFT, metaverso y mucho más. Este diccionario ha sido diseñado para brindar una guía clara y concisa a aquellos que desean aprender acerca de las tecnologías blockchain y criptomonedas, así como sus aplicaciones más populares, como DeFi, NFT y metaverso.

No obstante, es importante señalar que en ningún momento este diccionario pretende promover o incitar a la inversión en criptomonedas o cualquier otra forma de inversión. Como muchos de ustedes saben, las criptomonedas son activos altamente volátiles y pueden resultar en la pérdida total de su inversión.

Por lo tanto, recomendamos encarecidamente que cualquier persona que esté considerando invertir en criptomonedas consulte con un profesional experimentado en la materia. Este experto puede ayudarle a evaluar su situación financiera, determinar el nivel de riesgo que está dispuesto a asumir y la cantidad que puede invertir según sus circunstancias personales. Tenemos muy presente que los ahorros de nuestros lectores son muy importantes y se han conseguido a base de mucho esfuerzo, por lo que es necesario pensar con detenimiento cómo, cuándo y dónde invertirlos.

En resumen, este diccionario tiene como objetivo proporcionar información útil y relevante sobre las tecnologías blockchain y criptomonedas, pero no debe ser considerado como un consejo de inversión. Si decide invertir en criptomonedas, hágalo con precaución y siempre consulte con un experto antes de tomar cualquier decisión financiera importante.

Aprovecho este espacio también para agradecerle la adquisición del libro y espero que sea una guía útil para comprender todos los conceptos esenciales de esta nueva revolución que ha llegado para quedarse y modificar la vida de todos nosotros.

Zach Goodman

índice

Prefacio 5

Índice 7

Diccionario

AAVE

AAVE es una plataforma de préstamos y préstamos descentralizada construida en la red Ethereum que permite a los usuarios obtener préstamos o proporcionar fondos a través de contratos inteligentes. La plataforma AAVE fue lanzada en 2017 como "ETHLend" y se renombró como "AAVE" en 2020.

En AAVE, los préstamos se realizan a través de contratos inteligentes, lo que permite una mayor transparencia y seguridad en las transacciones. Los usuarios pueden obtener préstamos en criptomonedas, incluyendo Ether (ETH), y una amplia variedad de tokens ERC-20, como Dai (DAI), USDC, y otros.

Los usuarios también pueden proporcionar fondos a la plataforma y ganar intereses sobre sus depósitos. Los intereses se pagan en el token nativo de la plataforma, AAVE, y la tasa de interés que reciben los depositantes se determina mediante un sistema de subastas en el que los prestamistas compiten para proporcionar fondos.

AAVE también utiliza un sistema de colateralización para garantizar la seguridad de los préstamos. Los usuarios que deseen obtener un préstamo deben proporcionar una cantidad de criptomonedas como garantía, que se mantienen en un contrato inteligente hasta que el préstamo se reembolse en su totalidad.

Además de sus funciones de préstamos y préstamos, AAVE también permite a los usuarios intercambiar tokens directamente en la plataforma a través de una integración con Uniswap, otra plataforma descentralizada.

En resumen, AAVE es una plataforma de préstamos y préstamos descentralizada en la red Ethereum que permite a los usuarios obtener préstamos y ganar intereses sobre sus depósitos a través de contratos inteligentes. AAVE también utiliza un sistema de subastas y colateralización para garantizar la seguridad de las transacciones.

AAVEGOTCHI

Aavegotchi es un juego blockchain basado en la cadena de bloques Ethereum que combina la tecnología DeFi (finanzas descentralizadas) y los tokens no fungibles (NFTs) para crear una experiencia de juego única. El juego se basa en los personajes "Gotchi", que son NFTs con características y habilidades únicas que los jugadores pueden adquirir, coleccionar y comerciar.

En Aavegotchi, los jugadores pueden crear, personalizar y entrenar a sus Gotchis para participar en una variedad de minijuegos y desafíos. Los Gotchis también pueden interactuar con la plataforma de DeFi de Aave, donde los jugadores pueden prestar y pedir prestado criptomonedas y ganar intereses.

Los Gotchis se crean a través de una subasta en la que los jugadores pueden pujar por "portales" que contienen una variedad de tokens y materiales que se utilizan para crear un Gotchi. Cada portal contiene una combinación aleatoria de tokens y materiales, lo que significa que cada Gotchi es único y tiene habilidades y características diferentes.

Los tokens nativos de Aavegotchi son GHST y FREN, que se utilizan como medio de intercambio y para recompensar a los jugadores que contribuyen al ecosistema de Aavegotchi. El equipo detrás de Aavegotchi también ha lanzado una variedad de herramientas y aplicaciones adicionales, como un mercado NFT, un creador de Gotchis y una plataforma de estadísticas.

En general, Aavegotchi es una interesante combinación de NFTs, DeFi y juegos, y ha ganado popularidad en la comunidad de criptomonedas como una forma única de interactuar con la tecnología blockchain y las criptomonedas.

ABANICO DE FIBONACCI

El abanico de Fibonacci es una herramienta utilizada en el análisis técnico del mercado financiero que se basa en los niveles de la secuencia de Fibonacci para identificar posibles áreas de soporte y resistencia en el precio de un activo financiero.

El abanico de Fibonacci se compone de tres líneas diagonales que se dibujan en un gráfico de precios, y que están basadas en los niveles de Fibonacci 38,2%, 50% y 61,8%. Estos niveles se calculan a partir de los puntos extremos del precio del activo que se está analizando, y se dibujan como líneas diagonales que se extienden desde un punto origen.

El abanico de Fibonacci se utiliza para identificar posibles niveles de soporte y resistencia en el precio de un activo financiero. Los inversores pueden utilizar esta herramienta para identificar posibles puntos de entrada o salida en una posición, o para establecer niveles de stop-loss para limitar las pérdidas en caso de que el precio se mueva en su contra.

Es importante tener en cuenta que el abanico de Fibonacci no es una herramienta infalible, y que el precio de un activo puede moverse de manera impredecible en cualquier momento. Por lo tanto, es importante utilizar el abanico de Fibonacci en conjunto con otras herramientas de análisis técnico y tener un plan de gestión de riesgos sólido al operar en el mercado financiero.

ACTIVO

En el contexto financiero, un activo se refiere a cualquier cosa que tenga valor y pueda ser propiedad de una persona, empresa u otra entidad. Los activos pueden ser físicos, como bienes raíces, vehículos, maquinarias, materiales y otros recursos naturales, o financieros, como acciones, bonos, criptomonedas y otros instrumentos financieros.

Los activos pueden ser utilizados para generar ingresos o para ser vendidos o intercambiados en el mercado. Además, los activos pueden ser clasificados como líquidos o ilíquidos, dependiendo de la facilidad y rapidez con que pueden ser convertidos en efectivo.

Los activos también pueden ser clasificados como tangibles o intangibles. Los activos tangibles son aquellos que tienen una existencia física, mientras que los activos intangibles no tienen una existencia física y se refieren a derechos, patentes, marcas comerciales, propiedad intelectual y otros derechos de propiedad.

En resumen, un activo es cualquier cosa que tenga valor y pueda ser poseída o controlada por una persona o entidad. Los activos son importantes para la gestión financiera y la inversión, ya que representan una fuente potencial de ingresos y valor.

ACTIVO SUBYACENTE

Un activo subyacente es un activo financiero que subyace o es la base de un instrumento financiero derivado, como un contrato de futuros, una opción o un swap. En otras palabras, un activo subyacente es un activo que determina el valor de un contrato financiero derivado.

Los activos subyacentes pueden ser acciones, índices, materias primas, divisas o criptomonedas. Por ejemplo, en un contrato de futuros de oro, el oro es el activo subyacente. En un contrato de opciones de acciones, la acción subyacente es el activo subyacente.

Los instrumentos financieros derivados se basan en el valor del activo subyacente y pueden ser utilizados por los inversores para especular sobre el movimiento de los precios de los activos subyacentes. Los inversores pueden tomar posiciones largas o cortas en contratos derivados, apostando a que los precios del activo subyacente subirán o bajarán.

Es importante tener en cuenta que los instrumentos financieros derivados pueden ser altamente complejos y arriesgados, y es recomendable que los inversores comprendan completamente los riesgos antes de operar en estos mercados. Además, los instrumentos financieros derivados pueden ser regulados por las autoridades financieras en algunos países, lo que puede limitar su acceso a algunos inversores.

ADA

ADA es la criptomoneda nativa de la plataforma de blockchain Cardano. Fue nombrada en honor a Ada Lovelace, una matemática y escritora británica que es considerada como la primera programadora de la historia.

ADA se utiliza como medio de intercambio y para pagar las tarifas de transacción en la red de Cardano. Además, también se utiliza para participar en la gobernanza de la red y en la selección de los validadores de bloques.

Como criptomoneda, ADA también se puede intercambiar en diversas plataformas de intercambio de criptomonedas y se puede almacenar en carteras de criptomonedas compatibles con ADA.

Cardano y ADA han ganado popularidad por su enfoque innovador y sostenible para la plataforma de blockchain, así como por su énfasis en la investigación y la colaboración con expertos en diversas áreas, como la criptografía y la informática.

AIRDROP

Un airdrop es una forma de distribución gratuita de criptomonedas u otros activos digitales a una gran cantidad de personas. Los airdrops son una estrategia de marketing utilizada por proyectos de criptomonedas para promocionar su token y aumentar su base de usuarios.

En un airdrop, los desarrolladores de un proyecto de criptomonedas seleccionan una lista de direcciones de billeteras de criptomonedas y distribuyen gratuitamente una cierta cantidad de su token a cada una de estas direcciones. Los destinatarios del airdrop pueden ser elegidos de diferentes maneras, como por ejemplo mediante la participación en una campaña de redes sociales o la posesión de cierta cantidad de otro token específico.

El objetivo principal de un airdrop es aumentar la visibilidad del proyecto de criptomonedas y su base de usuarios. Al regalar criptomonedas a los destinatarios, los desarrolladores esperan que estos se conviertan en usuarios activos del proyecto, lo compartan con amigos y colegas, lo que puede generar un efecto viral.

Algunos airdrops tienen condiciones específicas que los destinatarios deben cumplir para recibir y conservar los tokens. Estas condiciones pueden incluir la participación en actividades específicas relacionadas con el proyecto o la retención de los tokens durante un período determinado.

Es importante tener en cuenta que no todos los airdrops son legítimos, y algunos pueden ser fraudes. Por lo tanto, se recomienda investigar cuidadosamente cualquier airdrop antes de participar en él y proporcionar cualquier información personal o financiera.

ALCHEMY

Alchemy es una plataforma de infraestructura blockchain que proporciona herramientas y servicios para desarrolladores que trabajan en aplicaciones descentralizadas (dApps).

La plataforma Alchemy ofrece una variedad de servicios, incluyendo nodos de blockchain personalizados, herramientas de desarrollo de software, analítica de datos en tiempo real, integraciones de seguridad y monitoreo de la salud del sistema. Los desarrolladores pueden utilizar estas herramientas para crear y ejecutar aplicaciones blockchain de alto rendimiento en una variedad de redes blockchain, incluyendo Ethereum, Binance Smart Chain y Polygon.

Alchemy fue fundada en 2017 por Nikil Viswanathan y Joe Lau, y ha ganado popularidad en la comunidad de criptomonedas como una de las principales plataformas de infraestructura blockchain. La plataforma ha sido adoptada por varias compañías de criptomonedas y fintech, incluyendo Chainlink, MakerDAO y Compound, y ha recaudado más de $80 millones en financiamiento de inversores de capital de riesgo.

ALGO

ALGO es el símbolo o ticker de la criptomoneda nativa de la red Algorand, una plataforma blockchain diseñada para ser rápida, segura y descentralizada. Algorand fue creada por Silvio Micali, un profesor de ciencias de la computación del MIT y ganador del Premio Turing en 2012, y su objetivo es crear una plataforma que permita la creación y transferencia de activos financieros y digitales en tiempo real y con comisiones muy bajas. La moneda ALGO es utilizada para pagar las tarifas de transacción y también se puede utilizar como una forma de almacenar valor o como una inversión en el potencial futuro de la red Algorand.

ALGORAND

Algorand es una plataforma de blockchain de código abierto y descentralizada que utiliza un algoritmo de consenso de prueba de participación pura (pure proof-of-stake) para garantizar la seguridad y la velocidad en la validación de transacciones. La plataforma Algorand se enfoca en la escalabilidad, la seguridad y la descentralización, lo que permite a los desarrolladores construir aplicaciones descentralizadas y utilizar contratos inteligentes. Además, Algorand ofrece un token nativo llamado ALGO que se utiliza como medio de pago para las transacciones y como incentivo para los validadores que aseguran la red.

ALGORITMO

En informática, un algoritmo es un conjunto de instrucciones precisas y finitas que se utilizan para resolver un problema o realizar una tarea específica. Los algoritmos son una parte fundamental de la informática y se utilizan en una amplia variedad de aplicaciones, desde la programación de software hasta la criptografía y la inteligencia artificial.

Un algoritmo puede ser visto como una receta o un conjunto de instrucciones que se deben seguir para lograr un objetivo determinado. Los algoritmos pueden ser expresados en diferentes lenguajes de programación, diagramas de flujo, pseudocódigo y otros formatos.

Los algoritmos son utilizados en la informática para una variedad de propósitos, como la clasificación de datos, la búsqueda de información, la optimización de procesos, la seguridad informática, la generación de números aleatorios y la resolución de problemas matemáticos complejos.

Los algoritmos también se utilizan en la criptografía para cifrar y descifrar datos, y en la minería de criptomonedas para resolver complejos cálculos matemáticos que se necesitan para validar transacciones y agregar bloques a la cadena de bloques.

La eficacia y eficiencia de un algoritmo puede ser medida por su complejidad computacional, que indica la cantidad de tiempo y recursos que se necesitan para ejecutar el algoritmo en función del tamaño de los datos de entrada. Los algoritmos con menor complejidad computacional suelen ser preferidos ya que son más rápidos y utilizan menos recursos.

ALP

Un proveedor de liquidez automatizado (en inglés, Automated Liquidity Provider o ALP) es un software o protocolo que permite la creación de mercados financieros descentralizados. Este tipo de proveedor de liquidez funciona mediante la creación de un fondo común de liquidez al que los usuarios pueden aportar fondos en forma de criptomonedas o tokens.

El funcionamiento de un ALP se basa en el uso de un algoritmo que establece el precio de un activo mediante la oferta y la demanda de los usuarios, lo que permite que los usuarios intercambien sus activos de forma descentralizada sin necesidad de un intermediario.

Los ALP son una parte esencial de los ecosistemas de finanzas descentralizadas (DeFi), ya que permiten la creación de mercados que son accesibles para cualquier persona con una conexión a Internet y una billetera digital. Algunos de los proveedores de liquidez automatizados más conocidos son Uniswap, PancakeSwap, Sushiswap, Quickswap, entre otros.

ALPACA

ALPACA es el token nativo de Alpaca Finance, una plataforma de finanzas descentralizadas (DeFi) construida en la cadena de bloques de Binance Smart Chain (BSC). Como tal, ALPACA es un token de utilidad que se utiliza dentro del ecosistema de Alpaca Finance para acceder a diversas funciones y servicios.

Entre las funciones de ALPACA se incluyen la participación en el gobierno de la plataforma, el acceso a descuentos en las tarifas de préstamos y el acceso a recompensas de participación en la plataforma. Los usuarios que depositan y utilizan ALPACA también pueden ganar recompensas en forma de tokens ALPACA adicionales.

Además de su utilidad dentro de la plataforma de Alpaca Finance, ALPACA también se puede negociar en diversos intercambios de criptomonedas, lo que permite a los usuarios comprar, vender y comerciar con el token en función de la oferta y la demanda del mercado.

En resumen, ALPACA es un token de utilidad que se utiliza dentro del ecosistema de Alpaca Finance y que ofrece diversas funciones y beneficios a los usuarios que lo utilizan.

ALPACA FINANCE

Alpaca Finance es una plataforma de finanzas descentralizadas (DeFi) construida en la cadena de bloques de Binance Smart Chain (BSC). La plataforma permite a los usuarios prestar y tomar prestado criptomonedas en un entorno seguro y descentralizado.

Alpaca Finance utiliza un modelo de préstamos basado en garantías, en el que los usuarios pueden depositar sus criptomonedas como garantía y tomar prestado otras criptomonedas. Los préstamos pueden tener una duración de hasta 90 días y los usuarios pueden retirar sus activos en cualquier momento durante el período de préstamo.

Además de su modelo de préstamos, Alpaca Finance también cuenta con un sistema de recompensas para los usuarios que depositan y utilizan su token nativo, ALPACA. Los usuarios que depositan ALPACA pueden ganar recompensas en forma de tokens ALPACA adicionales, lo que ayuda a fomentar la participación y el uso de la plataforma.

Alpaca Finance también cuenta con una serie de características adicionales, como integraciones con otros proyectos de DeFi y herramientas de análisis de cartera. En general, la plataforma busca proporcionar una experiencia de préstamo y toma de préstamos en criptomonedas simple, segura y accesible para los usuarios de todo el mundo.

ALPHA HOMORA

Alpha Homora es una plataforma de finanzas descentralizadas (DeFi) basada en Ethereum que permite a los usuarios obtener rendimientos de sus depósitos de criptomonedas mediante la utilización de préstamos apalancados. En otras palabras, Alpha Homora permite a los usuarios ganar más intereses en sus depósitos de criptomonedas de lo que sería posible en otras plataformas DeFi, mediante el uso de apalancamiento financiero.

Alpha Homora es una aplicación de préstamos y préstamos apalancados que funciona como un intermediario entre los proveedores de liquidez y los usuarios que buscan obtener préstamos apalancados. Los usuarios pueden depositar sus criptomonedas en la plataforma y obtener un préstamo en forma de tokens sintéticos que representan una cantidad mayor de criptomonedas. Luego, pueden utilizar estos tokens para obtener rendimientos mediante el intercambio de los mismos por otros tokens DeFi.

Alpha Homora utiliza contratos inteligentes para automatizar el proceso de préstamos y préstamos apalancados, lo que permite a los usuarios obtener rendimientos de forma rápida y eficiente. La plataforma también ofrece características de seguridad avanzadas, como la autenticación de dos factores (2FA) y la protección contra ataques de flash.

En resumen, Alpha Homora es una plataforma DeFi que permite a los usuarios obtener rendimientos de sus depósitos de criptomonedas mediante la utilización de préstamos apalancados, y es una opción popular para aquellos que buscan maximizar sus ganancias en el mercado de criptomonedas.

ALTCOIN

Una altcoin es cualquier criptomoneda alternativa a Bitcoin, la primera y más conocida criptomoneda. El término "altcoin" significa "alternative coin" o "moneda alternativa" en inglés. Las altcoins se han desarrollado en respuesta a la popularidad y el éxito de Bitcoin, y buscan mejorar o agregar características que no están presentes en Bitcoin.

Al igual que Bitcoin, las altcoins utilizan tecnología blockchain y se pueden comprar, vender y negociar en intercambios de criptomonedas. Algunas de las altcoins más populares incluyen Ethereum, Litecoin, Ripple, Bitcoin Cash, Cardano y Dogecoin, entre otras.

Cada altcoin tiene sus propias características y protocolos únicos, y pueden tener diferentes niveles de aceptación y adopción por parte de la comunidad de criptomonedas. Algunas altcoins se centran en mejorar la privacidad, la escalabilidad o la velocidad de transacción, mientras que otras se centran en soluciones específicas de la industria o en aplicaciones descentralizadas.

Aunque Bitcoin sigue siendo la criptomoneda dominante en términos de valor de mercado y adopción, las altcoins han ganado cada vez más popularidad y atención en la industria de las criptomonedas en los últimos años.

ALTURA DE BLOQUE

La altura del bloque, o block height en inglés, es un término utilizado en la tecnología de blockchain que se refiere a la posición de un bloque en una cadena de bloques. Cada bloque en una cadena de bloques tiene una altura única que indica su posición en la cadena.

La altura del bloque se determina por la cantidad de bloques que lo preceden en la cadena de bloques. El primer bloque de una cadena de bloques tiene una altura de 1, mientras que cada bloque posterior tiene una altura que es la suma de la altura del bloque anterior más 1.

La altura del bloque es importante porque permite a los nodos de la red de blockchain verificar que todos los bloques de la cadena están en el orden correcto y que no se han alterado o eliminado bloques de la cadena.

Además, la altura del bloque se utiliza en la minería de criptomonedas como un método para determinar la recompensa que recibirá un minero por resolver el problema matemático que valida un bloque y lo agrega a la cadena de bloques. La recompensa se establece en la altura del bloque en que se resolvió el problema, y disminuye gradualmente a medida que se agregan más bloques a la cadena.

En resumen, la altura del bloque es una medida importante en la tecnología de blockchain que indica la posición de un bloque en una cadena de bloques y se utiliza para verificar la integridad de la cadena y determinar las recompensas de la minería de criptomonedas.

AMPL

AMPL (Ampleforth) es un token de criptomoneda con una oferta elástica que utiliza un mecanismo automatizado para ajustar su suministro en tiempo real en función de la demanda del mercado. El objetivo de AMPL es mantener un valor nominal constante de 1 dólar estadounidense, a pesar de las fluctuaciones del mercado.

La forma en que funciona AMPL es a través de un mecanismo llamado "Rebase". El Rebase ajusta automáticamente la cantidad de tokens AMPL en cada cuenta de usuario para aumentar o disminuir el valor nominal del token en función de la demanda del mercado. Si el precio de AMPL se mantiene por encima de 1 dólar, se agregarán más tokens AMPL a cada cuenta de usuario, lo que disminuirá el valor nominal de cada token y, por lo tanto, mantendrá el valor total de la cuenta constante. Si el precio de AMPL cae por debajo de 1 dólar, se eliminarán algunos tokens AMPL de cada cuenta de usuario, lo que aumentará el valor nominal de cada token y, por lo tanto, mantendrá el valor total de la cuenta constante.

AMPL se utiliza como una forma de pago y como un activo de reserva de valor, y se puede intercambiar en varias plataformas de intercambio de criptomonedas. Es importante tener en cuenta que el valor de AMPL puede fluctuar significativamente en función de la oferta y la demanda del mercado, y que su suministro no está garantizado para mantenerse constante en el futuro.

ANÁLISIS DE VOLUMEN

El análisis de volumen es una técnica utilizada en el análisis técnico del mercado financiero que se centra en el estudio del volumen de negociación de un activo financiero en un determinado período de tiempo. El volumen de negociación se refiere a la cantidad total de un activo que se ha comprado o vendido durante un período específico de tiempo, como un día o una semana.

El análisis de volumen puede proporcionar información importante sobre la salud de un mercado y la dirección futura del precio de un activo. Por ejemplo, si el volumen de negociación está aumentando a medida que el precio de un activo sube, esto puede ser una señal de que hay una demanda creciente para el activo, lo que podría llevar a un aumento adicional en el precio. Por otro lado, si el volumen de negociación está disminuyendo a medida que el precio sube, esto podría ser una señal de que el mercado está perdiendo fuerza y que el precio podría estar cerca de alcanzar un techo.

El análisis de volumen también se utiliza en combinación con otras herramientas de análisis técnico, como gráficos de precios e indicadores técnicos, para obtener una visión más completa de la situación del mercado y ayudar a los inversores a tomar decisiones informadas sobre sus operaciones.

ANÁLISIS FUNDAMENTAL

El análisis fundamental es una metodología utilizada para evaluar el valor intrínseco de un activo financiero, como una acción, criptomoneda o commodity, basándose en factores económicos, financieros y empresariales. Este enfoque se basa en la idea de que el precio de un activo debe reflejar su valor real, y que este valor real puede ser estimado a través del análisis de factores fundamentales, como los estados financieros, la situación económica del país, la política monetaria, la competencia, entre otros.

El análisis fundamental se utiliza en diferentes mercados financieros, incluyendo el mercado de valores y el mercado de criptomonedas, y se utiliza para tomar decisiones de inversión a largo plazo. A diferencia del análisis técnico, que se basa en el análisis de gráficos y patrones de precios pasados, el análisis fundamental se centra en los factores económicos y empresariales que pueden afectar el valor futuro de un activo.

ANÁLISIS TÉCNICO

El análisis técnico es una técnica utilizada en el análisis de los mercados financieros, incluyendo el mercado de criptomonedas, que se basa en el estudio de los movimientos de los precios y los patrones gráficos para identificar tendencias y predecir futuros movimientos de precios.

Los analistas técnicos utilizan herramientas como gráficos de precios, indicadores técnicos, líneas de tendencia y patrones de velas para analizar los movimientos del mercado y tomar decisiones de inversión. Estos indicadores y patrones se basan en la idea de que los precios de los activos financieros se mueven en tendencias y patrones repetitivos, y que estos patrones pueden ser utilizados para predecir futuros movimientos del mercado.

El análisis técnico se utiliza comúnmente en combinación con el análisis fundamental, que se basa en factores económicos y financieros como el estado de la economía, los ingresos y los gastos de una empresa y otros factores relacionados con los fundamentos del mercado.

Es importante destacar que el análisis técnico no es una herramienta infalible y no puede predecir el futuro de los precios con certeza. Sin embargo, puede ser una herramienta útil para los inversores a corto plazo que buscan tomar decisiones rápidas basadas en la información disponible en ese momento.

ANATOLY YAKOVENKO

Anatoly Yakovenko es el fundador y CEO de la plataforma de cadena de bloques Solana. Yakovenko es un ingeniero de software con experiencia en el desarrollo de sistemas distribuidos y en la construcción de infraestructuras de alta velocidad y alta escalabilidad.

Antes de fundar Solana, Yakovenko trabajó en varios proyectos de tecnología blockchain, incluyendo BitTorrent y Ripple, donde trabajó en el desarrollo de tecnología de consenso y en la creación de sistemas distribuidos de alta velocidad. Yakovenko también ha trabajado en empresas de tecnología de la información como Qualcomm, donde trabajó en el desarrollo de software de sistemas móviles.

Con Solana, Yakovenko ha creado una plataforma de cadena de bloques de alta velocidad y escalabilidad que ha atraído la atención de inversores y desarrolladores de todo el mundo. Su visión es que Solana se convierta en una plataforma líder en el espacio de la tecnología blockchain y una herramienta esencial para el futuro de las finanzas descentralizadas (DeFi), los juegos y otras aplicaciones descentralizadas.

ANDRE CRONJE

Andre Cronje es un desarrollador de software y empresario sudafricano, conocido por ser el fundador de Yearn Finance, un protocolo de finanzas descentralizadas que busca optimizar el rendimiento de las inversiones en criptomonedas.

Cronje ha estado involucrado en el espacio de las criptomonedas desde 2017, y ha creado una variedad de proyectos relacionados con DeFi, incluyendo Yearn Finance, una plataforma de agregación de rendimiento, y el protocolo de intercambio descentralizado (DEX) UniSwap. También ha trabajado en otros proyectos de DeFi como Curve Finance y Aave.

Cronje es conocido por su enfoque experimental y su tendencia a lanzar proyectos antes de que estén completamente desarrollados, lo que ha llevado a críticas de algunos miembros de la comunidad de criptomonedas. Sin embargo, también ha sido reconocido por su contribución al desarrollo de DeFi y por su trabajo para llevar las finanzas descentralizadas a un público más amplio.

ANKR

Ankr es una plataforma de computación distribuida que permite a los usuarios aprovechar los recursos de computación inutilizados para realizar cálculos complejos y procesamiento de datos. La plataforma utiliza nodos descentralizados y utiliza la tecnología blockchain para garantizar la seguridad y transparencia de la red. Ankr permite a los desarrolladores crear y ejecutar aplicaciones descentralizadas, así como ofrecer servicios de infraestructura a otras empresas de blockchain y criptomonedas. Además, la plataforma Ankr también tiene su propio token nativo, ANKR, que se utiliza para pagar tarifas de transacción y como incentivos para los nodos que prestan sus recursos de computación.

APALANCAMIENTO

El apalancamiento en el trading de criptomonedas se refiere al uso de fondos prestados para aumentar el tamaño de la posición de un trader. En otras palabras, el trader utiliza un monto menor de su propio capital y el resto lo obtiene prestado, lo que le permite tener una exposición mayor en el mercado y potencialmente obtener mayores ganancias.

Por ejemplo, si un trader quiere comprar $10,000 en Bitcoin con un apalancamiento de 2:1, solo necesita tener $5,000 en su cuenta de trading y los otros $5,000 los obtendrá prestados de la plataforma de trading o de un prestamista. Si el precio de Bitcoin sube un 10%, el trader obtendrá una ganancia del 20% ($2,000) en lugar de solo del 10% ($1,000) si hubiera comprado los $10,000 de Bitcoin con su propio capital.

Sin embargo, el apalancamiento también aumenta el riesgo de pérdidas, ya que cualquier caída en el precio de mercado se amplifica en la misma proporción que el apalancamiento utilizado. Por lo tanto, el uso excesivo de apalancamiento puede provocar grandes pérdidas en caso de una mala predicción del mercado.

Es importante destacar que el apalancamiento solo está disponible en ciertas plataformas de trading de criptomonedas y que su uso debe ser cuidadoso y basado en una estrategia de trading bien fundamentada. Además, es esencial comprender los términos y condiciones del apalancamiento ofrecido por cada plataforma antes de utilizarlo.

API

API son las siglas de "Application Programming Interface", que en español se traduce como "Interfaz de Programación de Aplicaciones". Se trata de un conjunto de protocolos, herramientas y rutinas de programación que se utilizan para construir aplicaciones de software.

Una API permite a distintas aplicaciones comunicarse entre sí y compartir información y funcionalidades de forma estructurada y estandarizada. Es decir, ofrece una forma de acceso programático a los datos y servicios que proporciona una aplicación o plataforma, sin necesidad de conocer su implementación interna.

Las API se utilizan ampliamente en el desarrollo de aplicaciones web, móviles y de escritorio. Por ejemplo, una red social como Facebook ofrece una API para que otros desarrolladores puedan integrar sus servicios en sus propias aplicaciones, como por ejemplo, acceder a la información de perfil de un usuario, publicar actualizaciones de estado, etc. De esta manera, la API permite a los desarrolladores crear nuevas aplicaciones que interactúen con los servicios de Facebook de forma segura y controlada.

En resumen, una API es un conjunto de herramientas y protocolos que permiten a diferentes aplicaciones interactuar entre sí y compartir información y funcionalidades de forma estructurada y estandarizada, facilitando el desarrollo de nuevas aplicaciones y la integración de servicios de distintas plataformas.

API DESCENTRALIZADA (dAPI)

Una API descentralizada es una interfaz de programación de aplicaciones que se ejecuta en una red descentralizada, como una blockchain. A diferencia de una API centralizada, que es controlada por una única entidad, una API descentralizada es abierta y no tiene un punto central de control, lo que la hace más resistente a la censura y la manipulación.

En una API descentralizada, los datos y servicios se almacenan en una red distribuida, que es mantenida por una comunidad de nodos. Cada nodo tiene una copia completa de la red y participa en la validación y confirmación de las transacciones que se realizan en la red. De esta manera, se evita que una entidad central tenga el control absoluto sobre la red y se fomenta la colaboración y la transparencia.

Las API descentralizadas se utilizan en una variedad de aplicaciones, incluyendo las finanzas descentralizadas (DeFi), los juegos y la gestión de identidad. Por ejemplo, en DeFi, las API descentralizadas permiten a los desarrolladores crear aplicaciones que se conectan directamente a contratos inteligentes en la blockchain, lo que les permite crear productos financieros y de inversión sin la necesidad de un intermediario centralizado.

En resumen, una API descentralizada es una interfaz de programación de aplicaciones que se ejecuta en una red descentralizada, permitiendo la colaboración y la transparencia en una amplia variedad de aplicaciones, desde DeFi hasta juegos y gestión de identidad.

APR

APR significa "Annual Percentage Rate" o "tasa de interés anual" en español. Es una medida que se utiliza para calcular el costo total de un préstamo, incluyendo la tasa de interés y cualquier otra tarifa asociada con el préstamo.

El APR proporciona una forma útil de comparar diferentes opciones de préstamos y determinar cuál es la opción más rentable para el prestatario. Incluye tanto los intereses como cualquier cargo adicional, como los cargos por originación, los cargos por servicio o las tarifas anuales, y se expresa como un porcentaje anual.

El APR es importante porque refleja el costo real de un préstamo en términos de porcentaje anual, lo que permite al prestatario comparar fácilmente las opciones de préstamo de diferentes prestamistas. Es especialmente útil para comparar diferentes tipos de préstamos, como préstamos personales, hipotecas, préstamos de automóviles y tarjetas de crédito.

Es importante tener en cuenta que el APR no tiene en cuenta otros factores importantes, como el plazo del préstamo, el riesgo de crédito y las condiciones específicas del préstamo. También puede haber variaciones en el cálculo del APR según el prestamista, por lo que es importante comprender cómo se calcula el APR para cada préstamo específico.

APY

APY significa "Annual Percentage Yield" o "rendimiento porcentual anual" en español. Es una medida que se utiliza para calcular el interés que se puede ganar en una inversión o depósito durante un año.

El APY tiene en cuenta la tasa de interés y cualquier otra forma de interés compuesto, como los intereses sobre intereses, para determinar el rendimiento total de una inversión en un año. El APY es una forma útil de comparar diferentes opciones de inversión, ya que muestra el rendimiento total anual, incluyendo cualquier interés compuesto.

Por ejemplo, si un banco ofrece una tasa de interés del 1% en una cuenta de ahorros, el APY puede ser ligeramente mayor debido a los intereses compuestos diariamente o mensualmente. Si el interés se compone diariamente, el APY puede ser del 1.01%, mientras que si se compone mensualmente, el APY puede ser del 1.005%.

Es importante tener en cuenta que el APY no tiene en cuenta otros factores importantes como el riesgo de inversión y las comisiones. Además, el APY puede variar con el tiempo y puede estar sujeto a cambios en las condiciones del mercado y de la economía.

ARBITRAJE

El arbitraje es una estrategia de inversión o trading que consiste en aprovechar las diferencias de precio de un activo en distintos mercados o plataformas para obtener un beneficio. En otras palabras, se trata de comprar un activo en un mercado donde el precio es bajo y venderlo en otro mercado donde el precio es alto, obteniendo así una ganancia.

El arbitraje se basa en la idea de que los mercados no siempre son eficientes y que los precios de los activos pueden variar entre distintas plataformas debido a factores como la liquidez, los costos de transacción y las fluctuaciones en la oferta y la demanda. Por lo tanto, los inversores o traders pueden aprovechar estas diferencias de precio para generar ganancias sin asumir un riesgo significativo.

Por ejemplo, supongamos que el precio de Bitcoin en una plataforma de intercambio es de $60,000 mientras que en otra plataforma es de $62,000. Un inversor podría comprar Bitcoin en la primera plataforma y venderlo inmediatamente en la segunda plataforma, obteniendo una ganancia de $2,000 por cada Bitcoin. Por supuesto, existen costos de transacción y otros factores que pueden afectar la rentabilidad del arbitraje.

El arbitraje se utiliza comúnmente en los mercados financieros, incluyendo los mercados de criptomonedas, donde las diferencias de precio pueden ser más pronunciadas debido a la falta de regulación y la volatilidad del mercado. Sin embargo, el arbitraje también puede ser utilizado en otros mercados, como el de bienes raíces o el de divisas.

El arbitraje puede ser realizado por inversores individuales o por grandes instituciones financieras. Sin embargo, el arbitraje es una estrategia que requiere un alto grado de conocimiento y experiencia, así como la capacidad de actuar rápidamente para aprovechar las oportunidades de arbitraje antes de que desaparezcan.

Es importante destacar que el arbitraje es una estrategia que requiere experiencia y conocimientos avanzados del mercado, así como una comprensión clara de los riesgos asociados. Los inversores o traders que decidan hacer arbitraje tienen que ser conscientes del riesgo que supone este tipo de inversión.

ARBITRUM

Arbitrum es una plataforma de contratos inteligentes de capa 2 para Ethereum que utiliza una combinación de validación por lotes y transacciones fuera de banda para ofrecer una experiencia de usuario rápida y económica en comparación con las soluciones de capa 1. Arbitrum permite la creación y ejecución de contratos inteligentes y aplicaciones descentralizadas (dApps) con alta escalabilidad y bajos costos de transacción. Además, Arbitrum está diseñado para ser compatible con el ecosistema de Ethereum existente, lo que permite una fácil integración y una mayor interoperabilidad entre diferentes aplicaciones de blockchain.

ÁRBOL DE MERKLE

El árbol de Merkle es una estructura de datos utilizada en criptografía y tecnología blockchain para garantizar la integridad y la autenticidad de los datos. Fue inventado por el criptógrafo Ralph Merkle en 1979.

El árbol de Merkle se construye a partir de una lista de datos, donde cada dato es un bloque de información o transacción en una blockchain. La estructura se construye dividiendo la lista en pares de bloques, luego se toma un hash criptográfico de cada par y se combina en una lista de hashes, que se somete al mismo proceso de hash y combinación. Este proceso se repite hasta que se obtiene un solo hash, conocido como la raíz de Merkle.

La principal ventaja del árbol de Merkle es que permite verificar rápidamente si un bloque de datos o transacciones está incluido en una blockchain sin necesidad de descargar toda la cadena de bloques. Al verificar que el hash de un bloque está incluido en la estructura del árbol de Merkle, se puede confirmar que el bloque es auténtico y que no ha sido modificado.

El árbol de Merkle se utiliza ampliamente en blockchain, en particular en Bitcoin, para garantizar la seguridad y la integridad de la cadena de bloques. También se utiliza en otras áreas de la criptografía, como la verificación de descargas de software, la autenticación de mensajes y la protección de la privacidad.

ARCO DE FIBONACCI

El arco de Fibonacci es una herramienta utilizada en el análisis técnico del mercado financiero que se basa en los niveles de la secuencia de Fibonacci para identificar posibles áreas de soporte y resistencia en el precio de un activo financiero.

El arco de Fibonacci consiste en tres líneas curvas que se dibujan en un gráfico de precios, y que están basadas en los niveles de Fibonacci 38,2%, 50% y 61,8%. Estos niveles se calculan a partir de los puntos extremos del precio del activo que se está analizando, y se dibujan como arcos que se extienden desde un punto de origen.

El arco de Fibonacci se utiliza para identificar posibles niveles de soporte y resistencia en el precio de un activo financiero, es decir, niveles en los que el precio puede tener dificultades para superar o caer por debajo. Los inversores pueden utilizar esta herramienta para identificar posibles puntos de entrada o salida en una posición, o para establecer niveles de stop-loss para limitar las pérdidas en caso de que el precio se mueva en su contra.

Es importante tener en cuenta que el arco de Fibonacci no es una herramienta infalible, y que el precio de un activo puede moverse de manera impredecible en cualquier momento. Por lo tanto, es importante utilizar el arco de Fibonacci en conjunto con otras herramientas de análisis técnico y tener un plan de gestión de riesgos sólido al operar en el mercado financiero.

ASIC

ASIC son las siglas de "Application-Specific Integrated Circuit" (circuito integrado específico de aplicación, en español). Se trata de un tipo de hardware especializado diseñado para ejecutar una tarea específica de manera eficiente y con un consumo de energía mínimo.

En el contexto de las criptomonedas, ASIC se refiere a los dispositivos diseñados específicamente para la minería de criptomonedas, como Bitcoin. Estos dispositivos utilizan circuitos integrados personalizados para realizar cálculos matemáticos complejos necesarios para asegurar la red y validar las transacciones de criptomonedas.

A diferencia de la minería con CPU o GPU, la minería con ASIC es mucho más eficiente en términos de consumo de energía y potencia de procesamiento. Esto significa que los mineros que utilizan ASIC pueden obtener una mayor cantidad de recompensas por bloque minado en un tiempo más corto.

Sin embargo, la minería con ASIC también tiene algunas desventajas. Los dispositivos ASIC pueden ser costosos de adquirir y mantener, lo que puede limitar la accesibilidad a la minería de criptomonedas para algunos usuarios. Además, la creciente centralización de la minería en manos de grandes grupos de mineros que utilizan dispositivos ASIC puede poner en riesgo la seguridad y la descentralización de la red de criptomonedas.

ASK

El término "ask" se refiere al precio más bajo al cual un vendedor está dispuesto a vender un activo, ya sea una criptomoneda, una acción o cualquier otro bien negociable. El "ask" se muestra en el lado derecho de un libro de órdenes y es el precio que un comprador debe pagar para adquirir ese activo en particular. En otras palabras, el "ask" es el precio al cual un vendedor está dispuesto a aceptar una oferta de compra por su activo.

ATAQUE DEL 51%

Un ataque del 51% es un tipo de ataque informático en el que un grupo de mineros de criptomonedas controla más del 51% del poder de procesamiento de la red. Esto les da a los atacantes la capacidad de tomar el control de la red y manipular las transacciones a su favor.

En la minería de criptomonedas, los mineros compiten para resolver cálculos matemáticos complejos que validan las transacciones de la red y agregan nuevos bloques a la cadena de bloques. Si un grupo de mineros controla más del 51% del poder de procesamiento de la red, pueden crear una rama de la cadena de bloques y comenzar a confirmar sus propias transacciones. Esto les permitiría revertir transacciones anteriores, impedir nuevas transacciones y gastar la misma moneda dos veces, lo que se conoce como doble gasto.

Un ataque del 51% es muy difícil de llevar a cabo debido a la gran cantidad de poder de procesamiento requerido. Sin embargo, si un grupo de mineros o un actor malintencionado logra obtener el control del 51% del poder de procesamiento de la red, puede ser devastador para la criptomoneda en cuestión, ya que puede dañar la confianza en la red y el valor de la moneda.

ATAQUE ECLIPSE

Un ataque Eclipse es un tipo de ataque informático en el que un atacante se aprovecha de una vulnerabilidad en la red de criptomonedas para tomar el control de uno o varios nodos y manipular las transacciones de la red. El objetivo del ataque es aislar al nodo atacado de la red y crear una "eclipse" alrededor del nodo, lo que significa que el nodo no puede recibir información de la red.

En el contexto de las criptomonedas, un ataque Eclipse se realiza al controlar la conexión de un nodo a otros nodos de la red. El atacante puede hacer esto mediante la creación de un gran número de nodos maliciosos que se conectan a los nodos objetivos o mediante el uso de ataques de denegación de servicio (DoS) para interrumpir la conexión del nodo con otros nodos de la red.

Una vez que el atacante ha tomado el control de los nodos objetivo, puede manipular las transacciones de la red al bloquear transacciones legítimas, crear transacciones falsas o llevar a cabo un ataque de doble gasto.

El ataque Eclipse es un tipo de ataque sofisticado que requiere una gran cantidad de recursos para llevarse a cabo. Para protegerse de este tipo de ataque, los usuarios de criptomonedas deben asegurarse de ejecutar nodos en redes confiables y utilizar herramientas de seguridad y protección de redes. Los desarrolladores de criptomonedas también trabajan constantemente para identificar y corregir vulnerabilidades en sus redes para prevenir ataques como el Eclipse.

ATAQUE EREBUS

Un ataque Erebus es un tipo de ataque informático que se dirige a la virtualización del sistema para obtener acceso no autorizado a recursos de sistemas de información que alojan máquinas virtuales. El objetivo del ataque Erebus es tomar el control de un host físico que aloja una o más máquinas virtuales, y luego acceder a los recursos que se ejecutan en esas máquinas virtuales.

El ataque Erebus es una técnica sofisticada que utiliza la ingeniería social, el phishing, la explotación de vulnerabilidades de software y otras técnicas para engañar a las víctimas y tomar el control del sistema de virtualización.

Una vez que el atacante obtiene el control del sistema de virtualización, puede acceder a datos confidenciales, sistemas críticos y otros recursos importantes.

En el contexto de las criptomonedas, un ataque Erebus podría dirigirse a la virtualización de servidores de intercambio de criptomonedas o de nodos de minería de criptomonedas para obtener acceso no autorizado a las criptomonedas almacenadas en esas plataformas. Por lo tanto, es importante que los usuarios de criptomonedas utilicen medidas de seguridad como el almacenamiento en frío (cold storage), la autenticación multifactorial y la verificación de identidad para proteger sus activos de tales ataques.

ATAQUE FINNEY

Un ataque Finney es un tipo de ataque de doble gasto que se lleva a cabo en la red de Bitcoin. Fue descubierto por Hal Finney, un programador y criptógrafo que fue uno de los primeros participantes en el desarrollo de Bitcoin.

En un ataque Finney, un atacante que controla un nodo de minería de Bitcoin espera hasta que un usuario legítimo envíe una transacción a la red de Bitcoin. El atacante luego mina un bloque que no incluye la transacción del usuario, pero que incluye una transacción fraudulenta que envía la misma cantidad de Bitcoin a una dirección de su propiedad.

Una vez que el atacante ha minado el bloque, envía la transacción fraudulenta a la red de Bitcoin y espera a que se confirme. Después de que la transacción es confirmada, el atacante revela el bloque que ha minado, incluyendo la transacción fraudulenta, lo que hace que se descarte la transacción legítima que el usuario ha enviado anteriormente. De esta manera, el atacante ha logrado realizar un doble gasto y obtener los mismos fondos que el usuario legítimo envió.

Para protegerse contra un ataque Finney, los usuarios pueden esperar a que sus transacciones se confirmen en varios bloques, lo que aumenta la dificultad de realizar un ataque de doble gasto exitoso. Además, los nodos de la red de Bitcoin también pueden implementar medidas de seguridad para detectar transacciones fraudulentas y prevenir ataques de doble gasto.

ATAQUE FRONTRUNNING

El ataque frontrunning es una técnica utilizada en los mercados descentralizados para aprovecharse de una transacción pendiente y ganar ventaja sobre otros traders. Este ataque implica la realización de una transacción en la red antes de que se complete la transacción original, con el objetivo de obtener beneficios de la información privilegiada sobre el mercado que se obtiene al conocer las intenciones del trader.

En un mercado descentralizado, las transacciones se registran en la blockchain, lo que significa que todas las transacciones son públicas y visibles para todos los usuarios de la red. Esto significa que si alguien puede ver una transacción pendiente, puede aprovecharse de ella para obtener ganancias a expensas del trader que la realizó.

Por ejemplo, supongamos que un trader desea comprar una gran cantidad de tokens de un proyecto en particular. Si su transacción es visible en la red, otro trader puede adelantarse y comprar esos mismos tokens antes de que se complete la transacción original, lo que aumentará el precio de los tokens y hará que el trader original pague un precio más alto.

Los ataques de frontrunning pueden ser particularmente problemáticos en mercados con baja liquidez, donde incluso una transacción pequeña puede tener un gran impacto en el precio de los activos. Para evitar los ataques de frontrunning, los traders pueden utilizar técnicas como el uso de contratos inteligentes que ocultan los detalles de la transacción hasta que se complete, o el uso de herramientas de privacidad para ocultar sus transacciones de otros usuarios.

ATAQUE REPLAY

Un ataque replay es un tipo de ataque que puede ocurrir cuando se realizan cambios en la cadena de bloques de una criptomoneda. En este tipo de ataque, un atacante intercepta una transacción legítima realizada en una cadena de bloques y la transmite en una cadena de bloques paralela que no es compatible con la primera cadena.

La transacción se mantiene idéntica en ambas cadenas, lo que significa que el receptor recibe el mismo activo digital en ambas cadenas. Esto se debe a que las transacciones en ambas cadenas tienen la misma clave pública y dirección.

Un ataque replay puede ser peligroso porque permite a los atacantes manipular las transacciones y potencialmente duplicar o gastar los activos digitales en ambas cadenas. Los atacantes pueden utilizar este tipo de ataque para aprovecharse de las diferencias entre las cadenas de bloques y crear duplicados de monedas digitales.

Para evitar un ataque replay, se deben tomar medidas de seguridad adecuadas, como la implementación de bifurcaciones duras, que permiten cambios en el protocolo de la cadena de bloques y evitan la compatibilidad entre cadenas. Además, los usuarios deben tener cuidado al enviar transacciones y asegurarse de que sus transacciones no sean retransmitidas en cadenas paralelas.

ATAQUE SYBIL

Un ataque Sybil es un tipo de ataque en el que un atacante crea múltiples identidades o nodos falsos en una red descentralizada, como una red de criptomonedas. Los nodos falsos son creados para engañar a la red y obtener una ventaja indebida, como controlar la mayoría de los nodos o generar transacciones fraudulentas.

En una red descentralizada, la validación de las transacciones y la seguridad de la red dependen de que cada nodo actúe de manera independiente y sin corrupción. Si un atacante puede crear múltiples nodos falsos, puede manipular la red y crear transacciones fraudulentas.

Un ataque Sybil puede ser particularmente efectivo en una red con un bajo costo de entrada para unirse, lo que permite que un atacante cree fácilmente múltiples identidades falsas. También puede ser difícil detectar un ataque Sybil, ya que los nodos falsos pueden estar diseñados para imitar a los nodos legítimos.

Para protegerse contra un ataque Sybil, se pueden implementar varias medidas de seguridad, como el uso de mecanismos de reputación para identificar nodos malintencionados, la utilización de sistemas de prueba de trabajo o prueba de participación para reducir el número de nodos en la red y el uso de listas blancas de direcciones IP conocidas y confiables.

ATH

ATH es la sigla en inglés de "All-Time High", que significa "máximo histórico" en español. Se utiliza comúnmente en el mundo de las criptomonedas y las finanzas para referirse al precio más alto que ha alcanzado un activo en toda su historia.

Por ejemplo, si el precio de Bitcoin alcanzó los $60,000 en marzo de 2021 y nunca antes había llegado a ese nivel, se diría que ese es su ATH o máximo histórico. De manera similar, si el precio de una acción de una empresa alcanza un valor nunca antes visto, se considera que ha alcanzado su ATH. El término también se utiliza en otros mercados financieros para referirse a los precios máximos históricos de un activo.

ATM DE CRIPTOMONEDAS

Un ATM de criptomonedas es una máquina que permite a los usuarios comprar y vender criptomonedas como Bitcoin, Ethereum y otras altcoins, utilizando dinero en efectivo o tarjeta de débito/crédito. Estas máquinas son similares a los cajeros automáticos tradicionales, pero en lugar de dispensar dinero en efectivo, entregan criptomonedas a los usuarios.

Para utilizar un ATM de criptomonedas, el usuario debe seguir un proceso similar al de los cajeros automáticos tradicionales. Primero, debe identificarse y autenticarse como usuario mediante la introducción de su número de teléfono móvil y/o correo electrónico, junto con la verificación de identidad a través de una fotografía y su carnet de identidad. Luego, puede seleccionar la opción de compra o venta de criptomonedas y seguir las instrucciones en la pantalla táctil o mediante el uso de botones.

Los ATMs de criptomonedas se están volviendo cada vez más populares en todo el mundo como una forma fácil y conveniente de comprar y vender criptomonedas, especialmente para aquellos que no están familiarizados con el proceso de compra y venta en línea.

ATOM

ATOM es el token nativo de la red de blockchain de Cosmos, una plataforma diseñada para resolver los problemas de interoperabilidad entre diferentes blockchains. ATOM se utiliza como unidad de valor en la red, y se utiliza para pagar tarifas de transacción y como recompensa para los validadores que aseguran la red. La emisión total de ATOM está limitada a 236 millones de unidades, y se van liberando gradualmente a lo largo del tiempo a medida que se validan nuevos bloques en la red.

ATOMIC SWAP

Atomic swap es un término que se refiere a un método de intercambio de criptomonedas descentralizado y sin confianza. Se trata de un proceso que permite a dos partes intercambiar activos criptográficos sin necesidad de un intermediario centralizado.

En un atomic swap, las dos partes acuerdan intercambiar sus activos criptográficos sin tener que confiar en un tercero para realizar la transacción. Esto se logra mediante la utilización de contratos inteligentes o scripts de bloqueo de tiempo en las cadenas de bloques de las criptomonedas involucradas.

El proceso de atomic swap se realiza en dos pasos. En primer lugar, las dos partes acuerdan un conjunto de términos para el intercambio, incluyendo los activos criptográficos involucrados, la tasa de cambio y la duración del contrato. Luego, ambas partes bloquean sus activos criptográficos en una transacción que utiliza un script especial en la cadena de bloques, lo que impide que los activos sean liberados hasta que se cumplan las condiciones acordadas.

Una vez que se han bloqueado los activos, se intercambian de forma atómica mediante la utilización de una clave secreta compartida entre las dos partes. Una vez que se verifica la validez de la clave secreta, los activos criptográficos se liberan y se envían a las direcciones de billetera correspondientes.

El uso de atomic swap puede proporcionar una forma segura y descentralizada de intercambiar criptomonedas sin la necesidad de un intermediario centralizado, lo que puede ayudar a reducir los costos y aumentar la privacidad y seguridad de las transacciones.

ATR

El rango verdadero promedio (ATR, por sus siglas en inglés de Average True Range) es un indicador técnico utilizado en el análisis técnico de los mercados financieros. Fue desarrollado por J. Welles Wilder Jr. para medir la volatilidad de los precios de un activo financiero.

El ATR se calcula tomando la media de los rangos verdaderos (TR, por sus siglas en inglés de True Range) durante un período determinado. El rango verdadero se define como el mayor de los siguientes tres valores:

La diferencia entre el precio máximo y el precio mínimo del día actual.

La diferencia entre el precio máximo del día actual y el precio de cierre del día anterior.

La diferencia entre el precio mínimo del día actual y el precio de cierre del día anterior.

El ATR se expresa generalmente en términos de puntos o porcentaje del precio actual del activo financiero. Cuanto mayor sea el valor del ATR, mayor será la volatilidad del activo financiero, lo que puede indicar que el activo está experimentando un movimiento significativo en el precio.

El ATR se utiliza comúnmente en conjunto con otros indicadores técnicos para ayudar a los traders a tomar decisiones informadas sobre la compra y venta de activos financieros. Por ejemplo, el ATR puede utilizarse para establecer los niveles de stop-loss y take-profit, y también para determinar la posición adecuada del tamaño de una operación en función de la volatilidad del mercado.

AUDIO

AUDIO es el símbolo o token nativo de la red Audius, que es una plataforma descentralizada de distribución de música en línea. AUDIO se utiliza para diversas funciones dentro de la plataforma, incluyendo el pago de recompensas a los artistas y creadores de contenido, así como el acceso a características y herramientas especiales dentro de la red. Además, los titulares de AUDIO pueden votar en propuestas de gobernanza y tomar decisiones que afectan el futuro de la red. AUDIO se puede comprar y vender en varios intercambios de criptomonedas.

AUDIUS

Audius es una plataforma descentralizada de distribución y transmisión de música basada en la tecnología blockchain. Permite a los artistas subir, compartir y monetizar su contenido musical sin intermediarios, lo que les da un mayor control y una mayor participación en las ganancias generadas por su música. Los usuarios de Audius también pueden descubrir y transmitir música de forma gratuita y ganar recompensas por interactuar con la plataforma. Audius utiliza su propia criptomoneda nativa, AUDIO, como medio de intercambio en la plataforma.

AUTOMATED MARKET MAKER

Un Automated Market Maker (AMM) es un tipo de protocolo de intercambio descentralizado (DEX) utilizado en criptomonedas. En lugar de utilizar un libro de órdenes como los intercambios centralizados, los AMM utilizan un algoritmo de mercado automatizado para determinar los precios de los activos y facilitar las transacciones.

Los AMM utilizan pools de liquidez para permitir a los usuarios intercambiar sus activos. Los pools de liquidez son fondos que contienen un par de activos criptográficos, y los usuarios pueden depositar sus activos en el pool para obtener una parte proporcional de las tarifas de transacción generadas en ese pool. Los AMM utilizan un algoritmo de mercado automatizado para ajustar constantemente los precios de los activos en el pool de liquidez, en función de la oferta y la demanda del mercado.

Cuando un usuario realiza una transacción en un AMM, el protocolo calcula el precio de los activos y ajusta el pool de liquidez correspondiente. Luego, el usuario recibe sus activos intercambiados y el pool de liquidez recibe una tarifa por la transacción. Debido a que los AMM no dependen de un libro de órdenes, pueden proporcionar un intercambio descentralizado más eficiente, con menos retrasos y un menor riesgo de manipulación del mercado.

El ejemplo más conocido de AMM es Uniswap, un DEX basado en Ethereum que ha ganado mucha popularidad en la comunidad criptográfica.

AVA

AVA es el token nativo de la red de Avalanche. Se utiliza como medio de pago para transacciones y tarifas de transacciones en la red, y también se puede utilizar para la participación en la gobernanza de la red. Además, los desarrolladores pueden utilizar AVA para pagar tarifas de publicación y ejecución de contratos inteligentes y dApps en la red.

Los titulares de AVA también pueden participar en el sistema de validación y seguridad de la red. Los nodos de validación deben tener una cierta cantidad de AVA para poder validar transacciones y generar bloques en la red. En resumen, AVA es un componente importante del ecosistema de Avalanche y su valor está determinado por la oferta y la demanda en los mercados de criptomonedas.

AVA LABS

Ava Labs es la empresa detrás de la plataforma de blockchain Avalanche. Fue fundada en 2018 por Emin Gün Sirer, un profesor de ciencias de la computación en la Universidad de Cornell, junto con otros expertos en criptomonedas y blockchain.

El objetivo de Ava Labs es proporcionar una plataforma blockchain rápida y escalable que sea fácil de usar y accesible para desarrolladores y usuarios de todo el mundo. Avalanche se centra en la creación de una red de blockchain de alta velocidad y baja latencia que pueda admitir aplicaciones descentralizadas, contratos inteligentes y transacciones de alta velocidad.

Además de la plataforma Avalanche, Ava Labs también está desarrollando una serie de herramientas y servicios para facilitar el desarrollo y la adopción de aplicaciones descentralizadas en la red. Entre estas herramientas se incluyen la creación de una cartera digital, una billetera móvil y un marco de desarrollo de aplicaciones (SDK) para que los desarrolladores puedan construir fácilmente aplicaciones descentralizadas en la plataforma Avalanche.

AVALANCHE

Avalanche es una plataforma de tecnología blockchain de código abierto diseñada para ser una alternativa más rápida, escalable y eficiente a las plataformas existentes como Bitcoin y Ethereum. Fue desarrollada por una empresa llamada Ava Labs, fundada por Emin Gün Sirer, un reconocido investigador en criptografía y seguridad informática.

Una de las características principales de Avalanche es su algoritmo de consenso, que se llama Protocolo de Consenso Avalanche (AVA). Este protocolo utiliza una combinación de prueba de participación (PoS) y prueba de trabajo (PoW) para lograr un consenso rápido y seguro en la red. El AVA también es capaz de manejar una gran cantidad de transacciones por segundo, lo que lo convierte en una plataforma escalable y adecuada para aplicaciones de alto rendimiento.

Además, Avalanche permite la creación de contratos inteligentes y tokens personalizados utilizando el lenguaje de programación Solidity, similar a lo que se puede hacer en la plataforma Ethereum. Los desarrolladores pueden utilizar Avalanche para construir aplicaciones descentralizadas (dApps) y servicios financieros, entre otros proyectos.

En resumen, Avalanche es una plataforma blockchain de alto rendimiento que ofrece una alternativa más rápida, escalable y eficiente a las plataformas existentes, con un enfoque en la seguridad y la flexibilidad.

AXIE INFINITY

Axie Infinity es un juego en línea basado en la tecnología blockchain que se juega en la red Ethereum. El juego consiste en coleccionar, criar y combatir con criaturas digitales llamadas "Axies". Cada Axie es un token no fungible (NFT) que posee atributos únicos y que puede ser intercambiado en los mercados de NFT. Los jugadores pueden ganar criptomonedas jugando Axie Infinity y participando en los mercados de NFT. El juego se ha vuelto muy popular en los últimos años y ha sido elogiado por su modelo de "play-to-earn" que permite a los jugadores ganar dinero mientras juegan.

AXS

AXS es el token nativo de la plataforma de juegos Axie Infinity, que es un juego basado en blockchain en el que los jugadores pueden criar y combatir con criaturas llamadas Axies. AXS se utiliza como una herramienta de gobernanza para la comunidad Axie, lo que significa que los titulares de tokens pueden votar en propuestas y cambios en la plataforma. Además, AXS se

36

utiliza para comprar tierras virtuales y otros elementos dentro del juego. AXS se puede comprar y vender en varios exchanges de criptomonedas.

B

B2M

B2M es el token nativo de Bit2Me, una plataforma española de criptomonedas que ofrece servicios de intercambio, monedero digital, tarjeta de débito y otros servicios relacionados con criptomonedas. El token B2M se utiliza como una herramienta para obtener descuentos en las comisiones de Bit2Me, y también puede ser utilizado para acceder a servicios exclusivos dentro de la plataforma. Además, se espera que en el futuro se utilice para incentivar la participación en la comunidad y para la gobernanza de la plataforma.

BAC

BAC (Basis Cash) es un token de criptomoneda con una oferta elástica que utiliza un mecanismo automatizado para ajustar su suministro en tiempo real en función de la demanda del mercado. Fue creado por el equipo detrás de Basis Protocol, que también creó el token Basis (BST), que fue retirado debido a problemas regulatorios.

BAC utiliza un mecanismo de oferta elástica llamado "Seigniorage Shares". Este mecanismo permite que el suministro de BAC se expanda o contraiga en función de la demanda del mercado. Si el precio de BAC está por encima de su objetivo de 1 dólar, se expandirá el suministro de BAC y se distribuirán nuevas monedas a los titulares de Seigniorage Shares, diluyendo la participación de cada titular en el proceso. Si el precio de BAC está por debajo de su objetivo de 1 dólar, se contraerá el suministro de BAC, reduciendo la cantidad de monedas en circulación y aumentando el valor de cada moneda.

El objetivo de BAC es mantener un valor nominal constante de 1 dólar estadounidense, a pesar de las fluctuaciones del mercado. BAC se utiliza como una forma de pago y como un activo de reserva de valor, y se puede intercambiar en varias plataformas de intercambio de criptomonedas. Es importante tener en cuenta que el valor de BAC puede fluctuar significativamente en función de la oferta y la demanda del mercado, y que su suministro no está garantizado para mantenerse constante en el futuro.

BACKTESTING

Backtesting es una técnica utilizada en el análisis financiero para evaluar el desempeño de una estrategia de inversión utilizando datos históricos. En términos simples, backtesting implica probar una estrategia de inversión en datos históricos para evaluar cómo se habría desempeñado en el pasado.

El proceso de backtesting implica seleccionar un conjunto de datos históricos y aplicar una estrategia de inversión a esos datos. Esto implica establecer reglas específicas de compra y venta basadas en diferentes indicadores y factores de mercado, como el precio de las acciones, el volumen de negociación, el índice de fuerza relativa (RSI), entre otros.

Una vez que se han aplicado las reglas de inversión a los datos históricos, se evalúa el rendimiento de la estrategia de inversión. Se pueden calcular métricas como el rendimiento total, la tasa de rendimiento anualizada, el riesgo y la volatilidad de la estrategia. Estos resultados pueden ayudar a los inversores a tomar decisiones informadas sobre la efectividad de una estrategia de inversión y ajustarla si es necesario.

El backtesting es una herramienta importante en la toma de decisiones de inversión, ya que ayuda a los inversores a comprender cómo se habría desempeñado una estrategia de inversión en el pasado y proporciona una estimación de cómo podría funcionar en el futuro. Sin embargo, es importante tener en cuenta que el rendimiento pasado no es una garantía de resultados futuros, por lo que siempre se debe tener precaución al tomar decisiones de inversión basadas en el backtesting.

BAKE

BAKE es el token nativo de BakerySwap, un exchange descentralizado (DEX) y protocolo de finanzas descentralizadas (DeFi) construido en la red Binance Smart Chain (BSC). BAKE es una moneda de gobernanza y recompensa utilizada dentro del ecosistema de BakerySwap.

Los titulares de BAKE pueden utilizarlo para votar en las propuestas de gobernanza y participar en la toma de decisiones del protocolo. Además, los usuarios que proporcionan liquidez a los pools de BakerySwap y realizan operaciones en el exchange pueden ganar BAKE como recompensa. Los usuarios también pueden ganar BAKE a través de programas de incentivos y promociones ofrecidos por BakerySwap.

BAKE es compatible con la red Binance Smart Chain, lo que significa que se puede almacenar en billeteras que soportan la red BSC, como MetaMask, Trust Wallet y Binance Chain Wallet. Los usuarios también pueden intercambiar BAKE por otras criptomonedas en BakerySwap y otros exchanges que soportan el token.

BAKERYSWAP

BakerySwap es un protocolo de finanzas descentralizadas (DeFi) y un exchange descentralizado (DEX) basado en la red Binance Smart Chain (BSC), que permite a los usuarios intercambiar tokens y ganar recompensas por proporcionar liquidez a los mercados.

El objetivo principal de BakerySwap es proporcionar una plataforma de intercambio de criptomonedas de bajo costo y alta eficiencia en la red Binance Smart Chain. El protocolo permite a los usuarios intercambiar tokens de forma segura y rápida, y ofrece una amplia variedad de pares de negociación. Los usuarios también pueden ganar recompensas por proporcionar liquidez a los mercados mediante la participación en pools de liquidez.

BakerySwap también ofrece una serie de características únicas, como la posibilidad de crear tokens personalizados y lanzar nuevos proyectos en su plataforma. El protocolo utiliza un sistema de gobernanza descentralizada que permite a los usuarios participar en la toma de decisiones y proponer cambios en el protocolo.

Además, BakerySwap también cuenta con un token nativo, llamado BAKE, que se utiliza como la moneda de gobernanza del protocolo y para recompensar a los usuarios que participan en la plataforma. Los usuarios pueden ganar BAKE al proporcionar liquidez a los mercados y votar en las propuestas de gobernanza.

En resumen, BakerySwap es un protocolo de finanzas descentralizadas y un exchange descentralizado basado en la red Binance Smart Chain. Permite a los usuarios intercambiar tokens y ganar recompensas por proporcionar liquidez a los mercados, y ofrece características únicas como la creación de tokens personalizados y un sistema de gobernanza descentralizada. También tiene un token nativo llamado BAKE que se utiliza como moneda de gobernanza y recompensa.

BALANCER

Balancer es un protocolo de finanzas descentralizadas (DeFi) basado en Ethereum que permite a los usuarios intercambiar criptomonedas y tokens de forma automática y eficiente, y crear y participar en pools de liquidez.

El protocolo Balancer utiliza una estrategia de mercado automatizada para ajustar continuamente los precios de los tokens en sus pools de liquidez, lo que permite a los usuarios intercambiar criptomonedas y tokens con una mínima fricción y con costos de transacción relativamente bajos. Balancer también permite a los usuarios crear pools de liquidez personalizados, en los que pueden depositar sus propias criptomonedas y tokens para crear un mercado para ellos.

Balancer es también un protocolo de gobernanza descentralizada, lo que significa que los titulares de los tokens BAL de Balancer pueden votar sobre los cambios en el protocolo y en el ecosistema Balancer en general. Los titulares de tokens BAL también pueden proponer mejoras y nuevas características para el protocolo.

El protocolo Balancer ha sido utilizado para una amplia variedad de casos de uso, desde la creación de tokens de gobernanza y tokens de liquidez para proyectos DeFi, hasta la construcción de fondos de inversión automatizados y sistemas de negociación de activos. Balancer es considerado como uno de los principales protocolos DeFi en la actualidad, y ha sido adoptado por una amplia comunidad de usuarios y desarrolladores en todo el mundo.

BALLENA

En el contexto de las criptomonedas, una ballena se refiere a un individuo o entidad que posee una gran cantidad de una criptomoneda determinada. Generalmente, se considera que una ballena es alguien que posee una cantidad significativa de criptomonedas en relación con el tamaño total del mercado de la criptomoneda en cuestión.

Las ballenas pueden ser inversores institucionales, como fondos de inversión o empresas, o individuos con una gran cantidad de capital disponible para invertir en criptomonedas. Debido a su gran cantidad de monedas, las ballenas pueden tener una gran influencia en el precio de una criptomoneda, especialmente si deciden vender o comprar grandes cantidades en un corto período de tiempo.

La existencia de ballenas en el mercado de criptomonedas puede generar cierta incertidumbre y volatilidad en los precios, ya que pueden manipular el mercado en su propio beneficio. Por ejemplo, si una ballena decide vender una gran cantidad de una criptomoneda, puede provocar una caída en el precio de la misma, mientras que una compra masiva puede impulsar su precio.

Es importante destacar que no todas las ballenas tienen motivaciones maliciosas o pretenden manipular el mercado. Algunas ballenas simplemente han acumulado una gran cantidad de criptomonedas a lo largo del tiempo, y pueden ser inversores a largo plazo que creen en el potencial de la criptomoneda que poseen.

BAND

BAND es el símbolo o token nativo de la plataforma Band Protocol, una red blockchain que se utiliza para conectar fuentes de datos del mundo real con contratos inteligentes en otras plataformas blockchain, permitiendo el desarrollo de aplicaciones descentralizadas (dApps) que pueden utilizar y procesar datos externos de manera confiable. BAND se utiliza para incentivar y recompensar a los proveedores de datos y validadores que participan en la red, así como para pagar las tarifas de transacción en la red. Además, BAND también se puede utilizar como un activo para negociar en exchanges de criptomonedas.

BAND PROTOCOL

Band Protocol es una plataforma descentralizada de oráculos que proporciona datos en tiempo real y confiables a aplicaciones descentralizadas en blockchain. La plataforma utiliza una red de validadores independientes para proporcionar datos precisos y actualizados, y utiliza contratos inteligentes para automatizar el proceso de obtención y entrega de datos a las aplicaciones descentralizadas que lo necesitan. Band Protocol se puede utilizar en diversas aplicaciones descentralizadas, desde el seguimiento de precios de criptomonedas hasta el control de calidad de los productos en la cadena de suministro. Además, su token nativo, BAND, se utiliza para incentivar a los validadores y para pagar por los servicios de la red.

BAT

Basic Attention Token (BAT) es una criptomoneda creada por Brendan Eich, el creador de JavaScript y cofundador de Mozilla y Firefox. BAT se basa en la red Ethereum y se utiliza en el ecosistema Brave, un navegador web centrado en la privacidad y la protección de datos del usuario.

El objetivo de BAT es mejorar la publicidad en línea al permitir a los usuarios recibir recompensas por ver anuncios y proporcionar información valiosa sobre su comportamiento de navegación. Los anunciantes también se benefician al recibir información más precisa sobre el público objetivo y al reducir el fraude publicitario.

BAT se utiliza en la plataforma Brave como una forma de recompensar a los editores de contenido y usuarios que optan por recibir publicidad. Los usuarios pueden optar por recibir anuncios y recibir recompensas en BAT por su tiempo y atención. Los editores de contenido también pueden recibir donaciones en BAT de sus seguidores y patrocinadores.

BEACON CHAIN

Beacon Chain es la primera fase de la actualización de Ethereum 2.0, que se espera que transforme la red de Ethereum en una plataforma más escalable, segura y sostenible. Beacon Chain se encarga de gestionar el consenso y la selección de los validadores, que son los nodos que procesan y validan las transacciones en la red de Ethereum 2.0. En esencia, Beacon Chain es una cadena de bloques paralela a la cadena de bloques de Ethereum que se utiliza para administrar el protocolo de consenso Proof of Stake (PoS) que se está implementando. BETH es la versión de Ethereum 2.0 de ETH, utilizada para validar la participación en la red PoS de Ethereum 2.0.

BENQI

BENQI es una plataforma de finanzas descentralizadas (DeFi) basada en la cadena de bloques de Binance Smart Chain. BENQI permite a los usuarios prestar y pedir prestado criptomonedas, como BNB, BTC, BUSD y USDT, a través de contratos inteligentes en la blockchain de Binance Smart Chain.

Los usuarios pueden ganar intereses por sus depósitos y préstamos de criptomonedas en la plataforma BENQI. Además, la plataforma ofrece un sistema de incentivos de tokens para alentar a los usuarios a proporcionar liquidez y mantener la estabilidad de los mercados.

BENQI también ofrece funciones de apalancamiento para que los usuarios puedan tomar posiciones más grandes en los mercados de criptomonedas con menos capital, lo que puede aumentar sus ganancias potenciales, pero también aumentar el riesgo.

La plataforma BENQI se enfoca en proporcionar una experiencia de usuario sencilla y segura en el mundo de las finanzas descentralizadas, y busca hacer que las finanzas sean más accesibles y equitativas para todos.

BETH

BETH es una representación tokenizada de ETH (Ethereum) que se utiliza en la red Beacon Chain de Ethereum 2.0. La Beacon Chain es una cadena de bloques separada de Ethereum 1.0 que se utiliza para llevar a cabo la transición a la prueba de participación (PoS) en Ethereum. BETH se obtiene depositando ETH en la Beacon Chain y recibiendo a cambio tokens BETH. Estos tokens pueden ser negociados en algunos exchanges y plataformas de trading de criptomonedas. Al ser una representación de ETH, su valor está vinculado al valor de ETH.

BFT

BFT (Byzantine Fault Tolerance) es un conjunto de técnicas utilizadas en los sistemas distribuidos para tolerar fallos de uno o más nodos, incluso si esos nodos se comportan de manera maliciosa o presentan fallos catastróficos. El objetivo de la BFT es garantizar que un sistema distribuido siga funcionando incluso si algunos nodos no pueden comunicarse entre sí o si algunos nodos presentan un comportamiento erróneo. Para lograr esto, se utilizan algoritmos específicos de consenso que permiten a los nodos llegar a un acuerdo sobre un estado común y tomar decisiones conjuntas. La BFT es comúnmente utilizada en sistemas de blockchain para garantizar la seguridad y la confiabilidad de la red.

BID

En finanzas, una oferta de compra (bid en inglés) es el precio máximo que un comprador está dispuesto a pagar por un activo. También se le conoce como una cotización de compra, ya que representa la cantidad que un comprador está dispuesto a pagar para adquirir el activo. Por lo general, las ofertas de compra se realizan a través de una bolsa de valores o un mercado de criptomonedas, y el precio de oferta más alto disponible se muestra en el libro de órdenes de ese mercado.

BID-ASK

Bid-ask es un término utilizado en los mercados financieros para describir los precios a los que se pueden comprar y vender un activo. La oferta o "bid" es el precio máximo que alguien está dispuesto a pagar por un activo, mientras que la demanda o "ask" es el precio mínimo al que alguien está dispuesto a venderlo. La diferencia entre el precio de oferta y el precio de demanda se llama "spread". Los compradores y vendedores intentan hacer coincidir sus órdenes al mejor precio posible, lo que puede llevar a fluctuaciones en el precio del activo. En el contexto de las criptomonedas, el término se utiliza comúnmente en los intercambios de criptomonedas donde se negocian diferentes monedas digitales.

BINANCE

Binance es uno de los intercambios de criptomonedas más grandes y populares del mundo. Fue fundado en 2017 por Changpeng Zhao y tiene su sede en Malta, aunque también tiene oficinas en otros países.

Binance permite a los usuarios comprar, vender e intercambiar una amplia variedad de criptomonedas, incluyendo Bitcoin, Ethereum, Litecoin, Ripple y muchas otras. También ofrece una plataforma de trading avanzada que permite a los usuarios personalizar su experiencia de trading y acceder a herramientas y gráficos avanzados.

Además de ser un intercambio de criptomonedas, Binance también ha lanzado una variedad de otros productos y servicios, incluyendo una plataforma de staking, una plataforma de préstamos y una plataforma de futuros. También ha lanzado su propia criptomoneda, Binance Coin (BNB), que se utiliza como token de utilidad en la plataforma Binance y ofrece a los usuarios descuentos en tarifas de trading.

Binance se ha convertido en uno de los intercambios de criptomonedas más populares debido a su amplia variedad de criptomonedas disponibles para trading, su plataforma de trading avanzada y sus tarifas de trading competitivas. Además, Binance ha demostrado ser un líder en la innovación en el espacio de las criptomonedas, lanzando una variedad de productos y servicios nuevos y emocionantes.

BINANCE LAUNCHPAD

Binance Launchpad es una plataforma de Launchpad descentralizada que permite a los proyectos de criptomonedas recaudar fondos y lanzar sus tokens en el mercado de manera justa y transparente. La plataforma es propiedad de Binance, uno de los exchanges de criptomonedas más grandes y populares del mundo.

Los proyectos pueden solicitar un lanzamiento en Binance Launchpad y, si son aceptados, se someten a un riguroso proceso de revisión y auditoría para garantizar su viabilidad y seguridad. Una vez aprobados, los proyectos pueden recaudar fondos a través de una oferta inicial de monedas (ICO) o una oferta de monedas inicial (IDO) en la plataforma.

Los inversores que desean participar en un lanzamiento en Binance Launchpad deben tener una cuenta en Binance y poseer una cierta cantidad de criptomonedas en su billetera. Durante el lanzamiento, los inversores pueden comprar los tokens del proyecto con criptomonedas, y las recompensas en tokens adicionales se distribuyen a los inversores después del lanzamiento.

Binance Launchpad también ofrece una serie de herramientas de análisis y estadísticas para ayudar a los inversores a tomar decisiones informadas sobre su participación en los lanzamientos. Además, la plataforma cuenta con un sistema de votación de gobernanza que permite a los titulares de tokens de Binance participar en la toma de decisiones en el desarrollo de la plataforma.

En resumen, Binance Launchpad es una plataforma de Launchpad popular y bien establecida que ofrece una manera segura y confiable para que los proyectos de criptomonedas recauden fondos y lancen sus tokens en el mercado.

BIP

BIP significa "Bitcoin Improvement Proposal" (Propuesta de Mejora de Bitcoin, en español) y se refiere a un proceso utilizado para proponer y desarrollar cambios en el protocolo de Bitcoin. Las BIPs son documentos técnicos formales que describen una nueva característica, estándar o mejora para el protocolo de Bitcoin.

Las BIPs son presentadas por miembros de la comunidad de Bitcoin, como desarrolladores, investigadores y entusiastas de la criptomoneda, y son revisadas por otros miembros de la comunidad antes de ser implementadas. Las BIPs permiten que los cambios en el protocolo de Bitcoin sean discutidos y debatidos de manera abierta y transparente, y proporcionan una forma estructurada para que la comunidad de Bitcoin se comunique y colabore en la mejora del protocolo.

Existen varios tipos de BIPs, que incluyen BIPs de estándares, que describen cómo los desarrolladores pueden implementar una nueva funcionalidad en el protocolo de Bitcoin; BIPs de mejoras, que proponen cambios significativos en el protocolo de Bitcoin; y BIPs de información, que proporcionan información y orientación a los usuarios de Bitcoin sobre temas relevantes.

Las BIPs son una parte importante del proceso de desarrollo y mejora del protocolo de Bitcoin, y han sido utilizadas para proponer y desarrollar una serie de características y mejoras importantes en la red, como la implementación de SegWit, que mejoró la escalabilidad y la eficiencia de las transacciones en Bitcoin.

BIT2ME

Bit2Me es una empresa española fundada en 2014 que ofrece servicios de intercambio de criptomonedas, así como una billetera digital, una tarjeta de débito y soluciones empresariales de blockchain. La plataforma permite a los usuarios comprar, vender y almacenar varias criptomonedas, incluyendo Bitcoin, Ethereum, Litecoin, Bitcoin Cash, Ripple, Dash y otras, a través de una interfaz fácil de usar y segura. Bit2Me también ofrece servicios de procesamiento de pagos en criptomonedas para comerciantes y empresas. La empresa se ha convertido en una de las principales plataformas de criptomonedas en España y se está expandiendo a otros países europeos y latinoamericanos.

BITCOIN

El Bitcoin es una criptomoneda descentralizada, lo que significa que no está respaldada por ningún gobierno ni entidad central. Fue creada en 2009 por una persona o grupo de personas bajo el seudónimo de Satoshi Nakamoto.

El Bitcoin se basa en la tecnología de blockchain, que es una base de datos descentralizada y distribuida en múltiples nodos de una red. La blockchain registra todas las transacciones de Bitcoin de manera segura y transparente, lo que garantiza que no haya duplicación ni falsificación de datos.

El Bitcoin se puede utilizar para hacer transacciones en línea de manera rápida y segura, sin la necesidad de intermediarios como bancos o procesadores de pago. Además, el suministro total de Bitcoin está limitado a 21 millones de unidades, lo que le da un valor limitado y lo hace un activo escaso.

Sin embargo, el valor del Bitcoin es altamente volátil y puede fluctuar significativamente en cortos períodos de tiempo. Además, su uso también ha sido objeto de controversia debido a su posible asociación con actividades ilegales en línea y la falta de regulación en algunos países.

BITCOIN CASH

Bitcoin Cash (BCH) es una criptomoneda descentralizada que se originó en 2017 como una bifurcación (fork) de la red de Bitcoin (BTC). La principal diferencia entre Bitcoin y Bitcoin Cash es que esta última aumentó el tamaño máximo de bloque permitido en la cadena de bloques, lo que permite una mayor cantidad de transacciones y una mayor velocidad de procesamiento.

El objetivo principal de Bitcoin Cash es convertirse en un medio de intercambio global para bienes y servicios, similar a lo que se espera de Bitcoin. Sin embargo, debido a la naturaleza descentralizada de las criptomonedas, su adopción y uso generalizado aún están en desarrollo.

BITCOIN CORE

Bitcoin Core es el software cliente original y principal de la red de Bitcoin, desarrollado y mantenido por la comunidad de desarrolladores de Bitcoin. Es un software de código abierto, lo que significa que cualquier persona puede revisar, modificar y distribuir el código fuente del programa.

Bitcoin Core se utiliza para validar transacciones y mantener la base de datos de transacciones y bloques de la red de Bitcoin. Como cliente completo de Bitcoin, Bitcoin Core descarga y almacena la cadena de bloques completa de la red de Bitcoin, que contiene todas las transacciones que han tenido lugar en la red desde su creación. Los usuarios pueden enviar y recibir bitcoins a través del cliente de Bitcoin Core, y también pueden utilizar el software para crear y firmar transacciones.

Además de ser un cliente de Bitcoin completo, Bitcoin Core también incluye una variedad de características avanzadas y herramientas de seguridad para los usuarios, como la implementación de múltiples firmas (multisig), el cifrado de carteras, la autenticación de dos factores y la posibilidad de configurar transacciones con tarifas personalizadas.

Bitcoin Core también es utilizado por la mayoría de los mineros de Bitcoin para validar transacciones y crear nuevos bloques en la cadena de bloques de Bitcoin. Es importante destacar que Bitcoin Core es solo uno de varios clientes de Bitcoin disponibles en el mercado, y los usuarios pueden elegir utilizar otros clientes según sus necesidades y preferencias.

BITCOIN SCRIPT

Bitcoin Script es un lenguaje de programación utilizado en la red de Bitcoin para definir las condiciones necesarias para desbloquear una transacción. Es un lenguaje de scripting simple y orientado a stack, diseñado para ser compacto y seguro, y está basado en el lenguaje de programación Forth.

En la red de Bitcoin, cada transacción contiene un script de entrada y un script de salida, que se utilizan para validar y autorizar la transacción. El script de entrada contiene las condiciones que deben cumplirse para que se pueda gastar una transacción previa, mientras que el script de salida especifica las condiciones que deben cumplirse para que se pueda gastar la nueva transacción.

Los scripts de Bitcoin se ejecutan en una máquina virtual especializada llamada Bitcoin Virtual Machine (BVM), que es parte del nodo de Bitcoin y está diseñada para ejecutar código de manera segura y eficiente. Los scripts de Bitcoin son utilizados para implementar diversas características de la red, como el bloqueo temporal de transacciones, la verificación de firmas digitales y la implementación de contratos inteligentes.

En resumen, Bitcoin Script es un lenguaje de programación simple y seguro que se utiliza para definir las condiciones necesarias para desbloquear una transacción en la red de Bitcoin.

BITFINEX

Bitfinex es una plataforma de intercambio de criptomonedas que permite a los usuarios comprar, vender y comerciar con una amplia variedad de criptomonedas y tokens. La plataforma fue fundada en 2012 por iFinex Inc., una empresa con sede en Hong Kong.

Bitfinex ha sido una de las plataformas de intercambio de criptomonedas más populares en el mercado debido a su alta liquidez y su amplia variedad de criptomonedas disponibles para el trading. En Bitfinex, los usuarios pueden intercambiar una gran cantidad de criptomonedas, incluyendo Bitcoin (BTC), Ethereum (ETH), Litecoin (LTC), Ripple (XRP), EOS y muchas otras.

La plataforma también ha sido conocida por su sofisticado conjunto de herramientas de trading, incluyendo órdenes avanzadas como stop-loss, limit, y trailing stop. Bitfinex también ofrece un apalancamiento de hasta 5x para algunos pares de trading, lo que significa que los usuarios pueden operar con más capital del que tienen disponible en sus cuentas.

Además del intercambio de criptomonedas, Bitfinex también ha lanzado su propio token nativo, llamado LEO, que proporciona descuentos en las comisiones de trading y otros beneficios a los titulares de tokens. La plataforma también ha lanzado una serie de herramientas de trading adicionales, incluyendo Bitfinex Pulse, que permite a los usuarios compartir y seguir noticias y análisis del mercado.

BITPAY

BitPay es una empresa fundada en 2011 que proporciona servicios de pago en Bitcoin y otras criptomonedas para comerciantes y consumidores en todo el mundo. La empresa ofrece un conjunto de herramientas para que los comerciantes acepten pagos en Bitcoin y otras criptomonedas, incluyendo una plataforma de pagos, facturación y gestión de pedidos.

BitPay se ha convertido en una de las empresas líderes en el procesamiento de pagos en Bitcoin y otras criptomonedas, y ha trabajado con grandes empresas como Microsoft y Shopify para facilitar los pagos en criptomonedas. Además, BitPay también ha desarrollado su propio monedero de criptomonedas llamado Copay, que ofrece a los usuarios una forma segura y fácil de almacenar, enviar y recibir Bitcoin y otras criptomonedas.

BitPay es conocida por su enfoque en la seguridad y la usabilidad, y ha implementado medidas para garantizar que las transacciones en criptomonedas sean seguras y fáciles de realizar tanto para comerciantes como para consumidores. La empresa también ha trabajado en estrecha colaboración con reguladores y autoridades financieras para garantizar el cumplimiento de las leyes y regulaciones aplicables.

BITSHARES

BitShares es una plataforma de blockchain que permite la creación y el intercambio de tokens descentralizados, así como la ejecución de contratos inteligentes. Fue creada por Dan Larimer en 2014 y se considera una de las primeras plataformas de blockchain en ofrecer la capacidad de intercambio descentralizado. BitShares se centra en la creación de activos financieros descentralizados, como acciones, divisas y materias primas, y se ha utilizado para crear monedas estables respaldadas por activos. La plataforma BitShares utiliza un algoritmo de consenso de prueba de participación delegada (DPOS) y su token nativo se conoce como BTS.

BITTORRENT

Bittorrent es un protocolo de transferencia de archivos punto a punto (P2P) utilizado para descargar y compartir archivos grandes de forma eficiente. Fue creado por Bram Cohen en 2001 y se ha convertido en uno de los protocolos de intercambio de archivos más populares en internet. El protocolo permite la transferencia de archivos de gran tamaño dividiéndolos en pequeñas partes y descargándolos de múltiples fuentes simultáneamente, lo que lo hace más rápido y eficiente que las descargas convencionales de archivos. Los usuarios de Bittorrent comparten sus archivos a través de semillas (seeders) y peers (pares) para asegurar la disponibilidad del archivo en la red. Además, Bittorrent también se utiliza para la distribución de archivos legales, como software de código abierto, música y películas independientes.

BLOCKCHAIN

Blockchain es una tecnología de registro distribuido que se utiliza para almacenar y transferir datos de forma segura y descentralizada. Se trata de una base de datos pública y compartida, en la que se registran todas las transacciones realizadas en una red de manera cronológica y enlazadas entre sí, formando una cadena de bloques.

La característica principal de la tecnología blockchain es que permite que la información se almacene de forma inmutable y transparente, lo que significa que una vez que se registra una transacción en la cadena de bloques, no se puede modificar ni eliminar. Además, como la cadena de bloques es distribuida, se almacena en muchos nodos o computadoras, lo que asegura la resistencia a la manipulación o censura.

El uso más conocido de blockchain es la criptomoneda Bitcoin, que utiliza una cadena de bloques para registrar todas las transacciones de Bitcoin. Sin embargo, la tecnología blockchain también se puede utilizar en muchos otros campos, como la gestión de identidad digital, el seguimiento de la cadena de suministro, la propiedad intelectual, la gestión de activos, entre otros.

En resumen, blockchain es una tecnología revolucionaria que ofrece la posibilidad de transferir activos digitales sin intermediarios, de forma transparente, segura y descentralizada.

BLOCKCHAIN EXPLORER

Un blockchain explorer, también conocido como explorador de bloques, es una herramienta que permite a los usuarios explorar y visualizar la cadena de bloques de una criptomoneda. Los exploradores de bloques están disponibles para muchas criptomonedas populares, como Bitcoin, Ethereum y Litecoin.

Un blockchain explorer proporciona una interfaz web para explorar los datos almacenados en la cadena de bloques de una criptomoneda, como transacciones, direcciones, bloques y saldos de cuenta. Los usuarios pueden buscar transacciones específicas, ver el historial de transacciones de una dirección, y verificar la validez de las transacciones y bloques en la cadena de bloques.

Los exploradores de bloques también pueden proporcionar información adicional sobre una criptomoneda, como estadísticas de la red, como el número de transacciones y el número de nodos de la red, y pueden mostrar visualmente la estructura de la cadena de bloques de una criptomoneda.

Los blockchain explorers son una herramienta valiosa para los usuarios de criptomonedas, ya que les permiten monitorear y verificar la actividad en la cadena de bloques en tiempo real, y proporcionan una forma transparente y accesible de explorar y entender cómo funciona una criptomoneda en su nivel más básico.

BLOCKCHAIN PÚBLICA

La blockchain pública, también conocida como blockchain abierta o permissionless blockchain en inglés, es una cadena de bloques que está abierta al público y es accesible para cualquiera que tenga una conexión a Internet. En una blockchain pública, cualquiera puede participar como usuario y puede realizar transacciones en la red sin necesidad de aprobación previa.

En una blockchain pública, la información se almacena en una red descentralizada de nodos o computadoras, lo que significa que no hay una autoridad central que controle la cadena de bloques. Todas las transacciones en la cadena de bloques se validan a través de un proceso de consenso, que puede ser mediante prueba de trabajo (como en el caso de Bitcoin) o mediante otros mecanismos de consenso como prueba de participación, delegada o de autoridad.

Una de las características principales de las blockchains públicas es que ofrecen un alto grado de transparencia y seguridad, ya que cualquier usuario puede verificar y auditar la información almacenada en la cadena de bloques. Esto también implica que las blockchains públicas pueden ser más lentas y costosas en términos de procesamiento de transacciones, ya que cualquier usuario puede participar en el proceso de validación.
Algunos ejemplos de blockchains públicas son Bitcoin, Ethereum, Litecoin, entre otras.

BLOQUE

En el contexto de la tecnología blockchain, un bloque es una unidad de información que contiene una colección de transacciones de una criptomoneda que se han validado y confirmado, y que se han agrupado y registrado en la cadena de bloques.

Cada bloque en la cadena de bloques contiene un identificador único, conocido como hash, que se utiliza para identificar el bloque y su contenido de manera única y que lo enlaza con el bloque anterior en la cadena. Esto forma una cadena de bloques continua y creciente, que registra todas las transacciones que se han realizado en la criptomoneda desde su creación.

Cada bloque en la cadena de bloques también contiene una marca de tiempo que indica cuándo se creó el bloque, y un nonce (número arbitrario que se cambia repetidamente en un proceso de minería de prueba de trabajo) que se utiliza en el proceso de minería de la criptomoneda. Los mineros utilizan el nonce para resolver un problema matemático complejo y generar un hash que cumpla con los requisitos de dificultad de la criptomoneda. Una vez que se resuelve el problema y se genera el hash correcto, el bloque se agrega a la cadena de bloques y se confirma la transacción.

En resumen, un bloque es una unidad de información en la cadena de bloques que contiene un registro de transacciones validadas, una marca de tiempo y un hash único, que se utiliza para enlazar el bloque con el bloque anterior en la cadena y formar una cadena de bloques continua.

BLOQUE GÉNESIS

El bloque génesis (en inglés, genesis block) es el primer bloque en una cadena de bloques. Es el bloque que se crea inicialmente cuando se lanza una nueva cadena de bloques y sirve como punto de partida para toda la cadena de bloques.

El bloque génesis tiene algunas características especiales en comparación con los demás bloques de la cadena. Por ejemplo, no tiene un bloque anterior, ya que es el primer bloque, y no contiene ninguna referencia a un bloque anterior. Además, su hash es único y se establece previamente en el software de la cadena de bloques, lo que garantiza que no se pueda falsificar ni cambiar.

El bloque génesis también puede incluir información importante sobre la cadena de bloques, como la fecha y hora de inicio de la cadena, el algoritmo de consenso utilizado y los parámetros iniciales de la cadena.

En la cadena de bloques de Bitcoin, el bloque génesis fue creado el 3 de enero de 2009 por el creador de Bitcoin, Satoshi Nakamoto. Este bloque contenía un mensaje codificado en su coinbase (la transacción de recompensa para el minero que resolvió el bloque), que decía "The Times 03/Jan/2009 Chancellor on brink of second bailout for banks", haciendo referencia a un titular del periódico "The Times" del mismo día.

En resumen, el bloque génesis es el primer bloque en una cadena de bloques y sirve como punto de partida para toda la cadena. Contiene información importante sobre la cadena de bloques y tiene características especiales que lo diferencian de los demás bloques de la cadena.

BLOQUE HUÉRFANO

Un bloque huérfano (en inglés, orphan block) es un bloque en una cadena de bloques que no es aceptado por el resto de la red y, por lo tanto, no se incorpora a la cadena principal de bloques. Esto puede ocurrir cuando dos o más mineros resuelven un bloque al mismo tiempo y lo transmiten a la red casi simultáneamente.

En una cadena de bloques descentralizada, como la de Bitcoin, la red espera que los bloques se creen a una tasa predecible, y cuando dos bloques son recibidos casi simultáneamente, la red puede experimentar una bifurcación temporal de la cadena de bloques. Los nodos de la red trabajan para determinar cuál de los bloques es válido y cuál no lo es, y cuál de ellos será aceptado como parte de la cadena de bloques principal.

Si dos bloques se resuelven y se transmiten casi simultáneamente, algunos nodos pueden recibir uno antes que el otro. Los nodos que reciben el segundo bloque también intentarán agregarlo a la cadena de bloques, pero si la mayoría de los nodos han aceptado el primer bloque, el segundo bloque se considerará huérfano y no se incorporará a la cadena principal de bloques.

Aunque los bloques huérfanos no son parte de la cadena principal de bloques, no se eliminan de la red. En cambio, permanecen en la red como bloques válidos, y los nodos de la red pueden agregarlos a la cadena de bloques en el futuro si se crean bloques posteriores que los validen.

En resumen, un bloque huérfano es un bloque en una cadena de bloques que no se acepta en la cadena principal de bloques porque otro bloque fue aceptado por la mayoría de los nodos casi simultáneamente. Los bloques huérfanos no se eliminan de la red y pueden agregarse a la cadena de bloques en el futuro si se crean bloques posteriores que los validen.

BNB

BNB es el token nativo de la plataforma Binance. Fue lanzado en julio de 2017 como un token ERC-20 en la red Ethereum, pero luego se trasladó a su propia cadena de bloques llamada Binance Chain en abril de 2019.

El token BNB se utiliza para pagar tarifas de trading, retiros y otros servicios en la plataforma Binance. Los usuarios que pagan con BNB reciben un descuento en las tarifas de trading. Además, Binance ha ampliado el uso de BNB para ofrecer descuentos en tarifas en su plataforma de staking, préstamos y futuros, así como para pagar por bienes y servicios en otros sitios web y plataformas que aceptan BNB.

Además de ser utilizado como token de utilidad en la plataforma Binance, BNB también ha aumentado significativamente su valor a lo largo del tiempo, lo que ha llevado a que muchos inversores lo vean como una inversión especulativa. El precio de BNB está sujeto a fluctuaciones y puede verse afectado por muchos factores, incluyendo la adopción y el uso de la plataforma Binance, la demanda de BNB como token de utilidad y las condiciones del mercado general de criptomonedas.

BOLLINGER BANDS

Bollinger Bands es un indicador técnico de análisis de gráficos que se utiliza para medir la volatilidad del mercado y determinar los niveles de sobrecompra o sobreventa de un activo financiero. El indicador consiste en tres bandas: una banda superior, una banda inferior y una media móvil en el centro. Las bandas superiores e inferiores se calculan en función de la desviación estándar de los precios del activo financiero en cuestión, mientras que la banda central se calcula a partir de la media móvil de los precios. El ancho de las bandas se ajusta en función de la volatilidad del mercado, por lo que se estrechan cuando la volatilidad es baja y se ensanchan cuando la volatilidad es alta.

BOT TRADING

Un bot de trading es un programa informático que utiliza algoritmos para realizar operaciones de compra y venta de activos financieros automáticamente en una plataforma de trading. Los bots de trading se utilizan en diferentes mercados financieros, incluyendo el mercado de criptomonedas.

Los bots de trading funcionan mediante la recopilación de datos del mercado, como precios y volúmenes, y el uso de algoritmos para analizar esos datos y tomar decisiones de inversión basadas en reglas predefinidas. Por ejemplo, un bot de trading puede estar programado para comprar una criptomoneda si su precio cae por debajo de cierto nivel y venderla si el precio aumenta por encima de otro nivel. Los bots de trading también pueden utilizar técnicas de análisis técnico y análisis fundamental para tomar decisiones de inversión.

Los bots de trading se utilizan principalmente por inversores y traders que buscan automatizar sus estrategias de inversión y tomar decisiones de inversión de manera más rápida y eficiente. Los bots de trading también pueden ayudar a reducir el impacto emocional en las decisiones de inversión, ya que no están sujetos a emociones humanas como el miedo y la avaricia.

Sin embargo, es importante tener en cuenta que los bots de trading también pueden tener algunos riesgos, como la posibilidad de errores en la programación o la toma de decisiones basadas en información incompleta o inexacta. Por lo tanto, es importante utilizar bots de trading con precaución y siempre monitorear su desempeño de cerca.

BÓVEDA INTELIGENTE

Una bóveda inteligente es un concepto utilizado en el espacio de las criptomonedas y la tecnología blockchain para referirse a una solución segura y automatizada para el almacenamiento de activos digitales. Las bóvedas inteligentes utilizan contratos inteligentes, que son programas informáticos que se ejecutan automáticamente en una red blockchain, para garantizar la seguridad y la privacidad de los activos digitales almacenados en ellas.

En una bóveda inteligente, los usuarios pueden depositar sus activos digitales, que son custodiados por el contrato inteligente, el cual establece las reglas y condiciones para su gestión y uso. Estas reglas y condiciones pueden incluir la autorización de transacciones, la verificación de identidad, la definición de límites de retiro y la protección contra robos o fraudes.

Las bóvedas inteligentes son una solución importante en la gestión de activos digitales, ya que permiten a los usuarios mantener el control de sus activos y al mismo tiempo aseguran que estos estén protegidos y sean accesibles de forma eficiente.

BRAINWALLET

Un brainwallet (monedero cerebral, en español) es un tipo de monedero de criptomonedas que utiliza una frase mnemotécnica o frase de contraseña como clave privada para acceder a las criptomonedas. La idea detrás de un brainwallet es que la clave privada se derive de una frase fácil de recordar, como una cita, una canción o un poema, en lugar de una clave aleatoria generada por software.

Para crear un brainwallet, el usuario elige una frase mnemotécnica y luego la convierte en una clave privada mediante una función criptográfica, como SHA-256. Luego, la clave pública correspondiente se deriva de la clave privada y se utiliza para recibir y enviar criptomonedas.

Aunque los brainwallets pueden parecer una forma conveniente y segura de almacenar criptomonedas, ya que no es necesario confiar en un tercero para almacenar las claves privadas, en realidad pueden ser muy inseguros. Esto se debe a que las frases mnemotécnicas fáciles de recordar también son fáciles de adivinar por los atacantes, especialmente si la frase es una cita de un libro, una canción popular o un poema conocido. Los atacantes pueden utilizar técnicas de fuerza bruta para adivinar la frase y, por lo tanto, la clave privada.

Además, los brainwallets también son vulnerables a la pérdida o el olvido de la frase mnemotécnica, lo que resulta en la pérdida irreversible de las criptomonedas almacenadas en la dirección de la clave pública correspondiente.

En general, se recomienda que los usuarios de criptomonedas eviten el uso de brainwallets y en su lugar utilicen monederos de criptomonedas seguros y confiables que proporcionen claves privadas generadas de manera aleatoria y segura.

BRAVE

Brave es un navegador web de código abierto que fue desarrollado por Brendan Eich, el creador de JavaScript y uno de los fundadores de Mozilla. Brave se basa en el motor de Chromium y se enfoca en mejorar la privacidad y la seguridad del usuario en línea, al mismo tiempo que bloquea los anuncios y evita el rastreo de terceros. Brave tiene una funcionalidad de bloqueo de anuncios integrada y ofrece un sistema de recompensas en forma de tokens Basic Attention Token (BAT) para los usuarios que optan por ver anuncios seleccionados. Los usuarios también pueden contribuir a los creadores de contenido en línea y sitios web mediante el sistema de propinas de Brave.

BRENDAN EICH

Brendan Eich es un empresario y programador de software estadounidense que es conocido por su trabajo en la creación del lenguaje de programación JavaScript y por ser el cofundador y CEO de Brave Software, una compañía que desarrolla el navegador web Brave y la plataforma Basic Attention Token (BAT). Antes de fundar Brave, Eich trabajó en Netscape Communications Corporation y Mozilla Foundation, y también fue el CEO de Mozilla Corporation. Eich ha sido una figura influyente en la industria de la tecnología y es reconocido por su experiencia en la creación de software y en la promoción de la privacidad y la seguridad en línea.

BSC

BSC significa Binance Smart Chain. Es una cadena de bloques pública y descentralizada lanzada en septiembre de 2020 por Binance, uno de los intercambios de criptomonedas más grandes del mundo. BSC está diseñada para ser compatible con la red Ethereum, lo que significa que se pueden ejecutar contratos inteligentes escritos en Solidity, el lenguaje de programación utilizado en la red Ethereum.

La cadena de bloques de BSC utiliza un algoritmo de consenso de prueba de participación delegada (DPoS), lo que significa que los usuarios pueden apostar sus tokens BNB (el token nativo de Binance) para convertirse en validadores de la red. Como resultado, la red es más rápida y eficiente que la red Ethereum, lo que permite tiempos de confirmación más rápidos y tarifas de transacción más bajas.

BSC es compatible con una amplia variedad de aplicaciones descentralizadas (dApps), lo que ha llevado a un rápido crecimiento de la plataforma de finanzas descentralizadas (DeFi) en BSC. Además, la creciente popularidad de BSC ha llevado a la creación de una amplia variedad de tokens nativos de BSC, algunos de los cuales han experimentado un crecimiento significativo en valor.

En resumen, BSC es una cadena de bloques pública y descentralizada diseñada para ser compatible con la red Ethereum y que ofrece tiempos de confirmación más rápidos y tarifas de transacción más bajas que la red Ethereum.

BSCPAD

BSCPad es una plataforma de Launchpad descentralizada basada en la red Binance Smart Chain (BSC) que permite a los proyectos de criptomonedas recaudar fondos y lanzar sus tokens en el mercado de manera justa y transparente. La plataforma es propiedad de BSC Launchpad Ltd, una entidad independiente que opera en la red Binance Smart Chain.

Los proyectos pueden solicitar un lanzamiento en BSCPad y, si son aceptados, se someten a un proceso de revisión y auditoría para garantizar su viabilidad y seguridad. Una vez aprobados, los proyectos pueden recaudar fondos a través de una oferta de monedas inicial (IDO) en la plataforma.

Los inversores que desean participar en un lanzamiento en BSCPad deben tener una cuenta en Binance y poseer una cierta cantidad de tokens de BSCPad en su billetera. Durante el lanzamiento, los inversores pueden comprar los tokens del proyecto con BNB, el token nativo de la red Binance Smart Chain, y las recompensas en tokens adicionales se distribuyen a los inversores después del lanzamiento.

BSCPad también cuenta con una serie de herramientas de análisis y estadísticas para ayudar a los inversores a tomar decisiones informadas sobre su participación en los lanzamientos. Además, la plataforma tiene un sistema de gobernanza en el que los titulares de tokens de BSCPad pueden participar en la toma de decisiones en el desarrollo de la plataforma.

En resumen, BSCPad es una plataforma de Launchpad bien establecida que utiliza la red Binance Smart Chain para ofrecer una manera segura y confiable para que los proyectos de criptomonedas recauden fondos y lancen sus tokens en el mercado.

BSCSCAN

BscScan es un explorador de bloques para la cadena de bloques Binance Smart Chain (BSC), una red blockchain pública diseñada para admitir aplicaciones descentralizadas y contratos inteligentes. BscScan permite a los usuarios buscar y verificar transacciones, direcciones, tokens y contratos inteligentes en la red de BSC, y proporciona información detallada sobre los bloques y las transacciones en tiempo real. También permite a los desarrolladores verificar y depurar sus contratos inteligentes en la red de BSC. BscScan es similar a Etherscan, que es un explorador de bloques para la cadena de bloques Ethereum.

BTS

BTS es el acrónimo de BitShares, que es un sistema descentralizado de intercambio de criptomonedas y plataforma de contratos inteligentes construido sobre la tecnología blockchain. BTS es también el nombre del token nativo de la plataforma BitShares. El token BTS se utiliza para realizar transacciones en la red de BitShares, así como para acceder a ciertos servicios y características de la plataforma, como la votación y la participación en la gobernanza de la red. BTS es un token líquido y se puede intercambiar en diversos intercambios de criptomonedas.

BTT

BTT es el acrónimo de BitTorrent Token, que es una criptomoneda desarrollada por BitTorrent Inc. en colaboración con la plataforma blockchain Tron. BTT se utiliza como una forma de pagar por servicios dentro del ecosistema de BitTorrent, como el acceso a contenido premium y el aumento de la velocidad de descarga de archivos. También se utiliza como una recompensa para los usuarios que comparten sus recursos de almacenamiento y ancho de banda en la red BitTorrent. BTT se basa en la tecnología TRC-10 de la blockchain Tron y se puede almacenar en billeteras compatibles con Tron.

BUIDL

BUIDL es un término utilizado en el mundo de las criptomonedas y la tecnología blockchain que se refiere a la acción de construir y desarrollar aplicaciones y proyectos en la red blockchain.

El término BUIDL se originó a partir de la palabra "HODL", que se popularizó en 2013 como una forma de enfatizar la importancia de mantener las criptomonedas a largo plazo en lugar de venderlas. En contraste, BUIDL se enfoca en la acción de construir y desarrollar proyectos en la tecnología blockchain en lugar de simplemente mantener las criptomonedas como una inversión.

La palabra "BUIDL" se utiliza para fomentar la idea de que la tecnología blockchain y las criptomonedas deben ser utilizadas para construir proyectos útiles y prácticos, en lugar de simplemente especular con ellas en los mercados financieros. La idea es que los desarrolladores y los usuarios puedan trabajar juntos para construir una red blockchain más sólida y útil para la sociedad.

BULLETPROOF

Bulletproof es un tipo de construcción de transacciones de criptomonedas que mejora la eficiencia y la seguridad de las transacciones en la red. La tecnología Bulletproof se desarrolló originalmente para la criptomoneda Monero, pero ahora también se utiliza en otras criptomonedas, como Grin y Beam.

La tecnología Bulletproof utiliza una construcción de pruebas de conocimiento cero (Zero-Knowledge Proofs, en inglés) para mejorar la privacidad y la eficiencia de las transacciones en la red. Las pruebas de conocimiento cero permiten a los usuarios demostrar que tienen información sin revelar la información en sí misma. En el contexto de las criptomonedas, esto significa que los usuarios pueden demostrar que tienen suficientes fondos para realizar una transacción sin revelar la cantidad exacta de fondos que tienen o su dirección.

La tecnología Bulletproof utiliza pruebas de conocimiento cero para reducir el tamaño de las transacciones en la red, lo que a su vez mejora la eficiencia de la red y reduce las tarifas de transacción. Además, Bulletproof mejora la privacidad de las transacciones al ocultar información sensible en las transacciones, como el monto de la transacción y las direcciones de envío y recepción.

En general, la tecnología Bulletproof es una mejora significativa para la privacidad y la eficiencia de las transacciones en la red de criptomonedas, y se espera que se utilice cada vez más en diferentes criptomonedas en el futuro.

BURGER

BURGER es un token de utilidad utilizado en el ecosistema de BurgerSwap, un intercambio descentralizado basado en la cadena de bloques de Binance Smart Chain (BSC). El token BURGER se utiliza para gobernar la economía de BurgerSwap, lo que significa que se utiliza para realizar transacciones dentro del intercambio, como la compra y venta de tokens y para pagar tarifas de transacción.

Además de su uso dentro de BurgerSwap, BURGER también se puede utilizar como medio de pago en otros proyectos que forman parte del ecosistema de BurgerSwap, como BurgerFarm, BurgerNFT y BurgerCities.

BurgerSwap es un intercambio descentralizado que permite a los usuarios intercambiar tokens en la cadena de bloques de BSC de forma segura y sin la necesidad de una entidad centralizada para facilitar el comercio. Además, el intercambio también cuenta con características como la generación de liquidez y la agrupación de participaciones, lo que permite a los usuarios ganar recompensas adicionales en forma de tokens BURGER.

En resumen, BURGER es un token de utilidad utilizado en el ecosistema de BurgerSwap, que se utiliza para gobernar la economía del intercambio y otros proyectos asociados.

BURGERCITIES

BurgerCities es un juego de estrategia basado en la cadena de bloques de Binance Smart Chain (BSC) en el que los jugadores pueden construir y gestionar sus propias ciudades virtuales. El juego utiliza tecnología blockchain para permitir que los jugadores tengan la propiedad y el control completo de sus ciudades, lo que les permite tomar decisiones sobre la economía de su ciudad y gestionar sus recursos.

En BurgerCities, los jugadores pueden construir edificios y estructuras en sus ciudades, así como también crear y administrar negocios, establecer acuerdos comerciales con otras ciudades y aumentar la población de sus ciudades a través de diversas estrategias de crecimiento. También pueden competir con otros jugadores para lograr la mayor cantidad de beneficios, lo que puede llevar a una posición destacada en el ranking global del juego.

El juego también cuenta con un token de utilidad llamado BURGER, que se utiliza para realizar transacciones dentro del juego, como la compra y venta de bienes y servicios, y para gobernar la economía del juego. Los jugadores también pueden obtener recompensas en BURGER al completar ciertas tareas y logros en el juego.

En resumen, BurgerCities es un juego de estrategia basado en la cadena de bloques de Binance Smart Chain que permite a los jugadores construir y gestionar sus propias ciudades virtuales, y utilizar la tecnología blockchain para tener propiedad y control completo de sus ciudades.

BURGERFARM

BurgerFarm es una característica del protocolo de BurgerSwap, que permite a los usuarios obtener recompensas adicionales en forma de tokens BURGER y otros tokens asociados con el intercambio, mediante la participación en pools de farming.

En el farming, los usuarios pueden depositar sus tokens en un pool de liquidez para recibir tokens LP, que se utilizan para medir su participación en el pool. A cambio, reciben recompensas en forma de tokens BURGER y otros tokens asociados con el pool, como por ejemplo tokens de otras criptomonedas.

Los pools de farming en BurgerFarm son administrados por proveedores de liquidez automatizados (AMLP, por sus siglas en inglés), que utilizan algoritmos para determinar las tasas de intercambio y las recompensas de tokens. Cada pool de farming tiene una duración limitada y una cantidad limitada de tokens de recompensa, por lo que los usuarios deben participar antes de que se agoten los tokens de recompensa.

En resumen, BurgerFarm es una característica del protocolo de BurgerSwap que permite a los usuarios obtener recompensas adicionales en forma de tokens BURGER y otros tokens asociados con el intercambio, mediante la participación en pools de farming. Los pools de farming son administrados por proveedores de liquidez automatizados y tienen una duración limitada y una cantidad limitada de tokens de recompensa.

BURGERNFT

BurgerNFT es una característica del protocolo de BurgerSwap que permite a los usuarios crear, intercambiar y coleccionar tokens no fungibles (NFT) en la cadena de bloques Binance Smart Chain.

Los NFT son activos digitales únicos que se utilizan para representar elementos digitales como obras de arte, música, videos y más. Los NFT pueden ser comprados, vendidos y comercializados en plataformas especializadas, y su valor depende de su rareza y popularidad.

En BurgerNFT, los usuarios pueden crear sus propios tokens NFT utilizando una herramienta de creación de NFT, que permite personalizar la imagen, el nombre y otros detalles de los tokens. Luego, los usuarios pueden intercambiar sus NFT en un mercado NFT descentralizado dentro del protocolo de BurgerSwap.

Además, BurgerNFT ofrece la posibilidad de coleccionar NFT exclusivos que representan a los personajes de la marca BurgerSwap. Estos NFT se pueden obtener participando en eventos y desafíos de la comunidad de BurgerSwap.

En resumen, BurgerNFT es una característica del protocolo de BurgerSwap que permite a los usuarios crear, intercambiar y coleccionar tokens no fungibles (NFT) en la cadena de bloques Binance Smart Chain. Los usuarios pueden crear sus propios NFT utilizando una herramienta de creación de NFT, intercambiar NFT en un mercado NFT descentralizado y coleccionar NFT exclusivos de la marca BurgerSwap.

BURGERSWAP

BurgerSwap es un intercambio descentralizado (DEX) basado en la cadena de bloques de Binance Smart Chain (BSC). Como DEX, BurgerSwap permite a los usuarios intercambiar tokens de forma segura y descentralizada sin la necesidad de intermediarios centralizados.

El intercambio utiliza un sistema de proveedores de liquidez automatizados (AMLP, por sus siglas en inglés) para crear pares de intercambio de tokens. Los proveedores de liquidez depositan sus tokens en un pool de liquidez, que se utiliza para facilitar el intercambio de tokens. A cambio, reciben tokens LP (tokens de proveedor de liquidez), que se utilizan para medir su participación en el pool de liquidez y para recibir recompensas en forma de tarifas de intercambio y tokens BURGER.

BurgerSwap también cuenta con otras características, como el farming, que permite a los usuarios obtener recompensas adicionales en forma de tokens

BURGER y otros tokens asociados con el intercambio. Además, los usuarios también pueden participar en el staking, que permite a los usuarios bloquear sus tokens para recibir recompensas en forma de tokens BURGER.

En resumen, BurgerSwap es un DEX basado en Binance Smart Chain que permite a los usuarios intercambiar tokens de forma descentralizada. El intercambio utiliza un sistema de proveedores de liquidez automatizados y cuenta con características como el farming y el staking para incentivar la participación de los usuarios y fomentar la liquidez en el intercambio.

BUSD

BUSD es una stablecoin, es decir, una criptomoneda cuyo valor se mantiene estable con respecto a una moneda fiduciaria, en este caso el dólar estadounidense. BUSD es una stablecoin emitida en la cadena de bloques de Binance, una de las mayores bolsas de criptomonedas del mundo.

BUSD es respaldada 1:1 por dólares estadounidenses que se mantienen en una cuenta bancaria custodiada por una empresa fiduciaria independiente. Esto significa que por cada BUSD emitido, hay un dólar estadounidense en reserva en una cuenta bancaria.

BUSD se utiliza principalmente como una herramienta para la negociación de criptomonedas en Binance, ya que proporciona una forma fácil y rápida para que los usuarios de Binance cambien sus criptomonedas por una moneda estable que mantenga su valor en dólares estadounidenses. BUSD también se utiliza cada vez más en aplicaciones de finanzas descentralizadas (DeFi) y en transacciones internacionales, ya que permite una mayor estabilidad en los intercambios de valor en el espacio criptográfico.

CADENA DE BLOQUES

Una cadena de bloques (o blockchain en inglés) es una base de datos distribuida y descentralizada que registra de manera segura y permanente transacciones en bloques interconectados. Cada bloque contiene un registro de transacciones y un hash criptográfico único que lo identifica y lo relaciona con el bloque anterior y posterior de la cadena, formando así una cadena de bloques. Cada nodo de la red tiene una copia de la base de datos completa, lo que hace que sea difícil para cualquier individuo o entidad manipular los datos. Las cadenas de bloques son la tecnología subyacente de muchas criptomonedas y están siendo utilizadas en diversos campos como la banca, la logística, la salud y la gestión de identidad digital, entre otros.

CAKE

CAKE es el token nativo de PancakeSwap, un exchange descentralizado (DEX) de criptomonedas que se ejecuta en la cadena de bloques Binance Smart Chain (BSC). CAKE es un token de utilidad que se utiliza para acceder a ciertas funciones en PancakeSwap, como la participación en granjas de liquidez y el "staking" de tokens. Los usuarios también pueden ganar recompensas en forma de tokens CAKE al proporcionar liquidez a PancakeSwap.

Además de ser un token de utilidad, CAKE también se utiliza como medio de intercambio en PancakeSwap. Los usuarios pueden intercambiar CAKE por otros tokens compatibles con Binance Smart Chain en el exchange descentralizado.

El suministro total de CAKE es de 210 millones de tokens, y el equipo de PancakeSwap ha implementado un mecanismo de quema de tokens para reducir gradualmente la oferta total de CAKE con el tiempo.

CALIBRA

Calibra era el nombre de una subsidiaria de Facebook creada para desarrollar la billetera digital de Libra, la criptomoneda que estaba siendo desarrollada por Facebook y otros miembros fundadores de la Asociación Libra. La billetera digital Calibra habría permitido a los usuarios enviar y recibir pagos en Libra, así como realizar transacciones en otras monedas fiduciarias.

Sin embargo, en 2020, la Asociación Libra cambió su nombre a Diem Association y anunció que había rediseñado la moneda para estar respaldada por una canasta de monedas fiduciarias en lugar de solo por una sola moneda. Además, Calibra cambió su nombre a Novi y anunció planes para lanzar la billetera digital Novi que permitiría a los usuarios enviar y recibir Diem.

CAPA 0

En el contexto de la tecnología blockchain, la "Capa 0" se refiere a la capa más básica de una red blockchain, que es la capa de hardware o física. Esta capa incluye la infraestructura física subyacente, como los servidores, routers, switches, dispositivos de almacenamiento, etc., que sustentan la red.

La Capa 0 es esencialmente la base sobre la cual se construyen las demás capas de la red blockchain. En una blockchain, cada capa agrega nuevas funcionalidades y características para mejorar la escalabilidad, seguridad, privacidad, interoperabilidad y otras características importantes de la red.

La mejora de la Capa 0 puede ser muy importante para mejorar el rendimiento de la red blockchain en términos de velocidad, capacidad y eficiencia energética. Por ejemplo, algunas soluciones de escalabilidad, como la tecnología de sharding, pueden requerir mejoras significativas en la Capa 0 para funcionar de manera óptima.

En resumen, la Capa 0 se refiere a la infraestructura física subyacente que soporta la red blockchain. Mejorar la Capa 0 puede ser crucial para mejorar la escalabilidad y el rendimiento de la red.

CAPA 1

En el contexto de la tecnología blockchain, la "Capa 1" se refiere a la capa base o fundamental de una red blockchain, que es la capa de consenso o protocolo. Esta capa define las reglas y los mecanismos básicos que permiten que la red funcione de manera descentralizada y confiable, sin la necesidad de confiar en un tercero.

La Capa 1 se encarga de funciones esenciales como la validación de transacciones, la creación de nuevos bloques y la creación y distribución de tokens. También establece las reglas para el consenso, que es el proceso por el cual los nodos de la red acuerdan la versión correcta del historial de transacciones.

Algunos ejemplos de tecnologías de Capa 1 incluyen Bitcoin, Ethereum, Litecoin, entre otras. Cada una de estas redes tiene su propio protocolo de consenso y conjunto de reglas para la validación de transacciones y la creación de bloques.

La Capa 1 es importante porque es la base de la red blockchain. Si la Capa 1 no funciona correctamente, toda la red podría verse comprometida. Además, la Capa 1 es esencial para la seguridad y la descentralización de la red, ya que es la capa en la que se establece el consenso y se validan las transacciones.

CAPA 2

En el contexto de la tecnología blockchain, la "Capa 2" se refiere a una capa adicional construida encima de la Capa 1 de la red blockchain, que se utiliza para agregar funcionalidades y mejorar el rendimiento de la red.

La Capa 2 tiene como objetivo abordar algunos de los desafíos de la Capa 1, como la escalabilidad y la velocidad de las transacciones, mediante la implementación de soluciones de escalabilidad off-chain. Estas soluciones permiten a los usuarios realizar transacciones fuera de la cadena principal de la red blockchain, lo que reduce la carga en la Capa 1 y permite que la red procese un mayor número de transacciones.

Algunos ejemplos de tecnologías de Capa 2 incluyen Lightning Network (para Bitcoin) y Plasma (para Ethereum). Estas soluciones de escalabilidad off-chain se construyen encima de la Capa 1 y utilizan contratos inteligentes y canales de pago para facilitar transacciones más rápidas y económicas.

La Capa 2 también puede utilizarse para implementar otras funcionalidades, como contratos inteligentes más complejos, protocolos de privacidad y soluciones de interoperabilidad entre distintas redes blockchain.

En resumen, la Capa 2 es una capa adicional construida encima de la Capa 1 de la red blockchain, que se utiliza para agregar funcionalidades y mejorar el rendimiento de la red. Las soluciones de Capa 2 pueden ayudar a abordar algunos de los desafíos de escalabilidad y velocidad de las transacciones de la Capa 1.

CARDANO

Cardano es una plataforma de blockchain de tercera generación que fue creada en 2015 por el equipo de IOHK (Input Output Hong Kong), liderado por el científico de la computación y criptógrafo Charles Hoskinson. Cardano es una plataforma descentralizada y de código abierto que utiliza un protocolo de consenso llamado Ouroboros para validar las transacciones en la red.

La plataforma de Cardano tiene como objetivo proporcionar una infraestructura segura y escalable para la construcción de aplicaciones descentralizadas y contratos inteligentes. Cardano también se enfoca en la interoperabilidad y la integración con sistemas existentes, lo que significa que es posible interactuar con otras cadenas de bloques y sistemas de pago fuera de la red.

Una de las características más notables de Cardano es su enfoque en la investigación y la ciencia. El equipo de Cardano trabaja en estrecha colaboración con académicos e investigadores para desarrollar nuevas tecnologías y mejoras en el protocolo de la plataforma. Además, Cardano tiene un proceso de gobernanza descentralizado, en el que los titulares de la criptomoneda ADA pueden votar y participar en la toma de decisiones para el futuro desarrollo de la plataforma.

ADA es la criptomoneda nativa de Cardano, y se utiliza para pagar las tarifas de transacción en la red y como un activo para transferir valor. La comunidad de Cardano espera que la plataforma tenga un impacto significativo en la industria de blockchain y en otros sectores como la banca, los seguros y el gobierno.

CBDC

CBDC son las siglas en inglés de "Central Bank Digital Currency" o "Moneda Digital del Banco Central" en español. Se refiere a la creación de una moneda digital emitida y respaldada por un banco central.

En esencia, una CBDC es una moneda digital que tiene la misma forma y funciones que el dinero tradicional, pero en lugar de ser emitida en forma de billetes o monedas físicas, se emite y se registra en una plataforma tecnológica. Esta moneda digital estaría respaldada por el banco central de un país y tendría un valor fiduciario, lo que significa que tendría un valor legal en el país que la emitió.

La implementación de una CBDC tiene el potencial de mejorar la eficiencia en los sistemas de pago, reducir los costos de transacción y aumentar la inclusión financiera. También podría ayudar a combatir el uso de monedas digitales no reguladas y mejorar la transparencia en el sistema financiero.

Sin embargo, también se plantean algunos desafíos y preocupaciones en relación a la privacidad y la seguridad de las transacciones, así como a su potencial impacto en la política monetaria y financiera de un país. Como resultado, muchos bancos centrales de todo el mundo están estudiando el desarrollo de CBDC y evaluando sus posibles beneficios y riesgos.

CFD

CFD son las siglas en inglés de "Contract for Difference" o "Contrato por Diferencia" en español. Se trata de un instrumento financiero que permite a los inversores especular sobre el movimiento de los precios de los activos subyacentes, como acciones, índices, materias primas o criptomonedas, sin poseer el activo real.

En un CFD, el comprador y el vendedor acuerdan intercambiar la diferencia entre el precio de compra y el precio de venta del activo subyacente. Si el precio del activo subyacente sube, el comprador del CFD obtiene una ganancia, mientras que si el precio del activo subyacente baja, el comprador del CFD sufre una pérdida. El precio del CFD se basa en el precio del activo subyacente en el mercado.

Los CFD son populares porque permiten a los inversores acceder a una amplia variedad de activos subyacentes sin tener que poseerlos físicamente. También pueden utilizarse para obtener exposición a mercados que de otra manera serían difíciles o costosos de acceder.

Sin embargo, los CFD también tienen un alto grado de riesgo, ya que las pérdidas pueden superar el capital invertido y los costos asociados pueden ser significativos. Además, los CFD no son adecuados para todos los inversores y es importante comprender los riesgos antes de operar con ellos.

CHAINLINK

Chainlink es una plataforma de Oracle descentralizada que conecta los contratos inteligentes en blockchain con datos del mundo real. Los contratos inteligentes son programas informáticos en blockchain que se ejecutan automáticamente cuando se cumplen ciertas condiciones predefinidas. Los datos del mundo real que se utilizan en los contratos inteligentes pueden ser información sobre precios, acciones, índices, clima, y otros datos que se necesiten para activar el contrato.

La plataforma Chainlink proporciona una infraestructura para conectar contratos inteligentes con información del mundo real. Funciona mediante el uso de nodos de Oracle que actúan como intermediarios entre los contratos inteligentes y las fuentes de datos del mundo real. Estos nodos de Oracle pueden conectarse a diversas fuentes de datos, desde APIs web hasta dispositivos IoT, y proporcionar los datos necesarios al contrato inteligente.

Chainlink se ejecuta en su propia cadena de bloques, pero también se integra con otras redes blockchain, incluyendo Ethereum, Binance Smart Chain y Polkadot. La plataforma cuenta con su propia criptomoneda, LINK, que se utiliza para pagar los servicios de los nodos de Oracle y para participar en la gobernanza de la red.

Chainlink ha ganado popularidad en la comunidad de criptomonedas y ha sido adoptada por varias empresas e instituciones financieras en todo el mundo para desarrollar aplicaciones descentralizadas basadas en blockchain.

CHANGPENG ZHAO

Changpeng Zhao, también conocido como "CZ", es un empresario y ejecutivo de tecnología chino-canadiense. Es el fundador y CEO de Binance, uno de los intercambios de criptomonedas más grandes y populares del mundo.

Zhao nació en Jiangsu, China, en 1977. Se mudó a Canadá cuando tenía 12 años y luego estudió ciencias de la computación en la Universidad de Montreal. Después de graduarse, trabajó en una serie de empresas de tecnología, incluyendo Bloomberg y Blockchain.info, antes de fundar su propia empresa, Fusion Systems, en 2013.

En 2017, Zhao fundó Binance, que se ha convertido rápidamente en uno de los intercambios de criptomonedas más exitosos del mundo. En poco más de un año, Binance logró atraer a millones de usuarios y se convirtió en uno de los intercambios de criptomonedas con mayor volumen de trading en el mundo.

Zhao es conocido por su enfoque en la tecnología blockchain y por ser un defensor de las criptomonedas. Bajo su liderazgo, Binance ha lanzado una serie de nuevos productos y servicios, incluyendo una plataforma de staking, una plataforma de préstamos y una plataforma de futuros. También ha lanzado su propia criptomoneda, Binance Coin (BNB), que se utiliza como token de utilidad en la plataforma Binance y ofrece a los usuarios descuentos en tarifas de trading.

CHARLES DOW

Charles Dow (1851-1902) fue un periodista y financiero estadouniden-se que fundó la empresa de información financiera Dow Jones & Company junto con Edward Jones y Charles Bergstresser. Dow fue también uno de los fundadores del Wall Street Journal, uno de los periódicos financieros más influyentes del mundo.

Además de su trabajo periodístico, Dow es conocido por haber desarro-llado la Teoría de Dow, una metodología de análisis técnico que se utiliza para identificar tendencias en el mercado financiero. La Teoría de Dow sigue siendo una de las bases del análisis técnico moderno y se utiliza ampliamente por los traders e inversores para tomar decisiones de inversión.

Dow también fue pionero en la creación de índices bursátiles. En 1884, creó el Índice Dow Jones de Promedio Industrial (también conocido como Dow Jones Industrial Average o DJIA), que sigue siendo uno de los índices bursáti-les más importantes y seguidos del mundo. El DJIA es un índice ponderado de precios que refleja el desempeño de 30 grandes empresas estadounidenses en diversos sectores de la economía.

CHARLES HOSKINSON

Charles Hoskinson es un empresario y experto en tecnología blockchain que es conocido por ser uno de los fundadores de la plataforma de bloc-kchain Cardano, así como de la empresa de investigación y desarrollo de blockchain IOHK (Input Output Hong Kong).

Antes de cofundar IOHK y Cardano, Hoskinson fue uno de los cofundadores de Ethereum, otra plataforma de blockchain bien conocida. Sin embargo, en 2014, Hoskinson dejó Ethereum y fundó IOHK con el objetivo de desarrollar tecnologías de blockchain avanzadas y aplicaciones descentralizadas para resolver problemas reales en diversos sectores.

Como cofundador de IOHK, Hoskinson ha sido una figura clave en la direc-ción estratégica de la empresa y en la construcción de su equipo de exper-tos en criptografía, informática, matemáticas y otros campos relacionados. También ha sido un defensor de la colaboración entre la industria blockchain y la academia, y ha trabajado en estrecha colaboración con académicos e investigadores para desarrollar nuevas tecnologías y mejoras en el protocolo de la plataforma de blockchain de Cardano.

Además de su trabajo en IOHK y Cardano, Hoskinson también es conocido por su papel como defensor de la educación y la alfabetización financiera, y ha trabajado en proyectos destinados a proporcionar educación financiera y de criptomonedas a personas en todo el mundo.

CHARLES PONZI

Charles Ponzi fue un famoso estafador y promotor de inversiones fraudulentas que vivió en el siglo XX. Nació en Italia en 1882 y emigró a los Estados Unidos en 1903. Fue conocido por el esquema Ponzi, un tipo de fraude piramidal que lleva su nombre y que involucra el pago de intereses altos a los primeros inversores con el dinero de los nuevos inversores, en lugar de con ganancias reales. En 1920, Ponzi fue arrestado por estafar a miles de inversores y condenado a prisión. Su nombre ha quedado asociado para siempre con este tipo de esquemas fraudulentos.

CHARLIE LEE

Charlie Lee es un programador y empresario informático estadounidense de origen chino, conocido principalmente por ser el creador de Litecoin, una criptomoneda basada en el código de Bitcoin. Lee trabajó anteriormente en Google como ingeniero de software y ha sido un defensor y participante activo en la comunidad de criptomonedas desde 2011.

En 2017, Lee vendió todas sus participaciones de Litecoin, lo que le valió algunas críticas de la comunidad, que lo acusaron de abandonar el proyecto. Sin embargo, Lee argumentó que la venta fue una medida necesaria para evitar conflictos de intereses y centrarse en el desarrollo de Litecoin sin verse influenciado por sus propias inversiones.

A pesar de la controversia, Lee sigue siendo una figura influyente en el mundo de las criptomonedas y ha continuado trabajando en proyectos relacionados con la tecnología blockchain y la criptografía.

CHECKSUM

Checksum es una función matemática que se utiliza para verificar la integridad de los datos. Es un valor único que se calcula a partir de los datos y que se utiliza para comparar y comprobar si los datos han sido modificados o corrompidos en algún punto del proceso de transmisión o almacenamiento.

La función de checksum se utiliza comúnmente en la transferencia de archivos por Internet para verificar si el archivo recibido es idéntico al archivo original enviado. Para ello, se calcula el valor de checksum del archivo original y se compara con el valor de checksum del archivo recibido. Si los valores coinciden, se considera que el archivo se ha transferido correctamente y sin errores. Si los valores no coinciden, se sabe que ha habido una alteración en el archivo y se puede intentar volver a transferirlo.

La función de checksum también se utiliza en la criptografía para garantizar que los datos no hayan sido manipulados durante la transmisión o el almacenamiento. Se utiliza comúnmente en la verificación de contraseñas y claves de acceso, y en la autenticación de archivos y sistemas. En resumen, el checksum es una herramienta importante para garantizar la integridad y la seguridad de los datos.

CLAUS-PETER SCHNORR

Claus-Peter Schnorr es un criptógrafo alemán nacido en 1943 en Frankfurt. Es conocido por su trabajo en la teoría de la complejidad computacional, la criptografía y la teoría de números.

Schnorr ha realizado importantes contribuciones al campo de la criptografía. En 1989, desarrolló el esquema de firma digital que lleva su nombre, la firma Schnorr, que se utiliza ampliamente en criptografía moderna y se considera más eficiente y segura que otros esquemas de firma digital.

Además de su trabajo en criptografía, Schnorr también ha contribuido significativamente a la teoría de números y la teoría de la complejidad computacional. Ha publicado más de 200 artículos de investigación en estos campos y ha recibido varios premios y reconocimientos por su trabajo, incluido el Premio Gottfried Wilhelm Leibniz en 1994.

En resumen, Claus-Peter Schnorr es un criptógrafo y teórico de la complejidad computacional alemán conocido por su trabajo en la teoría de números y la criptografía. Es el creador del esquema de firma digital Schnorr, que se utiliza ampliamente en la criptografía moderna.

CLAVE API

Una clave API (Application Programming Interface, por sus siglas en inglés) es un código alfanumérico que permite a los desarrolladores acceder a una interfaz de programación de una aplicación, plataforma o servicio en particular.

Las claves API funcionan como un identificador único que permite a los desarrolladores autenticar sus solicitudes a través de la API y acceder a ciertas funcionalidades o datos específicos que la aplicación o plataforma ofrece.

En general, las claves API se utilizan en aplicaciones y servicios que requieren la integración de diferentes plataformas o servicios, y son esenciales para que los desarrolladores puedan conectarse y acceder a la funcionalidad de la API de manera segura y controlada.

Es importante destacar que las claves API pueden ser confidenciales, ya que pueden permitir el acceso a datos y funcionalidades sensibles de una plataforma o servicio. Por lo tanto, es fundamental que los desarrolladores mantengan sus claves API seguras y las utilicen únicamente de acuerdo con los términos y condiciones de la plataforma o servicio en cuestión.

CLAVE PRIVADA

En criptografía y en el contexto de criptomonedas, una clave privada es un número secreto que se utiliza para firmar digitalmente transacciones y para controlar el acceso a los fondos de una dirección de criptomoneda específica.

La clave privada es generada por un algoritmo criptográfico que utiliza una función hash y un número aleatorio, y es única para cada dirección de criptomoneda. La clave privada se utiliza para generar una firma digital única para cada transacción que se envía desde una dirección de criptomoneda.

La clave privada es extremadamente importante para garantizar la seguridad y la propiedad de los fondos de criptomonedas. Si alguien tiene acceso a la clave privada, puede acceder a los fondos de la dirección de criptomoneda correspondiente y transferirlos a otra dirección sin autorización.

Por lo tanto, es importante mantener la clave privada segura y protegida. La mayoría de las billeteras de criptomonedas tienen medidas de seguridad para proteger la clave privada, como la encriptación con contraseña y la autenticación de dos factores. Además, es importante hacer copias de seguridad de la clave privada en un lugar seguro y fuera de línea, en caso de pérdida o daño del dispositivo que contiene la billetera.

CLAVE PÚBLICA

En criptografía y en el contexto de criptomonedas, una clave pública es un número que se utiliza para verificar las firmas digitales y para recibir pagos en una dirección de criptomoneda específica.

La clave pública se deriva de la clave privada utilizando una función matemática llamada función hash, y es única para cada dirección de criptomoneda. La clave pública se utiliza para generar una dirección de criptomoneda, que se utiliza para recibir pagos.

Cuando se realiza una transacción de criptomoneda, se crea una firma digital única utilizando la clave privada. Esta firma digital se verifica utilizando la clave pública correspondiente, que garantiza que la transacción ha sido autorizada por el propietario de la dirección de criptomoneda.

La clave pública se comparte públicamente y se utiliza para recibir pagos en una dirección de criptomoneda. Cualquier persona que tenga la dirección de criptomoneda correspondiente puede enviar fondos a esa dirección, y la transacción se confirma mediante la verificación de la firma digital utilizando la clave pública.

Es importante tener en cuenta que, aunque la clave pública se comparte públicamente, no se puede utilizar para acceder a los fondos de la dirección de criptomoneda correspondiente. Solo la clave privada puede utilizarse para firmar transacciones y transferir fondos.

CLOUD MINING

El cloud mining, también conocido como minería en la nube, es un método de minería de criptomonedas que permite a los usuarios minar criptomonedas sin tener que comprar y mantener hardware de minería.

En lugar de invertir en hardware especializado para la minería de criptomonedas, los usuarios pueden comprar o alquilar poder de hash de una empresa que ofrece servicios de cloud mining. La empresa de cloud mining se encarga de todo el hardware, la infraestructura y el mantenimiento necesario para la minería, y el usuario simplemente paga una tarifa para acceder a su poder de hash.

Una de las principales ventajas del cloud mining es que elimina la necesidad de tener hardware especializado y reduce los costos asociados con la energía eléctrica y el mantenimiento. Además, los usuarios pueden comenzar a minar criptomonedas sin tener que invertir grandes cantidades de dinero en hardware.

Sin embargo, existen algunas desventajas del cloud mining, como el hecho de que el usuario no tiene control sobre la configuración del hardware y el software de minería, y puede haber riesgos asociados con la seguridad y la integridad de las empresas de cloud mining. Por lo tanto, es importante investigar y elegir cuidadosamente una empresa de cloud mining confiable antes de invertir en sus servicios.

COINJOIN

CoinJoin es una técnica de mezcla de monedas utilizada para mejorar la privacidad y la fungibilidad de las transacciones de criptomonedas, en particular de Bitcoin. Fue desarrollada por el desarrollador de Bitcoin Gregory Maxwell en 2013.

La técnica de CoinJoin funciona combinando varias transacciones de Bitcoin de múltiples usuarios en una sola transacción. Esta transacción combinada tiene múltiples entradas y múltiples salidas, lo que hace que sea difícil para cualquier observador externo distinguir cuál es la entrada y cuál es la salida de cada usuario. Esto ayuda a ocultar la dirección de envío y la dirección de recepción de los usuarios involucrados en la transacción.

Además, CoinJoin también ayuda a mejorar la fungibilidad de Bitcoin al mezclar las transacciones de varios usuarios en una sola transacción. Debido a que todas las monedas de Bitcoin tienen un historial de transacciones asociado con ellas, algunas monedas de Bitcoin pueden ser consideradas "sucias" o "manchadas" por su historial de transacciones previas, lo que puede hacer que sean menos valiosas o menos aceptadas que otras monedas "limpias". Al mezclar las transacciones, CoinJoin ayuda a eliminar esta distinción entre las monedas "limpias" y "sucias", lo que mejora la fungibilidad de Bitcoin.

En resumen, CoinJoin es una técnica de mezcla de monedas utilizada para mejorar la privacidad y la fungibilidad de las transacciones de criptomonedas, en particular de Bitcoin. Funciona combinando varias transacciones de Bitcoin de múltiples usuarios en una sola transacción para ocultar la dirección de envío y la dirección de recepción de los usuarios, y ayuda a mejorar la fungibilidad de Bitcoin al mezclar las transacciones de varios usuarios en una sola transacción.

COINMARKETCAP

Coinmarketcap es un sitio web que se dedica a rastrear el precio, el volumen y otra información importante sobre las criptomonedas y los tokens digitales. Es uno de los sitios web más populares para obtener información en tiempo real sobre el mercado de criptomonedas.

En Coinmarketcap, los usuarios pueden buscar información sobre cualquier criptomoneda o token, como su precio actual en diferentes exchanges, su capitalización de mercado, su volumen de negociación diario, su oferta circulante, su máximo histórico y más. Además, los usuarios también pueden ver gráficos de precios y volúmenes para diferentes períodos de tiempo, así como información sobre los exchanges que cotizan cada criptomoneda.

Coinmarketcap también proporciona clasificaciones de criptomonedas basadas en diferentes métricas, como la capitalización de mercado, el volumen de negociación y la liquidez. Esto puede ayudar a los inversores y traders a tomar decisiones informadas sobre qué criptomonedas pueden ser mejores para comprar, vender o mantener.

COIN MIXING

Coin mixing (también conocido como coin tumbling o coin laundering) es un proceso que se utiliza para aumentar el anonimato y la privacidad de las transacciones en criptomonedas, especialmente en blockchain públicas como Bitcoin.

El coin mixing implica combinar y mezclar múltiples transacciones de criptomonedas de diferentes direcciones y enviarlas a una nueva dirección, lo que dificulta la capacidad de cualquier persona para rastrear la transacción original y determinar quién es el propietario de los fondos.

Existen diferentes formas de realizar el coin mixing, que van desde el uso de mezcladores centralizados que cobran una tarifa por el servicio, hasta el uso de métodos más avanzados basados en la tecnología de contratos inteligentes en blockchain.

Aunque el coin mixing puede proporcionar un mayor anonimato y privacidad en las transacciones, también se ha utilizado para actividades ilegales, como el lavado de dinero y la financiación del terrorismo. Como resultado, en algunos países, el uso de mezcladores de criptomonedas se ha prohibido o restringido en un intento de prevenir estas actividades ilícitas.

COINSWAP

CoinSwap es una tecnología de privacidad para transacciones de criptomonedas que permite a los usuarios intercambiar criptomonedas sin revelar las direcciones de envío y recepción de la transacción. La tecnología se basa en la idea de que los usuarios pueden intercambiar criptomonedas entre sí sin tener que enviar directamente las criptomonedas a través de la cadena de bloques.

En lugar de eso, los usuarios que quieren intercambiar criptomonedas crean una transacción CoinSwap que se divide en dos partes: una transacción de intercambio y una transacción de redirección. La transacción de intercambio envía las criptomonedas de un usuario a otro, mientras que la transacción de redirección envía las mismas criptomonedas a una nueva dirección que es desconocida para ambas partes.

Al usar CoinSwap, las direcciones de envío y recepción de la transacción se mantienen ocultas, lo que hace que sea más difícil para un observador externo rastrear la transacción o vincular las direcciones de las partes involucradas. Esto proporciona una mayor privacidad y anonimato en las transacciones de criptomonedas.

La tecnología CoinSwap se ha utilizado en varias criptomonedas y proyectos de privacidad, como Wasabi Wallet y Samourai Wallet, para mejorar la privacidad y la seguridad de las transacciones de criptomonedas.

En resumen, CoinSwap es una tecnología de privacidad para transacciones de criptomonedas que permite a los usuarios intercambiar criptomonedas sin revelar las direcciones de envío y recepción de la transacción, lo que proporciona mayor privacidad y anonimato en las transacciones de criptomonedas.

COLATERAL

En finanzas, el colateral se refiere a un activo que se utiliza para respaldar un préstamo u otra obligación financiera. El colateral es propiedad del prestatario, quien lo proporciona como garantía de que cumplirá con sus obligaciones financieras y pagará el préstamo.

En el caso de los préstamos criptográficos, el colateral puede ser una criptomoneda como Bitcoin, Ethereum u otra criptomoneda popular. El colateral se bloquea en una billetera inteligente y se utiliza como garantía para el préstamo. Si el prestatario no cumple con sus obligaciones financieras, como el pago del préstamo y los intereses, el colateral puede ser confiscado y vendido para cubrir la deuda.

El uso de colateral ayuda a reducir el riesgo para los prestamistas, ya que tienen la garantía de que si el prestatario no cumple con sus obligaciones, pueden recuperar parte o la totalidad de su inversión mediante la venta del colateral.

En las plataformas de préstamos descentralizadas (DeFi), el colateral se utiliza para asegurar los préstamos y se deposita en un contrato inteligente. Esto significa que no hay intermediarios financieros centralizados y el proceso de préstamo es automatizado, lo que reduce los costos y aumenta la transparencia y la seguridad de las transacciones.

COLATERALIZACIÓN

La colateralización es el proceso mediante el cual un activo se utiliza como garantía para asegurar un préstamo o una transacción financiera. En el contexto de las criptomonedas, la colateralización se utiliza a menudo en los protocolos de préstamos descentralizados, como MakerDAO o Aave. En estos protocolos, los usuarios pueden depositar criptomonedas como garantía y recibir préstamos en criptomonedas o en monedas estables, como DAI o USDC.

La colateralización es importante porque permite que los usuarios obtengan acceso a capital sin tener que vender sus criptomonedas subyacentes. En lugar de vender sus criptomonedas, los usuarios pueden utilizarlas como garantía para obtener préstamos y luego utilizar los fondos para otros fines, como la inversión en nuevas criptomonedas o la realización de gastos personales.

Sin embargo, es importante tener en cuenta que la colateralización también tiene riesgos. Si el valor de la criptomoneda utilizada como garantía disminuye, es posible que el usuario deba depositar más criptomonedas para mantener el valor de la garantía, o bien puede perder la garantía en su totalidad si el valor de la criptomoneda cae por debajo del nivel mínimo establecido por el protocolo.

COLD WALLET

Un "cold wallet" (o "monedero frío") es una forma de almacenamiento de criptomonedas que se realiza de forma offline o sin conexión a internet, lo que aumenta la seguridad de los fondos.

A diferencia de los "hot wallets" o monederos calientes, que están conectados a internet y son más convenientes para el uso diario de las criptomonedas, los cold wallets son dispositivos físicos (como hardware wallets, paper wallets, etc.) que almacenan las claves privadas de forma segura y aislada de la red. Esto reduce la posibilidad de que los fondos sean hackeados o robados mediante ataques informáticos o malware.

Los cold wallets son especialmente recomendados para almacenar grandes cantidades de criptomonedas a largo plazo, ya que proporcionan una capa adicional de seguridad y protección contra posibles amenazas cibernéticas. Sin embargo, también tienen la desventaja de ser menos accesibles y requerir una mayor atención para su correcta configuración y mantenimiento.

COMISIÓN DE RED

En el contexto de las criptomonedas, una comisión de red es una tarifa que se paga a los mineros de la red para procesar y validar una transacción. Cada transacción en la red de una criptomoneda, como Bitcoin o Ethereum, tiene una comisión de red asociada que se paga en la criptomoneda correspondiente.

La comisión de red es una forma de incentivar a los mineros a procesar las transacciones de la red. Los mineros son los nodos que trabajan para verificar y validar las transacciones y añadirlas a la cadena de bloques. Al pagar una comisión, el remitente de una transacción asegura que su transacción será procesada rápidamente y que los mineros se esforzarán por incluirla en el siguiente bloque.

El monto de la comisión de red depende del tamaño de la transacción, la demanda actual de procesamiento en la red y otros factores. Si la demanda de procesamiento en la red es alta, las comisiones de red pueden aumentar significativamente, mientras que si la demanda es baja, las comisiones pueden ser más bajas.

En resumen, una comisión de red es una tarifa que se paga a los mineros de la red para procesar y validar una transacción en una criptomoneda, y es una forma de incentivar a los mineros a trabajar en la verificación y validación de las transacciones en la red.

COMP

COMP es el token nativo de la plataforma de préstamos y préstamos descentralizados Compund Finance. Es un token ERC-20 en la red Ethereum y se utiliza para gobernar y tomar decisiones en la plataforma Compund. Los usuarios de la plataforma pueden obtener COMP al prestar o pedir prestado criptomonedas en la plataforma, y luego pueden votar en propuestas de gobernanza y recibir una parte de las tarifas de la plataforma en función de la cantidad de COMP que posean. Además, el token COMP se puede comprar y vender en varios exchanges de criptomonedas.

COMPOUND FINANCE

Compound Finance es una plataforma descentralizada (DeFi) que permite a los usuarios prestar y tomar prestado criptomonedas a tasas de interés variables. La plataforma utiliza un algoritmo automatizado para establecer las tasas de interés de acuerdo a la oferta y la demanda del mercado.

Los usuarios pueden depositar criptomonedas en Compound Finance y recibir tokens de préstamo a cambio, que pueden utilizarse para obtener préstamos en criptomonedas diferentes. La plataforma también permite a los usuarios ganar intereses por sus depósitos en criptomonedas, lo que la hace atractiva tanto para prestamistas como para prestatarios.

Compound Finance utiliza el token COMP, que se utiliza para gobernar la plataforma y tomar decisiones importantes. Los titulares de tokens COMP tienen derecho a votar en propuestas de mejora, cambios de tarifas y otras decisiones relacionadas con el funcionamiento de la plataforma. Además, los titulares de tokens COMP pueden recibir recompensas en forma de intereses y tarifas reducidas en la plataforma.

CONFIDENTIAL TRANSACTIONS

Confidential Transactions (CT) es un protocolo de privacidad para transacciones de criptomonedas diseñado para ocultar el monto de las transacciones en una cadena de bloques pública. Fue desarrollado por el criptógrafo Adam Back y su equipo en Blockstream.

CT utiliza técnicas de criptografía avanzada, como el cifrado de curva elíptica, para cifrar el monto de la transacción y garantizar que solo las partes involucradas en la transacción puedan ver su valor. El protocolo también utiliza una técnica conocida como "proof-of-surplus", que garantiza que el valor total de los inputs de una transacción es igual al valor total de los outputs, lo que significa que no se pueden crear nuevas monedas en una transacción.

El uso de Confidential Transactions en criptomonedas como Bitcoin y Litecoin puede aumentar significativamente la privacidad de los usuarios y hacer que sea más difícil para los observadores externos rastrear y analizar las transacciones en una cadena de bloques pública.

CONSENSO

En el contexto de blockchain, el consenso se refiere al proceso mediante el cual los nodos de la red llegan a un acuerdo sobre el estado actual de la cadena de bloques. En otras palabras, el consenso es el mecanismo que permite a los participantes de la red validar y confirmar transacciones, y asegurarse de que todos estén de acuerdo sobre el estado actual de la cadena de bloques.

Existen diferentes algoritmos de consenso utilizados en blockchain, como Proof of Work (PoW), Proof of Stake (PoS), Delegated Proof of Stake (DPoS), y otros. Cada algoritmo tiene sus propias reglas y requisitos para validar y confirmar transacciones, pero todos tienen el objetivo de garantizar la integridad y la seguridad de la red.

El consenso es fundamental en blockchain, ya que permite a los participantes de la red confiar en la información almacenada en la cadena de bloques y garantizar que no se puedan realizar transacciones fraudulentas o malintencionadas.

COORDINAPE

Coordinape es una plataforma de gestión de recursos descentralizada basada en la cadena de bloques Ethereum. La plataforma utiliza un sistema de puntuación descentralizado y una interfaz fácil de usar para permitir que los usuarios coordinen y distribuyan sus recursos de manera efectiva.

Los recursos que se pueden distribuir en Coordinape incluyen tiempo, habilidades y experiencia. Los usuarios pueden enviar puntos a otros miembros del equipo en función de la contribución que han hecho, y estos puntos pueden ser canjeados por una recompensa en tokens o en cualquier otra forma que el equipo decida.

La plataforma utiliza un contrato inteligente para manejar el proceso de distribución de puntos y recompensas, lo que garantiza que el proceso sea justo y transparente. Los usuarios pueden visualizar sus puntajes y su historial de contribuciones en tiempo real en un panel de control personalizado, lo que les permite tomar decisiones informadas sobre cómo distribuir sus puntos.

En resumen, Coordinape es una herramienta de coordinación y gestión de recursos para equipos y comunidades descentralizadas que permite una distribución más eficiente y justa de los recursos disponibles.

COPAY

Copay es un monedero de criptomonedas de código abierto que permite a los usuarios almacenar, enviar y recibir Bitcoin y otras criptomonedas de forma segura y fácil. Fue creado por la empresa BitPay en 2014 y está disponible para dispositivos móviles y escritorio.

Copay es conocido por su interfaz de usuario intuitiva y su alta seguridad. Utiliza tecnología de múltiples firmas (multisig) para proteger los fondos de los usuarios y asegurar que las transacciones solo se realicen con la aprobación de varias partes. Copay también cuenta con características útiles, como la gestión de múltiples carteras, la creación de direcciones de cambio, la verificación de pagos y la creación de transacciones con tarifas personalizables.

Además, Copay es compatible con hardware wallets, lo que aumenta aún más la seguridad de las carteras de los usuarios. También ofrece integración con servicios de intercambio de criptomonedas y herramientas de seguridad adicionales, como el uso de PIN y huella dactilar, para proteger la privacidad y los fondos de los usuarios. Como es de código abierto, los usuarios pueden revisar y modificar el código fuente de Copay según sus necesidades y preferencias.

COSMOS

Cosmos es una red blockchain descentralizada que tiene como objetivo permitir la interoperabilidad entre diferentes blockchains. Fue desarrollada por la empresa Interchain Foundation, liderada por Jae Kwon y Ethan Buchman, y lanzada en 2019. La red Cosmos se basa en un algoritmo de consenso llamado Tendermint, que utiliza un sistema de validación delegada similar a Proof of Stake (PoS).

Cosmos permite la creación de zonas independientes llamadas "hub", cada una de las cuales puede tener sus propias reglas y características específicas. Estos "hubs" pueden conectarse entre sí mediante un protocolo llamado "Inter-Blockchain Communication" (IBC), lo que permite que los tokens y otros datos se transfieran entre diferentes blockchains en la red.

La criptomoneda nativa de Cosmos se llama ATOM y se utiliza para pagar las tarifas de transacción dentro de la red, así como para participar en el proceso de validación y gobernanza de la red.

COTI

COTI es una plataforma de infraestructura financiera descentralizada que utiliza una tecnología innovadora de contabilidad distribuida para procesar transacciones de pago y creación de tokens de manera eficiente y a bajo costo. COTI tiene como objetivo resolver algunos de los problemas más importantes que enfrentan las criptomonedas y los sistemas de pago tradicionales, como la escalabilidad, la velocidad de procesamiento de transacciones y la seguridad. La plataforma también ofrece servicios como soluciones de pago para comerciantes y sistemas de recompensa basados en tokens para incentivar el comportamiento deseado en una amplia gama de aplicaciones comerciales. La criptomoneda nativa de COTI es COTI, que se utiliza como combustible para la red y se utiliza para pagar tarifas de transacción y recompensas a los validadores de la red.

CPU

El término CPU es el acrónimo de "Central Processing Unit" o Unidad Central de Procesamiento. Se trata del componente principal de un ordenador o dispositivo electrónico, responsable de realizar la mayoría de las operaciones de procesamiento de datos y cálculos necesarios para ejecutar programas y aplicaciones.

La CPU se encarga de interpretar las instrucciones de los programas y ejecutar las operaciones necesarias para llevarlas a cabo. También controla y coordina la comunicación entre los diferentes componentes del sistema, como la memoria, el disco duro y los periféricos.

En el contexto de la criptominería, la CPU también puede referirse a la capacidad de procesamiento de una computadora que se utiliza para minar criptomonedas mediante algoritmos de prueba de trabajo (PoW), aunque en la actualidad la minería con CPU suele ser menos rentable que otras formas de minería.

CRIPTOGRAFÍA

La criptografía es una técnica que se utiliza para asegurar la comunicación y proteger la información de accesos no autorizados. La criptografía se basa en la transformación de información de manera que solo las personas que tienen la clave de descifrado puedan entender el mensaje.

La criptografía se ha utilizado durante siglos para proteger mensajes secretos, pero ha evolucionado significativamente con la llegada de la tecnología digital. En la actualidad, la criptografía se utiliza ampliamente en sistemas informáticos, redes y transacciones en línea.

La criptografía moderna se divide en dos categorías principales: criptografía simétrica y criptografía asimétrica (también conocida como criptografía de clave pública). En la criptografía simétrica, la misma clave se utiliza tanto para cifrar como para descifrar el mensaje, mientras que en la criptografía asimétrica, se utilizan dos claves diferentes: una clave pública para cifrar el mensaje y una clave privada para descifrarlo.

La criptografía es fundamental en la seguridad informática y en la protección de la privacidad de los datos en línea. Se utiliza en sistemas de seguridad, como en el cifrado de contraseñas y en la autenticación de usuarios en línea, y en la protección de transacciones financieras y comerciales. Además, la criptografía también juega un papel importante en la seguridad de las criptomonedas y la tecnología blockchain.

CRIPTOGRAFÍA ASIMÉTRICA

La criptografía asimétrica, también conocida como criptografía de clave pública, es una técnica de cifrado que utiliza dos claves diferentes para cifrar y descifrar información.

En la criptografía asimétrica, cada persona tiene una clave pública y una clave privada. La clave pública se puede compartir libremente con cualquier persona, mientras que la clave privada debe mantenerse en secreto y solo ser conocida por el propietario.

Para cifrar un mensaje utilizando criptografía asimétrica, el remitente cifra el mensaje utilizando la clave pública del destinatario. Solo el destinatario, que es el único que tiene acceso a su clave privada, puede descifrar el mensaje cifrado con su clave pública.

Por otro lado, para firmar digitalmente un mensaje utilizando criptografía asimétrica, el remitente utiliza su clave privada para firmar el mensaje y envía el mensaje y la firma al destinatario. El destinatario puede verificar la firma utilizando la clave pública del remitente y estar seguro de que el mensaje no ha sido alterado.

La criptografía asimétrica es más segura que la criptografía simétrica, ya que el cifrado y descifrado se realizan con claves diferentes, lo que significa que una persona que intercepte la información cifrada no puede descifrarla sin la clave privada correspondiente. Además, la criptografía asimétrica también se utiliza en sistemas de autenticación y autorización en línea, como la autenticación de dos factores, que requieren el uso de claves públicas y privadas para autenticar y autorizar el acceso a cuentas en línea.

CRIPTOGRAFÍA SIMÉTRICA

La criptografía simétrica es una técnica de cifrado en la que se utiliza una única clave para cifrar y descifrar información. Esta clave se conoce como clave de cifrado, clave de encriptación o clave secreta.

En la criptografía simétrica, tanto el remitente como el destinatario utilizan la misma clave para cifrar y descifrar un mensaje. El remitente cifra el mensaje utilizando la clave y lo envía al destinatario. El destinatario utiliza la misma clave para descifrar el mensaje y leer su contenido.

La criptografía simétrica es más rápida y eficiente que la criptografía asimétrica, ya que el proceso de cifrado y descifrado utiliza una sola clave. Sin embargo, también presenta un problema de seguridad: la clave compartida debe mantenerse en secreto entre el remitente y el destinatario, ya que cualquier persona que tenga acceso a la clave puede descifrar el mensaje cifrado.

Por lo tanto, el principal desafío de la criptografía simétrica es garantizar la seguridad de la clave secreta. Para abordar este problema, se utilizan técnicas como el cifrado de clave pública para cifrar y enviar de manera segura la clave secreta, o el uso de algoritmos de generación de claves y de administración de claves para proteger la seguridad de las claves simétricas.

La criptografía simétrica se utiliza ampliamente en sistemas de seguridad informática y en la protección de datos confidenciales, como contraseñas, datos bancarios y otros tipos de información sensible.

CRIPTOINVIERNO

El término "criptoinvierno" se utiliza para describir un período prolongado de tiempo en el que los precios de las criptomonedas experimentan una disminución significativa. Durante un criptoinvierno, los precios de las criptomonedas pueden caer en un porcentaje significativo, a menudo más del 50% o incluso más del 90%, y puede durar desde varios meses hasta años.

El término se popularizó por primera vez durante el criptoinvierno de 2018, cuando los precios de las criptomonedas como Bitcoin, Ethereum y muchas otras se desplomaron después de haber alcanzado máximos históricos en el año anterior.

Aunque los criptoinviernos pueden ser una experiencia difícil para los inversores en criptomonedas, también pueden ser una oportunidad para adquirir criptomonedas a precios más bajos y esperar a que los precios se recuperen en el futuro. Sin embargo, es importante tener en cuenta que las criptomonedas son altamente volátiles y los precios pueden cambiar rápidamente, por lo que cualquier inversión en criptomonedas debe ser cuidadosamente considerada y diversificada.

CRIPTOJACKING

El criptojacking es una técnica utilizada por los ciberdelincuentes para tomar el control de un dispositivo y utilizar su potencia de procesamiento para minar criptomonedas sin el conocimiento o consentimiento del usuario.

El criptojacking se realiza mediante el uso de un software malicioso que se ejecuta en segundo plano en el dispositivo comprometido, como un ordenador o un smartphone. Este software malicioso aprovecha la potencia de procesamiento del dispositivo para realizar cálculos complejos que se necesitan para la minería de criptomonedas.

Los ciberdelincuentes utilizan el criptojacking como una forma de obtener ganancias financieras sin tener que comprar hardware o pagar por el consumo de energía eléctrica. Además, el criptojacking también puede utilizarse como una forma de ocultar la actividad maliciosa, ya que la actividad de minería de criptomonedas parece ser una actividad legítima.

El criptojacking puede tener consecuencias negativas para los dispositivos comprometidos, ya que el software malicioso puede utilizar una gran cantidad de recursos del sistema, lo que puede ralentizar el dispositivo y causar fallos en el sistema. Además, el consumo de energía eléctrica también puede aumentar, lo que puede resultar en facturas de energía más altas.

Para prevenir el criptojacking, es importante mantener los sistemas operativos y las aplicaciones actualizadas, utilizar software de seguridad confiable y evitar hacer clic en enlaces sospechosos o descargar software de fuentes desconocidas. Además, se recomienda utilizar herramientas de bloqueo de criptojacking y extensiones de navegador que bloqueen el script de minería de criptomonedas en los sitios web.

CRIPTOMONEDA

Una criptomoneda es una forma de moneda digital que utiliza la criptografía para garantizar la seguridad de las transacciones y controlar la creación de nuevas unidades. A diferencia de las monedas tradicionales, las criptomonedas son descentralizadas, lo que significa que no están controladas por un gobierno o entidad central.

Las criptomonedas se basan en la tecnología de blockchain, que es una base de datos descentralizada y distribuida en múltiples nodos de una red. La blockchain registra todas las transacciones de criptomonedas de manera segura y transparente, lo que garantiza que no haya duplicación ni falsificación de datos.

Cada criptomoneda tiene su propia unidad de valor y su propia forma de ser utilizada. Algunas criptomonedas, como el Bitcoin, se pueden utilizar para hacer transacciones en línea de manera rápida y segura, mientras que otras criptomonedas se utilizan como una forma de inversión o como tokens para acceder a servicios o productos en línea.

Aunque las criptomonedas ofrecen ventajas en términos de seguridad y privacidad, también tienen riesgos y desafíos, como la volatilidad del mercado, la falta de regulación en algunos países y la posibilidad de ser utilizadas para actividades ilegales en línea. Es importante entender estos riesgos antes de invertir en criptomonedas.

CRIPTOPUENTE

Un criptopuente, también conocido como "crypto bridge" en inglés, es un protocolo que permite la transferencia de criptomonedas entre dos blockchains diferentes.

En general, cada blockchain tiene su propia criptomoneda y ecosistema, lo que puede dificultar la interoperabilidad y la transferencia de valor entre diferentes blockchains. Un criptopuente ayuda a superar esta limitación al permitir que los usuarios transfieran sus criptomonedas de una blockchain a otra sin tener que pasar por un exchange centralizado o una entidad de confianza.

El proceso de transferencia de criptomonedas a través de un criptopuente puede implicar el bloqueo temporal de las criptomonedas en una blockchain, para luego emitir una versión equivalente de la criptomoneda en la otra blockchain. Una vez que la transferencia se ha completado, las criptomonedas originales se liberan en la blockchain de destino.

Un ejemplo de criptopuente es el protocolo Wrapped Bitcoin (WBTC), que permite la transferencia de Bitcoin a la blockchain de Ethereum mediante la emisión de tokens ERC-20 que representan Bitcoin en Ethereum. De esta manera, los usuarios pueden utilizar sus Bitcoins en la red Ethereum para realizar transacciones y utilizar aplicaciones descentralizadas.

CROSS-CHAIN SWAP

Un cross-chain swap es una transacción que permite intercambiar activos entre diferentes blockchains o redes de criptomonedas. También se le conoce como intercambio atómico o atomic swap.

Los cross-chain swaps se basan en contratos inteligentes, que son programas informáticos que se ejecutan automáticamente cuando se cumplen ciertas condiciones específicas. En el caso de los intercambios atómicos, los contratos inteligentes se utilizan para establecer una transacción en la que ambas partes acuerdan intercambiar activos en diferentes blockchains al mismo tiempo.

Los cross-chain swaps pueden ser utilizados para diversas finalidades, como la conversión de criptomonedas de una red a otra sin tener que pasar por un intercambio centralizado, la diversificación de la cartera de criptomonedas a través de diferentes blockchains, o la realización de transacciones en diferentes blockchains sin tener que poseer múltiples criptomonedas.

Es importante destacar que los cross-chain swaps pueden ser más complejos y menos eficientes que los intercambios tradicionales en una sola red, debido a la necesidad de coordinar y ejecutar transacciones en diferentes blockchains. Sin embargo, los cross-chain swaps también ofrecen mayor seguridad y privacidad al permitir transacciones directas entre los usuarios sin tener que confiar en un tercero centralizado.

CRUCE DORADO

El cruce dorado es un término utilizado en el análisis técnico de los mercados financieros, incluyendo el mercado de criptomonedas, que describe un patrón en el cual el promedio móvil de corto plazo de un activo financiero cruza por encima de su promedio móvil de largo plazo. Este patrón se considera una señal alcista para el activo, y muchos inversores lo ven como un momento de compra potencial.

El cruce dorado se produce cuando el promedio móvil de corto plazo, que generalmente se calcula utilizando el precio de cierre del activo en los últimos días o semanas, cruza por encima del promedio móvil de largo plazo, que se calcula utilizando el precio de cierre del activo en un período más largo, como meses o años.

Por ejemplo, en el caso de Bitcoin, un cruce dorado se produce cuando su promedio móvil de 50 días cruza por encima de su promedio móvil de 200 días. Este patrón se considera una señal alcista para Bitcoin y ha sido seguido por importantes aumentos de precios en el pasado.

Es importante tener en cuenta que el cruce dorado no es una garantía de que el precio del activo aumentará en el futuro, y que los inversores siempre deben tener en cuenta otros factores fundamentales y técnicos antes de tomar una decisión de inversión.

CRYPTO FEAR AND GREED INDEX

El Crypto Fear and Greed Index (Índice de Miedo y Avaricia en Criptomonedas, en español) es un indicador que se utiliza para medir el sentimiento del mercado de criptomonedas en un momento determinado. Fue creado por la empresa de análisis de criptomonedas Alternative.me.

El índice utiliza una combinación de factores para determinar el sentimiento del mercado, como el volumen de operaciones, la volatilidad, el sentimiento en las redes sociales, el dominio del mercado de Bitcoin y otros factores relevantes. Luego, se clasifica en una escala del 0 al 100, donde 0 representa el extremo del miedo y 100 el extremo de la avaricia.

Cuando el índice se encuentra en niveles altos (70 o superior), se considera que el mercado está en un estado de avaricia, lo que significa que los inversores están más propensos a comprar criptomonedas y los precios pueden estar sobrevalorados. Por otro lado, cuando el índice se encuentra en niveles bajos (20 o inferior), se considera que el mercado está en un estado de miedo, lo que significa que los inversores están más propensos a vender criptomonedas y los precios pueden estar infravalorados.

El Crypto Fear and Greed Index puede ser una herramienta útil para los inversores de criptomonedas para tomar decisiones informadas sobre sus inversiones. Sin embargo, es importante tener en cuenta que el sentimiento del mercado no siempre es un indicador preciso del rendimiento futuro de las criptomonedas, y es importante realizar una investigación y análisis adicionales antes de tomar decisiones de inversión.

CURVE FINANCE

Curve Finance es un protocolo de finanzas descentralizadas (DeFi) basado en Ethereum que se centra en la creación de mercados de liquidez para activos estables. El protocolo está diseñado para proporcionar un intercambio de criptomonedas altamente eficiente y de bajo costo para los usuarios.

La principal característica de Curve Finance es su capacidad para facilitar el intercambio entre diferentes tokens estables con alta precisión. Esto se logra mediante el uso de un algoritmo de curva de precios que mantiene un precio estable para los tokens en el mercado. La curva de precios se ajusta continuamente para mantener el precio estable, lo que significa que los usuarios pueden intercambiar diferentes tokens estables con poca o ninguna slippage (diferencia entre el precio esperado y el precio de ejecución de una operación).

Curve Finance es conocido por tener tarifas de transacción muy bajas en comparación con otros protocolos de DeFi. Esto se debe en parte al uso del algoritmo de curva de precios, que permite que las transacciones se ejecuten con una cantidad mínima de deslizamiento. Curve Finance también cuenta con una interfaz de usuario simple y fácil de usar, lo que lo hace accesible para los usuarios de criptomonedas de todos los niveles de experiencia.

En resumen, Curve Finance es un protocolo de finanzas descentralizadas que se centra en la creación de mercados de liquidez para tokens estables. Utiliza un algoritmo de curva de precios para mantener un precio estable para los tokens en el mercado y ofrece tarifas de transacción bajas y una interfaz de usuario fácil de usar.

CUSTODIA

La custodia se refiere al acto de almacenar y mantener los activos de una persona o entidad en nombre de otra persona o entidad. En el contexto de las criptomonedas, la custodia se refiere al almacenamiento seguro de las claves privadas que dan acceso y control sobre los fondos de criptomonedas de una persona o entidad.

La custodia es una parte importante del ecosistema de criptomonedas, ya que los usuarios necesitan una forma segura de almacenar y proteger sus activos digitales. La custodia de criptomonedas puede ser realizada por diversas entidades, como intercambios, billeteras digitales y empresas de custodia especializadas.

Las empresas de custodia especializadas ofrecen un alto nivel de seguridad y protección para las claves privadas de sus clientes, incluyendo medidas como el almacenamiento en frío (offline), autenticación de múltiples factores, sistemas de monitoreo de seguridad y protocolos de contingencia en caso de violaciones de seguridad.

Es importante destacar que, aunque la custodia puede ayudar a proteger los activos de criptomonedas de los usuarios, también puede limitar el control y la flexibilidad sobre dichos activos. Por lo tanto, es importante que los usuarios comprendan los riesgos y beneficios de utilizar servicios de custodia y tomen decisiones informadas sobre cómo almacenar y gestionar sus activos digitales.

CYPHERNOMICON

El Cyphernomicon es un texto en línea escrito por Timothy C. May en la década de 1990. El Cyphernomicon se enfoca en la criptografía, la privacidad y el anonimato en línea, y aborda temas como la seguridad informática, la criptografía de clave pública, la criptografía de curva elíptica y los sistemas de pago electrónicos anónimos.

El Cyphernomicon se considera una obra seminal en el campo de la criptografía y la privacidad en línea, y ha influido en el desarrollo de muchas tecnologías y sistemas que se utilizan hoy en día, como la criptomoneda, la red Tor y la tecnología de la cadena de bloques.

El texto presenta una filosofía que enfatiza la importancia de la privacidad y la libertad individual, y argumenta que la criptografía y las tecnologías asociadas son herramientas fundamentales para proteger la privacidad y la libertad en la era digital. También discute el papel de los cypherpunks, un grupo de activistas en línea que promueven el uso de la criptografía y la privacidad en línea como una forma de proteger la libertad individual y la privacidad.

En resumen, el Cyphernomicon es un texto influyente que ha contribuido significativamente a la evolución de la criptografía y la privacidad en línea, y ha inspirado a muchos activistas y desarrolladores a trabajar en la creación de tecnologías que protejan la privacidad y la libertad en línea.

CYPHERPUNK

El cypherpunk es un movimiento que surgió en la década de 1980 y que se enfoca en la utilización de la criptografía y la privacidad en línea para proteger la libertad individual y la privacidad en la era digital. El término "cypherpunk" se deriva de la combinación de las palabras "cifrado" (en inglés, "cryptography") y "punk", y se refiere a un grupo de activistas en línea que defienden el uso de la criptografía y la privacidad en línea como una forma de proteger los derechos y las libertades individuales.

El movimiento cypherpunk se enfoca en el desarrollo y la promoción de herramientas de privacidad en línea, como la criptografía de clave pública, la criptografía de curva elíptica, las redes anónimas y los sistemas de pago electrónicos anónimos. El movimiento también defiende el uso de la tecnología para desafiar el poder y la autoridad de los gobiernos y las empresas, y para proteger la privacidad y la libertad de expresión en línea.

El movimiento cypherpunk ha influido en la creación de muchas tecnologías y sistemas que se utilizan hoy en día, como la criptomoneda, la red Tor y la tecnología de la cadena de bloques. Los cypherpunks también han sido una influencia en el desarrollo de la política de privacidad y seguridad en línea.

En resumen, el cypherpunk es un movimiento que se enfoca en la utilización de la criptografía y la privacidad en línea como herramientas para proteger la libertad individual y la privacidad en la era digital, y ha influido significativamente en el desarrollo de la tecnología y la política de privacidad en línea.

D

DAG

DAG (acrónimo de Directed Acyclic Graph o Grafo Acíclico Dirigido en español) es una estructura de datos matemática utilizada en la tecnología blockchain y en otras áreas de la informática.

En el contexto de la tecnología blockchain, el término DAG se refiere a una alternativa a la estructura de bloques utilizada en la mayoría de las criptomonedas, como Bitcoin. En lugar de una cadena de bloques, en un sistema DAG cada transacción se representa como un nodo en un grafo dirigido acíclico, y las transacciones se validan en función de las transacciones anteriores que ya han sido validadas. En otras palabras, en lugar de tener una cadena de bloques, cada transacción se conecta a múltiples transacciones anteriores, creando una estructura de red que se parece a una telaraña.

La tecnología DAG se utiliza en varias criptomonedas, como IOTA y Nano, que buscan solucionar algunos de los problemas asociados con la tecnología blockchain tradicional, como la escalabilidad, el costo de las transacciones y la velocidad de procesamiento.

Además de su uso en blockchain, los grafos dirigidos acíclicos se utilizan en otros campos de la informática, como la programación, la inteligencia artificial y la teoría de la complejidad computacional.

DAI

Dai es una criptomoneda estable o stablecoin que está diseñada para mantener su valor en relación al dólar estadounidense. Fue creada por la empresa MakerDAO, que es una organización descentralizada que opera en la blockchain de Ethereum.

La estabilidad de Dai se logra mediante un sistema de colateralización. Los usuarios que deseen crear Dai deben depositar una cantidad de Ethereum (u otro token aceptado) en una bóveda inteligente, que se utiliza como garantía para la emisión de Dai. El valor de esta garantía debe ser mayor que el valor de Dai emitido, y se mantiene como seguridad en caso de que el valor de Dai caiga por debajo de $1. Si esto ocurre, los usuarios pueden liquidar su Dai por el valor de la garantía.

De esta manera, Dai ofrece una forma de transferir valor de manera descentralizada en la blockchain de Ethereum sin tener que preocuparse por la volatilidad del mercado de las criptomonedas. Además, Dai se puede utilizar para pagar bienes y servicios en línea, así como para negociar en exchanges de criptomonedas y otras aplicaciones descentralizadas que aceptan tokens ERC-20.

DAICO

DAICO es un término que se refiere a un modelo de financiación de proyectos que combina características de los Contratos Inteligentes (Smart Contracts) y las Ofertas Iniciales de Monedas (ICO) en la tecnología blockchain.

La idea detrás del modelo DAICO es proporcionar a los inversores una mayor transparencia y control sobre el uso de los fondos recaudados en una ICO. En un modelo DAICO, se establece un contrato inteligente que actúa como una especie de cuenta de custodia para los fondos recaudados. Los inversores pueden establecer límites en la cantidad de fondos que se pueden retirar de la cuenta de custodia, y se establecen mecanismos de votación que permiten a los inversores tomar decisiones sobre el uso de los fondos.

En esencia, un modelo DAICO combina los beneficios de una ICO (como la posibilidad de recaudar fondos de manera descentralizada y global) con un mayor nivel de seguridad y control sobre el uso de los fondos. Esto es especialmente importante en el contexto de las ICO, donde ha habido numerosos casos de fraude y estafas.

El modelo DAICO fue propuesto por Vitalik Buterin, el fundador de Ethereum, en un intento de mejorar la transparencia y la seguridad de las ICO. Aunque todavía no se ha implementado de manera generalizada, ha generado un gran interés en la comunidad de blockchain y se espera que se convierta en una herramienta importante para la recaudación de fondos en el futuro.

DAN LARIMER

Dan Larimer es un programador y empresario estadounidense que ha sido uno de los pioneros en la tecnología blockchain. Es conocido por ser uno de los fundadores de varias criptomonedas y proyectos relacionados con blockchain, incluyendo BitShares, Steemit y EOSIO. También es conocido por su trabajo en el desarrollo de la tecnología de prueba de participación delegada (DPoS) y su enfoque en la escalabilidad y la eficiencia de blockchain. Larimer ha sido una figura prominente en la comunidad de blockchain durante muchos años y ha sido reconocido por su innovación y sus contribuciones a la tecnología blockchain.

DAO

DAO son las siglas de Decentralized Autonomous Organization (Organización Autónoma Descentralizada en español), que se refiere a una organización que se ejecuta a través de contratos inteligentes en una red blockchain, en la que las decisiones son tomadas por los participantes a través de votación.

En una DAO, los participantes poseen tokens que les otorgan derechos de voto y pueden proponer, discutir y votar en decisiones de la organización, como por ejemplo, la asignación de recursos financieros, la adopción de nuevas normas o la elección de los líderes. Las decisiones son tomadas por la mayoría de los votos y se ejecutan automáticamente a través de los contratos inteligentes, eliminando así la necesidad de intermediarios.

El concepto de DAO fue propuesto por primera vez en 2013, pero se popularizó en 2016 cuando se creó el DAO más grande hasta la fecha, llamado "The DAO". Este DAO recaudó más de 150 millones de dólares en una ICO (Initial Coin Offering) y tenía como objetivo proporcionar financiación colectiva para proyectos de la comunidad de Ethereum. Sin embargo, debido a un fallo en el código inteligente, se produjo un ataque informático que resultó en la pérdida de una gran cantidad de fondos.

Desde entonces, se han creado numerosas DAO exitosas en diferentes industrias y plataformas blockchain, y se espera que se conviertan en una herramienta importante para la gobernanza y la toma de decisiones en la era de la economía descentralizada.

DAO MAKER

DAO Maker es una plataforma que permite a las empresas e inversores lanzar y participar en ventas de tokens en una forma organizada y estructurada. Ofrece soluciones que combinan características de crowdfunding y DAOs (Organizaciones Autónomas Descentralizadas) para maximizar la transparencia, la seguridad y la participación de la comunidad en la gobernanza del proyecto. La plataforma utiliza un modelo de "tokenomía" para recompensar a los titulares de tokens y motivar la participación activa en la toma de decisiones y la construcción de la comunidad.

DAPP

El término dApp significa "aplicación descentralizada" (decentralized application, en inglés). Es una aplicación que se ejecuta en una red descentralizada, como una cadena de bloques (blockchain), y utiliza contratos inteligentes para automatizar y ejecutar sus funciones.

Las dApps se ejecutan en una red de nodos en lugar de en un servidor centralizado, lo que significa que no hay una única autoridad que controle o administre la aplicación. En cambio, las decisiones se toman mediante consenso entre los nodos de la red, lo que proporciona una mayor transparencia y seguridad.

Las dApps se utilizan en una variedad de aplicaciones, incluyendo las finanzas descentralizadas (DeFi), el almacenamiento y la transferencia de datos, la identidad digital, los juegos y las redes sociales. Ejemplos de dApps populares incluyen Ethereum, Uniswap, CryptoKitties, Brave, y muchas más.

Las dApps tienen algunas ventajas en comparación con las aplicaciones centralizadas tradicionales, como la resistencia a la censura y la falta de un punto único de fallo. Sin embargo, también pueden ser más lentas y menos escalables que las aplicaciones centralizadas, y pueden requerir una mayor comprensión técnica por parte de los usuarios para interactuar con ellas.

DAY TRADING

El day trading es una estrategia de inversión que se utiliza en los mercados financieros, incluyendo el mercado de criptomonedas, en la que los inversores compran y venden activos financieros dentro del mismo día de negociación con la intención de obtener ganancias a corto plazo.

Los inversores que utilizan esta estrategia buscan aprovechar las fluctuaciones de los precios de los activos en un solo día, comprando y vendiendo en múltiples ocasiones para obtener ganancias a medida que el precio sube o baja. Los day traders utilizan análisis técnico y fundamental para determinar cuándo comprar o vender un activo financiero y, en algunos casos, también pueden utilizar herramientas como el apalancamiento para aumentar su poder adquisitivo.

El day trading puede ser muy lucrativo, pero también implica un alto nivel de riesgo, ya que las fluctuaciones del mercado pueden ser impredecibles y los inversores pueden sufrir grandes pérdidas si no tienen una estrategia bien definida. También requiere una gran cantidad de tiempo y atención, ya que los inversores deben estar constantemente monitoreando los movimientos del mercado y tomando decisiones rápidas.

Es importante destacar que el day trading no es adecuado para todos los inversores y se requiere de un nivel avanzado de conocimiento y experiencia en los mercados financieros para tener éxito con esta estrategia.

DCA

DCA significa "Dollar Cost Averaging", o en español "Promedio de Costo en Dólares". Es una estrategia de inversión que consiste en comprar una determinada cantidad de activos (como criptomonedas, acciones, ETFs, entre otros) a intervalos regulares, independientemente del precio actual del activo en cuestión.

Por ejemplo, si alguien desea invertir en Bitcoin mediante la estrategia de DCA, podría decidir comprar una cierta cantidad de Bitcoin cada semana o mes, sin importar el precio actual del Bitcoin. Esto significa que en algunos momentos el comprador puede estar comprando Bitcoin a un precio más alto, mientras que en otros momentos puede estar comprando a un precio más bajo.

El objetivo de la estrategia de DCA es reducir el impacto de la volatilidad del precio del activo en la inversión total, ya que en promedio se compra el activo a un precio promedio a lo largo del tiempo. Además, también puede ayudar a evitar tomar decisiones impulsivas basadas en la emoción de ver grandes fluctuaciones de precios en el corto plazo.

En resumen, DCA es una estrategia de inversión a largo plazo que puede ser útil para reducir la volatilidad y los riesgos asociados con la inversión en activos financieros, incluyendo criptomonedas.

DECENTRALAND

Decentraland es una plataforma virtual descentralizada basada en la tecnología blockchain que permite a los usuarios crear, experimentar y monetizar contenidos y aplicaciones en un mundo virtual en 3D. En Decentraland, los usuarios pueden adquirir terrenos virtuales llamados LAND, construir y diseñar sus propios mundos virtuales, así como interactuar y realizar transacciones con otros usuarios de la plataforma. Decentraland utiliza su propia criptomoneda MANA como medio de intercambio en la plataforma y está respaldada por la cadena de bloques de Ethereum.

DEFI

DeFi significa "finanzas descentralizadas" (decentralized finance, en inglés). Es un movimiento financiero que utiliza tecnología blockchain y contratos inteligentes para crear una alternativa descentralizada y más abierta al sistema financiero tradicional centralizado.

En el sistema financiero centralizado, los bancos y otras instituciones financieras son responsables de las transacciones y la gestión de los fondos. En el ecosistema DeFi, las transacciones se ejecutan en una cadena de bloques y los contratos inteligentes se utilizan para automatizar y gestionar los acuerdos financieros. Esto permite una mayor transparencia, acceso y control para los usuarios.

Las aplicaciones de DeFi incluyen préstamos, intercambios, trading, pagos y seguros, entre otros. Ejemplos de plataformas DeFi populares incluyen MakerDAO, Compound, Uniswap, Aave y Curve Finance.

Las finanzas descentralizadas tienen el potencial de democratizar el acceso a los servicios financieros y proporcionar una mayor seguridad y privacidad en las transacciones financieras. Sin embargo, también presentan riesgos, como la falta de regulación y la falta de seguro de depósito. Es importante tener en cuenta estos riesgos al participar en el ecosistema DeFi.

DEFLACIÓN

La deflación es el proceso opuesto a la inflación, y se refiere a una disminución generalizada y sostenida de los precios de los bienes y servicios en una economía. Es decir, cuando los precios de la mayoría de los bienes y servicios que se venden en una economía disminuyen durante un período de tiempo determinado.

La deflación puede ser causada por una variedad de factores, como el exceso de oferta de bienes y servicios, la disminución de la demanda de los consumidores, la reducción de los costos de producción, la apreciación de la moneda y la política monetaria restrictiva de los bancos centrales.

Aunque la deflación puede parecer beneficiosa para los consumidores, ya que los precios de los bienes y servicios disminuyen, puede tener efectos negativos en la economía en general. Por ejemplo, puede llevar a la disminución de la producción, el aumento del desempleo, la disminución del poder adquisitivo de la moneda y la disminución de la inversión y el gasto.

Para combatir la deflación, los bancos centrales pueden implementar políticas monetarias expansivas, como la reducción de las tasas de interés y el aumento de la oferta de dinero en circulación en la economía.

DERIVADO

Un derivado es un instrumento financiero cuyo valor depende del precio o desempeño de otro activo subyacente. Los activos subyacentes pueden ser acciones, índices, materias primas, divisas, tasas de interés u otros instrumentos financieros. Los derivados permiten a los inversores especular sobre el movimiento de los precios del activo subyacente sin tener que poseer físicamente el activo.

Los derivados financieros incluyen contratos de futuros, opciones, swaps y otros instrumentos financieros complejos. Por ejemplo, un contrato de futuros permite a los inversores comprar o vender un activo subyacente en una fecha futura a un precio acordado hoy. Las opciones, por otro lado, otorgan al comprador el derecho, pero no la obligación, de comprar o vender un activo subyacente a un precio acordado en una fecha futura.

Los derivados se utilizan ampliamente para la cobertura de riesgos, la gestión de carteras y la especulación en los mercados financieros. Sin embargo, también pueden ser instrumentos financieros de alto riesgo y complejos, que requieren un conocimiento profundo de los mercados y los productos financieros. Los inversores que operan con derivados deben ser conscientes de los riesgos involucrados y tener una estrategia clara antes de invertir en estos productos financieros.

DESCENTRALIZACIÓN

La descentralización se refiere a la distribución de poder y control en un sistema, en lugar de que esté centralizado en una sola entidad o autoridad. En el contexto de las criptomonedas y las tecnologías blockchain, la descentralización se refiere a la ausencia de un punto central de control en la red.

En un sistema descentralizado, las decisiones son tomadas por múltiples participantes que operan en igualdad de condiciones y que están coordinados por el protocolo de la red. Por ejemplo, en una red blockchain descentralizada, las transacciones son validadas por múltiples nodos que operan en la red, en lugar de ser validadas por una única entidad central.

La descentralización tiene una serie de ventajas. En primer lugar, puede hacer que el sistema sea más resistente a la censura y la manipulación, ya que no hay un punto central de control que pueda ser atacado o controlado. Además, puede permitir una mayor transparencia y rendición de cuentas, ya que las decisiones y los procesos son tomados por múltiples participantes que están obligados a seguir las reglas establecidas en el protocolo.

En general, la descentralización se considera un valor fundamental en el diseño de sistemas basados en blockchain y criptomonedas, ya que promueve la seguridad, la transparencia y la democratización del control.

DESLIZAMIENTO

El deslizamiento (slippage en inglés) se refiere a la diferencia entre el precio esperado de una operación y el precio al que finalmente se ejecuta. En los mercados financieros, es común que los precios cambien constantemente debido a la oferta y demanda, lo que puede causar que el precio al que se ejecuta una operación sea diferente al precio al que se espera.

El deslizamiento puede ser positivo o negativo. Un deslizamiento positivo se produce cuando la operación se ejecuta a un precio mejor del esperado, lo que significa que el operador obtiene un beneficio adicional. Por el contrario, un deslizamiento negativo se produce cuando la operación se ejecuta a un precio peor del esperado, lo que significa que el operador pierde más dinero de lo esperado.

El deslizamiento es un riesgo inherente en la negociación en los mercados financieros, especialmente en los mercados con alta volatilidad o baja liquidez. Los traders utilizan diferentes estrategias para reducir el riesgo de deslizamiento, como el uso de órdenes límite o la elección de momentos de menor volatilidad para ejecutar sus operaciones.

DEX

DEX significa "intercambio descentralizado" (decentralized exchange, en inglés). Es una plataforma de intercambio de criptomonedas que funciona en una red descentralizada, como una cadena de bloques, y utiliza contratos inteligentes para automatizar el proceso de intercambio de activos.

A diferencia de los intercambios centralizados, que dependen de una autoridad central para gestionar los fondos y los datos de los usuarios, los DEX permiten a los usuarios mantener el control de sus fondos y la privacidad de sus datos personales. Los intercambios descentralizados también son menos susceptibles a los ataques de hackers, ya que los activos se mantienen en wallets personales y no en una plataforma centralizada.

Los DEX permiten a los usuarios intercambiar criptomonedas sin necesidad de un intermediario, lo que reduce los costos y mejora la eficiencia. Además, los DEX pueden ofrecer una mayor liquidez y una amplia variedad de pares de intercambio.

Algunos ejemplos populares de DEX incluyen Uniswap, PancakeSwap, Sushiswap, 1inch y Curve Finance. Es importante tener en cuenta que el uso de DEX también presenta algunos riesgos, como la falta de regulación y la posibilidad de que los precios de los activos puedan ser más volátiles que en los intercambios centralizados.

DIEM

DIEM es el nombre actual de la moneda digital que anteriormente se conocía como Libra. Fue desarrollada por Facebook como una criptomoneda destinada a ser utilizada para realizar transacciones en su plataforma. Sin embargo, debido a la gran cantidad de controversia y críticas que recibió por parte de gobiernos y reguladores financieros, el proyecto ha experimentado varios cambios y reestructuraciones. En diciembre de 2020, se anunció que la asociación que supervisa la moneda digital se había rebautizado como Diem Association y que la moneda se lanzaría en una versión reducida y reestructurada en 2021.

DIFERENCIAL BID-ASK

El diferencial bid-ask, también conocido como spread, es la diferencia entre el precio de compra (bid) y el precio de venta (ask) de un activo financiero en un mercado determinado. El precio bid representa la máxima cantidad que un comprador está dispuesto a pagar por un activo, mientras que el precio ask representa la cantidad mínima que un vendedor está dispuesto a aceptar por ese mismo activo. El diferencial bid-ask puede variar dependiendo de factores como la liquidez del mercado, la volatilidad del activo y la oferta y demanda de ese activo en particular. Un diferencial bid-ask estrecho indica que el mercado es líquido y que hay una gran cantidad de compradores y vendedores dispuestos a comerciar un activo, mientras que un diferencial bid-ask amplio puede ser indicativo de una menor liquidez y un menor interés en ese activo en el mercado.

DIRECCIÓN BITCOIN

Una dirección de Bitcoin es una secuencia única de caracteres alfanuméricos que se utiliza para recibir pagos en la red de Bitcoin. Es similar a una dirección de correo electrónico, pero en lugar de recibir correos electrónicos, se utilizan para recibir transacciones de Bitcoin.

Cada dirección de Bitcoin es única y se genera a partir de una clave pública, que es una de las dos claves criptográficas utilizadas en la criptografía asimétrica. La clave pública se utiliza para crear la dirección de Bitcoin y se comparte con otros usuarios de la red para recibir pagos.

Es importante tener en cuenta que una dirección de Bitcoin no está asociada con una identidad personal, como ocurre en el sistema financiero tradicional. En su lugar, se utilizan direcciones de Bitcoin para preservar la privacidad y el anonimato de los usuarios. Sin embargo, todas las transacciones en la red de Bitcoin son públicas y se pueden rastrear a través del registro de transacciones en la cadena de bloques.

DIRECCIÓN MULTIFIRMA

Una dirección multifirma (también conocida como dirección multisig) es una dirección de criptomoneda que requiere la autorización de múltiples claves privadas antes de que se pueda realizar una transacción.

En una dirección multifirma, se especifica una lista de claves públicas asociadas con la dirección, y se establece un número mínimo de firmas requeridas para autorizar una transacción. Por ejemplo, una dirección 2-de-3 requeriría que al menos dos de las tres claves privadas especificadas autorizaran una transacción antes de que pudiera ser procesada.

Las direcciones multifirma son comúnmente utilizadas en los sistemas de custodia de criptomonedas, donde se desea un mayor nivel de seguridad y control. Por ejemplo, una empresa que almacena grandes cantidades de criptomonedas puede requerir que múltiples empleados autoricen cualquier transacción antes de que se pueda procesar.

La implementación de direcciones multifirma en una red blockchain aumenta la seguridad y reduce el riesgo de pérdida de fondos debido a errores humanos o a ataques maliciosos. Además, las direcciones multifirma también pueden ser utilizadas para establecer contratos inteligentes complejos que requieren la autorización de múltiples partes antes de que se pueda ejecutar un contrato o una acción.

DLP

DLP son las siglas de "Decentralized Lending Protocol", o protocolo de préstamo descentralizado en español. Se refiere a un tipo de plataforma de finanzas descentralizadas (DeFi) que permite a los usuarios tomar prestado y prestar criptomonedas en un mercado descentralizado, utilizando tecnología blockchain para asegurar la transparencia y seguridad de las transacciones.

Los DLP funcionan permitiendo que los usuarios depositen criptomonedas como garantía (colateral) para tomar prestado otras criptomonedas. Los préstamos se realizan a través de contratos inteligentes que automatizan el proceso de préstamo y eliminan la necesidad de intermediarios financieros.

Además, los DLP también permiten a los usuarios prestar sus criptomonedas y ganar intereses por ellas, lo que puede ser más rentable que mantener sus criptomonedas en una billetera fría o caliente.

Los DLP son un componente clave del ecosistema DeFi y han aumentado en popularidad debido a su transparencia y accesibilidad, permitiendo a los usuarios de todo el mundo participar en la economía global sin la necesidad de intermediarios financieros centralizados. Ejemplos de DLP incluyen Aave, Compound y MakerDAO.

DLP

En el contexto de las criptomonedas, DLP es el acrónimo de Decentralized Launchpad Protocol, lo que significa Protocolo de Launchpad Descentralizado en español.

Un DLP es una plataforma descentralizada que se utiliza para lanzar nuevos proyectos en el mundo de las criptomonedas. A diferencia de los launchpads tradicionales, que suelen ser centralizados y controlados por una sola entidad, un DLP es una plataforma completamente descentralizada que no tiene un punto central de control.

En un DLP, los proyectos pueden lanzar sus tokens a través de una oferta inicial de monedas (ICO) o una oferta de monedas inicial (IDO) de manera justa y transparente, sin la necesidad de intermediarios. Los inversores pueden invertir en estos proyectos utilizando sus billeteras de criptomonedas y manteniendo el control total de sus fondos.

Un DLP también puede contar con un token nativo que se utiliza para gobernar la plataforma y tomar decisiones en la comunidad, permitiendo a los titulares del token participar en la gobernanza y tomar decisiones en el desarrollo de la plataforma.

Algunos ejemplos de DLPs populares en el ecosistema criptográfico incluyen Polkastarter, DuckStarter, BSCPad, y TrustPad.

DOBLE GASTO

El doble gasto es un problema potencial que se puede presentar en los sistemas de pago digitales, en el que una misma cantidad de activos digitales es gastada dos o más veces. Es decir, se produce una situación en la que una persona intenta utilizar los mismos fondos para realizar más de una transacción, como si tuviera el dinero en dos lugares al mismo tiempo.

Este problema es especialmente importante en sistemas de pago sin una autoridad centralizada que valide y registre las transacciones, como en las criptomonedas. En estas redes, se utilizan algoritmos criptográficos para asegurar que la misma unidad de criptomoneda no pueda ser gastada más de una vez, y que las transacciones sean verificadas por otros nodos en la red para garantizar su integridad.

Sin embargo, existe la posibilidad de que un atacante malintencionado intente realizar una transacción doble gastando los mismos fondos en dos transacciones diferentes en un corto período de tiempo antes de que la red tenga la oportunidad de validar la transacción inicial. En estos casos, la red tendrá que determinar cuál de las dos transacciones es válida y la otra será rechazada.

Para evitar el doble gasto, los sistemas de pago digitales suelen contar con medidas de seguridad adicionales, como confirmaciones de transacciones y bloqueo de fondos durante un período de tiempo determinado antes de que se puedan gastar nuevamente.

DOGECOIN

Dogecoin es una criptomoneda descentralizada que se lanzó en 2013 como una broma, pero se ha convertido en una de las criptomonedas más populares y de mayor valor de mercado. Dogecoin se basa en el código de Litecoin y utiliza el algoritmo de minería Scrypt.

Dogecoin se diferencia de otras criptomonedas en su imagen y enfoque más lúdico y comunitario. El nombre y la imagen de Dogecoin están inspirados en un meme de internet de un perro Shiba Inu, que se ha convertido en un símbolo de la moneda. Además, Dogecoin ha patrocinado varios eventos deportivos y de caridad, lo que ha contribuido a su popularidad y reputación positiva.

A pesar de su origen como una broma, Dogecoin ha experimentado una enorme popularidad y volatilidad en el mercado de las criptomonedas. En 2021, Dogecoin experimentó un aumento significativo en su valor de mercado después de que fuera promocionado por celebridades y figuras públicas en las redes sociales. Sin embargo, también ha experimentado fuertes caídas en su valor de mercado debido a la naturaleza especulativa del mercado de criptomonedas.

DOS

DoS (Denial of Service) es un ataque informático que tiene como objetivo inutilizar o hacer inaccesible un sistema, red o sitio web para los usuarios legítimos, saturando el sistema con un gran volumen de tráfico o cargas de trabajo que sobrepasan su capacidad de procesamiento.

Un ataque DoS suele realizarse mediante el envío de una gran cantidad de solicitudes de conexión a un servidor, lo que provoca que el servidor se sobrecargue y no pueda responder a las solicitudes legítimas. Otras formas de ataques DoS pueden incluir el envío de paquetes maliciosos a un sistema, la inundación de un servidor con correos electrónicos o mensajes instantáneos, o incluso el uso de herramientas que simulan una gran cantidad de usuarios intentando acceder al mismo tiempo.

El objetivo de un ataque DoS puede variar desde el sabotaje de una empresa o sitio web para interrumpir sus operaciones, hasta la extorsión o el chantaje a través del uso de una amenaza de ataque DoS. Los ataques DoS también pueden ser utilizados como una táctica de distracción para ocultar otro tipo de actividad maliciosa en la red.

Para protegerse contra los ataques DoS, las empresas y organizaciones pueden implementar medidas de seguridad tales como la detección de tráfico anómalo, el uso de cortafuegos y el control de acceso a sus sistemas. Además, los proveedores de servicios en línea pueden utilizar servicios de protección contra ataques DoS, que son ofrecidos por empresas especializadas en seguridad en la red.

DPOS

DPoS (Delegated Proof of Stake) es un algoritmo de consenso utilizado en algunas blockchain que se basa en la participación de los titulares de tokens para asegurar la red y validar transacciones.

En DPoS, los titulares de tokens tienen la oportunidad de votar por delegados que son responsables de validar transacciones en la red y agregar bloques a la cadena de bloques. Cada delegado tiene una cantidad limitada de capacidad de procesamiento y solo los 21 delegados con más votos son seleccionados para validar transacciones en un momento dado. Estos delegados son remunerados con una parte de las recompensas de bloque de la cadena de bloques.

DPoS es considerado un algoritmo de consenso más eficiente que otros algoritmos de prueba de trabajo, como el utilizado por Bitcoin, ya que permite una mayor velocidad de procesamiento de transacciones. Además, se argumenta que DPoS es más descentralizado que los sistemas de prueba de autoridad, ya que los titulares de tokens tienen la capacidad de votar por los delegados y así tener un mayor control sobre la red.

Sin embargo, algunos críticos argumentan que DPoS puede no ser tan descentralizado como otros sistemas de consenso y que los titulares de tokens con una gran cantidad de tokens pueden ejercer un control desproporcionado sobre la red.

DUCKSTARTER

DuckStarter es un launchpad descentralizado (DLP) construido en la red Binance Smart Chain (BSC) que permite a los proyectos lanzar sus tokens mediante una oferta de monedas inicial (IDO) de manera justa y transparente.

DuckStarter se enfoca en proyectos de criptomonedas y blockchain con un fuerte enfoque en la comunidad y la innovación. Proporciona una plataforma para que los proyectos publiquen información sobre sus objetivos, equipo, tecnología, hoja de ruta y cualquier otro aspecto relevante. Los inversores pueden ver y analizar estos detalles para decidir si desean invertir en el proyecto.

DuckStarter utiliza un sistema de verificación de identidad KYC (conoce a tu cliente, por sus siglas en inglés) para garantizar la seguridad de los inversores y el cumplimiento normativo. También cuenta con medidas de seguridad adicionales, como auditorías de seguridad y una bóveda de seguridad para almacenar los tokens de los inversores.

DuckStarter también tiene un token nativo llamado DLP, que se utiliza para gobernar la plataforma y tomar decisiones en la comunidad. Los titulares de DLP pueden votar en las propuestas y decisiones de la plataforma, así como recibir recompensas por participar en la comunidad.

DUMP

En el contexto de las criptomonedas, el término "dump" se refiere a una venta masiva de un activo digital que hace que su precio caiga bruscamente. En general, se dice que un "dump" ocurre cuando los inversores venden sus criptomonedas en grandes cantidades, lo que a menudo se debe a una disminución de la confianza en el proyecto o a una percepción de sobrevaloración en el mercado.

Un "dump" puede tener un impacto significativo en el precio de una criptomoneda, ya que la gran oferta de venta hace que el precio caiga rápidamente. Los inversores que compraron la criptomoneda a un precio más alto pueden incurrir en grandes pérdidas si deciden vender después de que el precio haya caído durante un "dump". Por otro lado, algunos inversores pueden ver un "dump" como una oportunidad para comprar criptomonedas a un precio más bajo.

Es importante tener en cuenta que el término "dump" también puede tener un significado más general en las finanzas, refiriéndose a la venta masiva de cualquier activo, no solo de criptomonedas.

DUSTING ATTACK

Un ataque de "dusting" (dusting attack en inglés) es una táctica utilizada por algunos ciberdelincuentes para identificar a los usuarios de una cripto-moneda y, posiblemente, realizar futuros ataques de phishing u otros tipos de fraude.

En un ataque de "dusting", un atacante enviará pequeñas cantidades de una criptomoneda a varias direcciones de billetera diferentes. Estas transac-ciones a menudo involucran cantidades muy pequeñas de la criptomoneda, lo que hace que sea difícil o incluso imposible para los usuarios rastrear el origen de la transacción. El objetivo del atacante es que los usuarios rastreen estas transacciones y combinen las pequeñas cantidades de criptomoneda que reciben en una sola billetera. Al hacerlo, los atacantes pueden identificar a los usuarios y dirigir futuros ataques de phishing o realizar otros tipos de fraude.

Para protegerse contra los ataques de "dusting", es importante no combi-nar transacciones pequeñas en una sola billetera, ya que esto podría revelar información personal al atacante. Además, es importante utilizar billeteras con funciones de privacidad y seguridad adecuadas para proteger la infor-mación personal y evitar posibles ataques.

DYOR

DYOR significa "Do Your Own Research" (Haz tu propia investigación, en español) y se utiliza comúnmente en el mundo de las criptomonedas y las inversiones. La frase se utiliza para animar a los inversores a hacer su propia investigación antes de tomar una decisión de inversión.

En lugar de confiar en la información proporcionada por otros inversores o en los medios de comunicación, los inversores deben investigar y analizar ellos mismos los datos financieros y cualquier otra información relevante para tomar una decisión informada.

El término también se utiliza a menudo como una advertencia para evitar que los inversores se dejen llevar por el entusiasmo y hagan inversiones sin investigar adecuadamente. En resumen, DYOR es un recordatorio importante para que los inversores sean diligentes y responsables en sus decisiones de inversión.

E

E2EE

E2EE es un acrónimo de "End-to-End Encryption" (encriptación de extremo a extremo, en español). Es una técnica de seguridad utilizada para proteger la privacidad de las comunicaciones digitales, como mensajes de texto, llamadas de voz, correos electrónicos, y otros tipos de datos transmitidos por internet.

En la encriptación de extremo a extremo, los datos se cifran en el dispositivo del remitente y se descifran en el dispositivo del destinatario, lo que significa que nadie más, ni siquiera el proveedor de servicios de comunicación, puede acceder al contenido de los datos mientras se transmiten por la red. De esta manera, se evita que los datos sean interceptados o leídos por terceros malintencionados.

La E2EE se considera uno de los métodos más seguros de comunicación, y es utilizado por muchas aplicaciones de mensajería y servicios de correo electrónico. Sin embargo, cabe destacar que la seguridad total de la E2EE depende de la implementación correcta del cifrado y la confiabilidad de los dispositivos de los usuarios.

ECDSA

ECDSA (Elliptic Curve Digital Signature Algorithm) es un algoritmo de firma digital basado en criptografía de curva elíptica. Es un estándar de firma digital que se utiliza ampliamente en la criptografía de clave pública para garantizar la integridad, autenticidad y no repudio de la información.

La criptografía de curva elíptica es una técnica que utiliza matemáticas complejas para generar claves públicas y privadas únicas que se utilizan para cifrar y descifrar información. La ventaja de la criptografía de curva elíptica es que requiere claves más cortas que otros algoritmos de criptografía de clave pública, lo que la hace más eficiente y segura.

ECDSA utiliza una clave privada para firmar digitalmente un mensaje y una clave pública correspondiente para verificar la firma. La firma digital se genera mediante una función hash que toma el mensaje original y la clave privada como entrada y produce un valor único que se agrega a la firma digital. La verificación de la firma digital implica una función de hash que toma el mensaje original, la firma digital y la clave pública del remitente como entrada y produce un valor que se compara con la firma digital original.

ECDSA se utiliza en varias aplicaciones de criptografía, como la firma de transacciones en la cadena de bloques de Bitcoin y otras criptomonedas. Es un algoritmo seguro y confiable para la firma digital de datos y se ha utilizado con éxito en varias aplicaciones en línea y fuera de línea.

EFECTO RED

El efecto red se refiere al fenómeno por el cual el valor de un producto o servicio aumenta a medida que más personas lo utilizan. Cuanto más personas se unen a una red, mayor es el valor para cada uno de sus participantes. Este efecto se debe a la naturaleza de las redes, en las que el valor está intrínsecamente ligado al número de personas que las utilizan.

Un ejemplo común del efecto red es el correo electrónico: cuanto más personas tienen acceso al correo electrónico, más valioso se vuelve el servicio para todos. Otro ejemplo son las redes sociales, en las que el valor de la plataforma aumenta a medida que se unen más usuarios y más contenido se genera.

El efecto red es una razón importante por la que muchas empresas tecnológicas buscan construir y expandir sus redes de usuarios lo más rápido posible.

ELECTRUM

Electrum es un software de código abierto para la gestión de carteras de criptomonedas, especialmente diseñado para el Bitcoin. Es un monedero ligero y rápido que no requiere descargar toda la cadena de bloques de Bitcoin, sino que utiliza servidores remotos para verificar las transacciones y el saldo de la cuenta del usuario.

Electrum fue creado en 2011 por Thomas Voegtlin y se ha convertido en una opción popular entre los usuarios de Bitcoin debido a su simplicidad de uso y su alta seguridad. Además, cuenta con diversas características útiles, como la gestión de múltiples carteras, la creación de direcciones de cambio, la verificación de pagos, la creación de transacciones con tarifas personalizables, entre otras. Electrum también es compatible con hardware wallets, lo que aumenta aún más la seguridad de las carteras de los usuarios.

EMA

EMA es el acrónimo en inglés de "Exponential Moving Average" que se traduce al español como "Media Móvil Exponencial". Es un indicador técnico que se utiliza en el análisis técnico para identificar la tendencia de un activo financiero, como una acción o una criptomoneda, en un período de tiempo determinado. La EMA calcula el promedio de los precios de cierre de un activo en un período de tiempo específico, dándole mayor peso a los precios más recientes. Esto permite que la EMA reaccione más rápido a los cambios de precios recientes que una media móvil simple, lo que la hace más adecuada para identificar tendencias a corto plazo.

EMIN GÜN SIRER

Emin Gün Sirer es un experto en ciencias de la computación, criptografía y tecnologías blockchain. Es profesor en la Universidad de Cornell y fundador de Ava Labs, la empresa detrás de la plataforma de blockchain Avalanche.

Sirer es conocido por sus contribuciones en el campo de la criptografía y la seguridad informática, incluyendo la creación del primer protocolo de seguridad de capa de transporte seguro (TLS) para proteger las comunicaciones en línea. También ha realizado investigaciones importantes en el campo de las criptomonedas y las tecnologías blockchain, incluyendo la creación de Hacking Distributed, un laboratorio de investigación en blockchain que se enfoca en la seguridad y escalabilidad de estas tecnologías.

Además de su trabajo académico, Sirer también ha sido un defensor de la adopción de blockchain y criptomonedas en la industria financiera y ha sido consultor para varias empresas de tecnología blockchain.

EMISIÓN

La emisión se refiere a la creación y distribución de nuevas unidades de una criptomoneda. En el caso de las criptomonedas, la emisión se produce como recompensa para los mineros que validan transacciones y agregan bloques a la cadena de bloques.

En general, la emisión de una criptomoneda es un proceso controlado que se basa en un conjunto de reglas y protocolos específicos. Por ejemplo, el protocolo de Bitcoin establece que solo se pueden crear 21 millones de bitcoins, y que la emisión se reduce a la mitad cada 210.000 bloques minados, aproximadamente cada cuatro años.

La emisión es un elemento importante en la economía de las criptomonedas, ya que afecta directamente a la oferta y la demanda de la moneda. La emisión constante de nuevas unidades puede llevar a la inflación y a la disminución del valor de la moneda, mientras que la emisión limitada puede aumentar la escasez y, en consecuencia, aumentar el valor de la moneda.

En resumen, la emisión se refiere a la creación y distribución de nuevas unidades de una criptomoneda, y es un proceso controlado que afecta directamente a la oferta y la demanda de la moneda.

ENJIN

Enjin es una plataforma de juegos en línea que utiliza la tecnología blockchain para permitir la creación y comercio de activos de juegos en línea, incluidos los tokens no fungibles (NFT). La plataforma Enjin permite a los desarrolladores de juegos en línea crear y gestionar sus propios activos digitales y monetizarlos a través de la venta de tokens NFT en el mercado Enjin.

Enjin fue fundada en 2009 por Maxim Blagov y Witek Radomski, y ha sido una de las principales plataformas de juegos en línea en la industria de la criptomoneda y la tecnología blockchain. La plataforma Enjin cuenta con una comunidad activa de jugadores y desarrolladores que utilizan la tecnología blockchain para crear y comerciar activos de juegos en línea. Además, Enjin tiene una asociación con Samsung, que ha integrado la tecnología de Enjin en algunos de sus dispositivos móviles.

Enjin también ha creado su propia criptomoneda, Enjin Coin (ENJ), que se utiliza como una forma de pago y como incentivo para los desarrolladores y jugadores que utilizan la plataforma Enjin. Los propietarios de tokens ENJ pueden utilizarlos para crear y comerciar sus propios tokens NFT en la plataforma Enjin, lo que les permite monetizar su participación en los juegos en línea.

En resumen, Enjin es una plataforma de juegos en línea que utiliza la tecnología blockchain para permitir la creación y comercio de activos de juegos en línea, incluidos los tokens no fungibles (NFT). La plataforma Enjin ha sido una de las principales plataformas de juegos en línea en la industria de la criptomoneda y la tecnología blockchain, y cuenta con una comunidad activa de jugadores y desarrolladores. Además, Enjin ha creado su propia criptomoneda, Enjin Coin (ENJ), que se utiliza como una forma de pago y como incentivo para los desarrolladores y jugadores que utilizan la plataforma Enjin.

ENJIN COIN

Enjin Coin (ENJ) es una criptomoneda creada por Enjin, una plataforma de juegos en línea que utiliza la tecnología blockchain para permitir la creación y comercio de activos de juegos en línea, incluidos los tokens no fungibles (NFT). La criptomoneda ENJ se utiliza como una forma de pago y como incentivo para los desarrolladores y jugadores que utilizan la plataforma Enjin.

Los propietarios de tokens ENJ pueden utilizarlos para crear y comerciar sus propios tokens NFT en la plataforma Enjin, lo que les permite monetizar su participación en los juegos en línea. Además, los propietarios de tokens ENJ también pueden utilizarlos para acceder a funciones adicionales en la plataforma Enjin, como la capacidad de crear comunidades de juegos y la participación en programas de recompensas.

Enjin Coin utiliza la tecnología blockchain de Ethereum y está basado en el estándar ERC-20, lo que significa que puede ser almacenado y transferido en cualquier billetera compatible con ERC-20. Además, Enjin ha creado su propia billetera, llamada Enjin Wallet, que permite a los usuarios almacenar y gestionar sus tokens ENJ y otros tokens basados en Ethereum.

En resumen, Enjin Coin (ENJ) es una criptomoneda creada por Enjin, una plataforma de juegos en línea que utiliza la tecnología blockchain para permitir la creación y comercio de activos de juegos en línea, incluidos los tokens no fungibles (NFT). La criptomoneda ENJ se utiliza como una forma de pago y como incentivo para los desarrolladores y jugadores que utilizan la plataforma Enjin. ENJ está basado en el estándar ERC-20 y utiliza la tecnología blockchain de Ethereum.

ENLACE PROFUNDO

Un enlace profundo, o deep link en inglés, es un tipo de enlace que permite a los usuarios acceder directamente a una página específica dentro de una aplicación móvil, en lugar de ser redirigidos a la página de inicio de la aplicación. Esto significa que los usuarios pueden acceder a una funcionalidad o contenido específico dentro de la aplicación, en lugar de tener que navegar manualmente a través de la aplicación para encontrarlo. Los enlaces profundos son útiles para los desarrolladores de aplicaciones móviles para dirigir a los usuarios a características específicas dentro de su aplicación y para mejorar la experiencia del usuario.

ENS

ENS significa "Sistema de Nombres de Ethereum" (Ethereum Name Service, en inglés) y es una plataforma descentralizada de nombres de dominio en la cadena de bloques Ethereum. ENS permite a los usuarios asociar direcciones Ethereum con nombres legibles por humanos, como "nombre.eth", en lugar de tener que usar largas direcciones de cadena de caracteres hexadecimales para enviar y recibir criptomonedas.

En lugar de tener que recordar y escribir direcciones de cadena de caracteres complejas, los usuarios pueden simplemente usar nombres de dominio ENS para enviar y recibir criptomonedas. ENS también permite a los usuarios registrar nombres de dominio personalizados para su uso en la red Ethereum.

ENS utiliza un sistema de subasta para asignar nombres de dominio, lo que significa que los usuarios pueden pujar por nombres de dominio populares. Los pagos de subastas se realizan en la criptomoneda Ether (ETH) y los ganadores de las subastas pueden usar el nombre de dominio ENS durante un período determinado de tiempo.

ENS es una herramienta útil para simplificar y mejorar la experiencia de usuario en la cadena de bloques Ethereum y ha ganado popularidad en la comunidad de criptomonedas como una forma de simplificar las transacciones de criptomonedas y hacerlas más accesibles para los usuarios promedio.

EOS

EOS es una plataforma de blockchain descentralizada y de código abierto que fue lanzada en el año 2018. Es una de las principales alternativas a la blockchain de Ethereum y ha sido diseñada para ser escalable, rápida y capaz de soportar aplicaciones descentralizadas (dApps) a gran escala.

EOS utiliza un modelo de consenso llamado "Delegated Proof of Stake" (DPoS), en el cual los titulares de tokens EOS eligen a los "nodos validadores" o "productores de bloques" que serán responsables de validar las transacciones y crear los bloques de la cadena de bloques EOS. Este modelo ha sido diseñado para permitir una mayor eficiencia y escalabilidad en comparación con otros sistemas de consenso, ya que solo un pequeño número de nodos validadores son necesarios para validar las transacciones.

La plataforma EOS también tiene su propia criptomoneda nativa, el EOS token, que se utiliza como medio de intercambio y para pagar las tarifas de transacción en la red EOS.

EOS ha sido diseñado específicamente para ser una plataforma de desarrollo de aplicaciones descentralizadas, y su objetivo es proporcionar una experiencia de desarrollo más fácil y amigable para los desarrolladores de dApps. La plataforma EOS también cuenta con su propio sistema operativo, EOSIO, que facilita el desarrollo de dApps y permite la creación de contratos inteligentes.

En resumen, EOS es una plataforma de blockchain de código abierto y descentralizada que utiliza un modelo de consenso DPoS y está diseñada para ser escalable y rápida, con el objetivo de ser una plataforma de desarrollo de aplicaciones descentralizadas.

EOSIO

EOSIO es una plataforma de software de blockchain de código abierto que se utiliza para construir aplicaciones descentralizadas (dApps). Fue desarrollada por la empresa Block.one y lanzada en 2018. EOSIO se basa en un consenso de prueba de participación delegada (DPoS), que utiliza un sistema de votación para seleccionar a los productores de bloques que validan las transacciones en la red. EOSIO se ha utilizado para construir una variedad de aplicaciones descentralizadas, incluyendo juegos, intercambios de criptomonedas y redes sociales.

EPOS

El consenso de Prueba de Participación Efectiva (Efficient Proof-of-Stake, EPoS) es un mecanismo de consenso utilizado en algunas criptomonedas, como la red Harmony. En este sistema, los nodos de la red (o validadores) son seleccionados para validar las transacciones y agregar bloques a la cadena de bloques basado en su participación en la red. Los nodos con mayor participación tienen una mayor probabilidad de ser seleccionados para validar transacciones y agregar bloques, lo que les da una mayor recompensa en la forma de tokens de la criptomoneda. Esto se hace para incentivar a los nodos a participar en la red y mantener la seguridad y la integridad de la cadena de bloques. En comparación con la prueba de trabajo (PoW), la prueba de participación (PoS) es más eficiente en términos de consumo de energía y recursos, y la prueba de participación efectiva es una evolución del PoS que busca mejorar la eficiencia y la equidad en la selección de validadores.

ERC-1155

ERC-1155 es un estándar de token no fungible (NFT) y fungible (FT) desarrollado en la cadena de bloques Ethereum. Fue propuesto por el fundador de Enjin, Witek Radomski, y se introdujo en 2018 como una mejora del estándar ERC-721, que se utiliza para crear tokens no fungibles en Ethereum.

A diferencia de ERC-721, que solo permite la creación de tokens no fungibles, ERC-1155 permite la creación de tokens tanto no fungibles como fungibles dentro del mismo contrato inteligente. Esto significa que los desarrolladores pueden crear una gran variedad de tokens en un solo contrato, lo que hace que el proceso de creación y gestión de tokens sea más eficiente y escalable.

ERC-1155 también incluye características adicionales, como la capacidad de enviar y recibir múltiples tokens en una sola transacción, lo que reduce las tarifas de gas y mejora la experiencia del usuario. Además, los tokens creados mediante ERC-1155 son intercambiables entre diferentes aplicaciones y juegos que implementen este estándar.

En general, ERC-1155 es un estándar de token innovador que permite a los desarrolladores crear una amplia gama de tokens tanto no fungibles como fungibles en un solo contrato inteligente en Ethereum. Esto hace que la creación y gestión de tokens sea más eficiente y escalable, y proporciona una experiencia de usuario mejorada para los usuarios finales.

ERC-20

ERC-20 es un estándar de token de Ethereum que define las reglas básicas que todos los tokens Ethereum deben seguir. ERC-20 establece un conjunto de reglas y funciones que cualquier token de Ethereum debe seguir para poder interactuar correctamente con la red Ethereum y otras aplicaciones descentralizadas (dApps) que utilicen tokens ERC-20.

Las reglas establecidas por ERC-20 incluyen cómo se transfieren y se realizan las transacciones con el token, cómo se accede a la información del token, cómo se manejan los saldos y cómo se controlan los tokens. Además, ERC-20 también establece las funciones que debe tener cualquier token Ethereum, como transferir tokens, aprobar gastos y verificar el saldo de una cuenta.

El estándar ERC-20 ha sido muy importante para la creación de nuevos tokens en la red Ethereum, ya que ha permitido que diferentes tokens se comuniquen e interactúen entre sí de una manera estandarizada. Esto ha facilitado el intercambio y la gestión de tokens en la red Ethereum y ha contribuido al crecimiento del ecosistema de criptomonedas y aplicaciones descentralizadas basadas en Ethereum.

En resumen, ERC-20 es un estándar de token de Ethereum que define las reglas y funciones que todos los tokens Ethereum deben seguir para poder interactuar correctamente con la red Ethereum y otras aplicaciones descentralizadas (dApps) que utilicen tokens ERC-20.

ERC-721

ERC-721 es un estándar de token no fungible en la red Ethereum. A diferencia de los tokens ERC-20, que son intercambiables entre sí y tienen el mismo valor, los tokens ERC-721 son únicos y no intercambiables. Cada token ERC-721 tiene un identificador único que lo diferencia de otros tokens ERC-721.

Los tokens ERC-721 se utilizan principalmente en aplicaciones que requieren activos digitales únicos, como juegos en línea, coleccionables digitales, obras de arte digitales y otros objetos virtuales que no pueden ser reemplazados por otros de igual valor. Al ser no fungibles, los tokens ERC-721 permiten la creación y comercio de activos digitales únicos y valiosos.

El estándar ERC-721 especifica cómo deben funcionar los tokens no fungibles en la red Ethereum. Define las funciones que deben tener los contratos inteligentes que emiten tokens ERC-721, incluyendo la forma en que se crean, transfieren y gestionan los tokens. También establece una serie de eventos y funciones que permiten a los desarrolladores de aplicaciones interactuar con los tokens ERC-721.

En resumen, ERC-721 es un estándar de token no fungible en la red Ethereum que permite la creación y comercio de activos digitales únicos y valiosos, como coleccionables digitales, obras de arte digitales y otros objetos virtuales que no pueden ser reemplazados por otros de igual valor.

ESCALABILIDAD

La escalabilidad en el contexto de blockchain se refiere a la capacidad de una plataforma de blockchain para manejar un mayor número de transacciones y usuarios sin disminuir la velocidad o la eficiencia de la red.

La escalabilidad es un factor importante en la adopción y la utilidad de una plataforma de blockchain, ya que una plataforma que no puede manejar un gran número de transacciones o usuarios se volverá lenta y costosa de usar, lo que puede desalentar a las personas de utilizarla.

Para mejorar la escalabilidad, las plataformas de blockchain pueden utilizar diversas técnicas, como la optimización de software y hardware, la implementación de nuevos protocolos de consenso más eficientes y la utilización de soluciones de escalabilidad fuera de la cadena (como la creación de canales de pago).

La escalabilidad es especialmente importante para las aplicaciones de blockchain que requieren un alto rendimiento, como los sistemas de pago y las aplicaciones de finanzas descentralizadas (DeFi).

ESCROW

Escrow es un término financiero que se refiere a la práctica de depositar fondos o bienes en una cuenta controlada por un tercero imparcial hasta que se cumplan ciertas condiciones acordadas entre dos partes. El tercero, llamado "agente de custodia" o "agente de garantía", se encarga de mantener los fondos o bienes en un lugar seguro hasta que se cumplan las condiciones acordadas entre las dos partes.

El uso más común del escrow es en transacciones comerciales en línea, donde las partes no se conocen entre sí y quieren asegurarse de que se cumplan los términos acordados antes de que se libere el pago. En este caso, el comprador deposita el pago en una cuenta de escrow controlada por un tercero hasta que el vendedor cumpla con los términos de la transacción, como enviar el producto o servicio acordado.

El escrow también se utiliza en otras situaciones, como en transacciones de bienes raíces, donde el comprador deposita una cantidad en una cuenta de escrow hasta que se completen todas las condiciones del contrato de venta.

En resumen, el escrow es una práctica financiera en la que los fondos o bienes se depositan en una cuenta controlada por un tercero imparcial hasta que se cumplan ciertas condiciones acordadas entre dos partes. Se utiliza principalmente en transacciones comerciales en línea y en transacciones de bienes raíces para proteger a las partes involucradas y garantizar que se cumplan los términos acordados antes de liberar el pago o los bienes.

ESQUEMA PONZI

El término "Ponzi" se refiere a un esquema de inversión fraudulento que promete altas tasas de rendimiento a los inversores. El esquema fue nombrado en honor a Charles Ponzi, quien lo utilizó en la década de 1920 para defraudar a miles de inversores en los Estados Unidos.

En un esquema Ponzi, los estafadores atraen a los inversores con promesas de grandes ganancias en poco tiempo. Sin embargo, en lugar de invertir el dinero de los inversores en algo legítimo, el estafador usa el dinero de los nuevos inversores para pagar rendimientos a los inversores anteriores. El esquema sólo funciona mientras se atraigan nuevos inversores, y se desmorona cuando se queda sin nuevas inversiones y los antiguos inversores intentan retirar su dinero. En general, los inversores en un esquema Ponzi pierden todo su dinero invertido.

ESTAFA PIRAMIDAL

Una estafa piramidal es un modelo de fraude en el que los participantes son reclutados para invertir dinero en una organización o programa que promete rendimientos financieros altos y rápidos. Los participantes se benefician de la adición de nuevos miembros a la pirámide y reciben comisiones por las inversiones que atraen, pero a menudo no hay un producto o servicio real detrás de la organización y los rendimientos provienen únicamente del dinero de nuevos reclutas, en lugar de una fuente sostenible de ingresos. El modelo se llama "piramidal" porque la estructura se parece a una pirámide, con un pequeño grupo de personas en la cima que ganan la mayor parte del dinero y una base mucho más grande de participantes que pierden su inversión.

ESTANFLACIÓN

La estanflación es un fenómeno económico que se produce cuando una economía experimenta una combinación de estancamiento económico (estancamiento de la actividad económica, aumento del desempleo, disminución del poder adquisitivo de la población, entre otros) y alta inflación (aumento generalizado y sostenido de los precios de los bienes y servicios).

Este fenómeno es considerado un problema económico importante, ya que las políticas económicas tradicionales para combatir la inflación, como subir las tasas de interés o reducir la oferta de dinero, pueden agravar la recesión económica y el desempleo. Por lo tanto, la estanflación puede ser difícil de tratar y puede requerir soluciones innovadoras y medidas políticas específicas para abordar ambos problemas al mismo tiempo.

ETF

ETF son las siglas en inglés de "Exchange-Traded Fund", que en español se traduce como "fondo cotizado en bolsa". Un ETF es un tipo de fondo de inversión que se cotiza en bolsa, lo que significa que se puede comprar y vender en el mercado como una acción.

Los ETF se componen de una cartera diversificada de activos, como acciones, bonos, materias primas u otros instrumentos financieros, que siguen un índice específico. Por ejemplo, un ETF que sigue el índice S&P 500 incluirá las mismas acciones que conforman el índice, en la misma proporción que se encuentran en el índice.

Los ETF ofrecen a los inversores una forma fácil y rentable de diversificar su cartera de inversión y obtener exposición a diferentes clases de activos y mercados. Además, los ETF tienen costos más bajos que otros fondos de inversión tradicionales, ya que no requieren un gestor activo para tomar decisiones de inversión.

Los ETF también ofrecen a los inversores la posibilidad de invertir en mercados que podrían ser difíciles de acceder de otra manera, como los mercados emergentes o las materias primas.

En resumen, un ETF es un tipo de fondo de inversión que se cotiza en bolsa y se compone de una cartera diversificada de activos que siguen un índice específico. Los ETF ofrecen a los inversores una forma fácil y rentable de diversificar su cartera y obtener exposición a diferentes clases de activos y mercados.

ETHAN BUCHMAN

Ethan Buchman es un ingeniero de software y emprendedor estadounidense que es conocido por ser uno de los fundadores de Tendermint y Cosmos Network. Buchman obtuvo su licenciatura en Matemáticas y Ciencias de la Computación en la Universidad de Harvard en 2008, y posteriormente trabajó como ingeniero de software en varias empresas, incluyendo Microsoft y Google. En 2014, fundó la empresa de desarrollo de blockchain Hashed Health y luego se unió a Jae Kwon para cofundar Tendermint en 2015. En 2016, Buchman y Kwon comenzaron a trabajar en la red Cosmos, que se lanzó en 2019. Buchman ha sido un defensor activo de la tecnología blockchain y ha hablado en varias conferencias sobre el potencial de la tecnología para transformar la industria financiera y otros sectores.

ETHER

Ether (ETH) es la criptomoneda nativa de la plataforma Ethereum. Fue creado en 2015 por el desarrollador ruso-canadiense Vitalik Buterin y es utilizado como medio de intercambio en la red Ethereum y para pagar por la ejecución de contratos inteligentes. El ether se utiliza como una forma de incentivar a los participantes a mantener la red funcionando y como recompensa para los mineros que contribuyen al procesamiento de las transacciones y la ejecución de los contratos inteligentes.

El ether es una criptomoneda muy popular y se utiliza en muchos proyectos que se construyen en la plataforma Ethereum. También se puede intercambiar en intercambios de criptomonedas por otras monedas digitales o por monedas fiduciarias como el dólar estadounidense o el euro. El valor del ether puede fluctuar significativamente debido a la volatilidad del mercado y la especulación de los inversores, como ocurre con otras criptomonedas.

ETHEREUM

Ethereum es una plataforma de computación descentralizada basada en blockchain que permite la creación de aplicaciones descentralizadas (dApps) y la ejecución de contratos inteligentes. Fue lanzado en 2015 por el desarrollador ruso-canadiense Vitalik Buterin y un equipo de colaboradores.

A diferencia de Bitcoin, que se enfoca en ser una moneda digital descentralizada, Ethereum es una plataforma que permite la creación de aplicaciones descentralizadas en la blockchain. Esto significa que los desarrolladores pueden utilizar la plataforma para crear aplicaciones descentralizadas que pueden ejecutarse de forma autónoma, sin la necesidad de un intermediario centralizado.

Ethereum utiliza un lenguaje de programación llamado Solidity para escribir contratos inteligentes, que son programas autónomos que se ejecutan en la blockchain. Estos contratos pueden utilizarse para automatizar procesos, establecer reglas y condiciones, y crear sistemas descentralizados.

Además, Ethereum también tiene su propia criptomoneda, el ether (ETH), que se utiliza como medio de intercambio en la red y para pagar por la ejecución de contratos inteligentes. El ether también se puede utilizar como una inversión en la plataforma, ya que su valor ha aumentado significativamente desde su lanzamiento en 2015.

ETHERSCAN

Etherscan es un explorador de bloques para la cadena de bloques de Ethereum. Proporciona información en tiempo real sobre bloques, transacciones, direcciones y contratos inteligentes en la red Ethereum. Los usuarios pueden buscar y verificar transacciones, explorar la cadena de bloques y ver estadísticas en tiempo real de la red Ethereum a través de Etherscan. Además, Etherscan también proporciona información sobre tokens ERC-20 y otros estándares de tokens en la red Ethereum.

ETHFINEX

Ethfinex es una plataforma de intercambio de criptomonedas que se centra en el trading de tokens ERC-20 basados en la blockchain de Ethereum. Fue lanzada en 2017 y es operada por iFinex, la misma empresa matriz que opera Bitfinex.

La plataforma de Ethfinex ofrece a los usuarios acceso a una amplia variedad de tokens ERC-20, incluyendo tokens que no se encuentran en otras plataformas de intercambio de criptomonedas. También ofrece herramientas avanzadas de trading, incluyendo órdenes avanzadas como stop-loss y limit, así como un apalancamiento de hasta 3,3x para ciertos pares de trading.

Una característica única de Ethfinex es que permite a los usuarios intercambiar tokens directamente desde sus billeteras Ethereum, sin necesidad de depositar los tokens en la plataforma de intercambio. Esto se logra a través del uso de contratos inteligentes, que permiten a los usuarios realizar intercambios peer-to-peer sin que los tokens pasen por la plataforma de Ethfinex.

En 2018, Ethfinex lanzó su propio token nativo, llamado Nectar (NEC), que se utiliza como una forma de incentivar a los usuarios de la plataforma. Los titulares de NEC reciben descuentos en las comisiones de trading y acceso a otras herramientas y servicios exclusivos de la plataforma.

EXCHANGE

Un exchange, en el contexto de las criptomonedas, es una plataforma en línea donde se pueden comprar, vender o intercambiar criptomonedas por otras criptomonedas o por monedas fiduciarias como el dólar, el euro o el yen. Un exchange funciona como un intermediario entre los compradores y vendedores de criptomonedas, y cobra una comisión por cada transacción realizada en la plataforma.

Los exchanges permiten a los usuarios comprar y vender criptomonedas de manera rápida y conveniente, y ofrecen herramientas y funciones avanzadas para los traders más experimentados, como órdenes de compra y venta, gráficos de precios, libros de órdenes, entre otras.

Hay diferentes tipos de exchanges, algunos son centralizados y están controlados por una empresa o entidad central que actúa como intermediario entre los usuarios, mientras que otros son descentralizados y no tienen un punto de control central. Los exchanges también pueden ser regulados o no regulados por las autoridades financieras de un país.

Es importante destacar que los exchanges son una parte esencial del ecosistema de las criptomonedas, ya que permiten a los usuarios comprar y vender criptomonedas, lo que a su vez ayuda a darle valor a las mismas. Sin embargo, debido a la naturaleza descentralizada y no regulada de las criptomonedas, es importante tener en cuenta los riesgos asociados con el uso de los exchanges, como la posibilidad de hackeos, robos o fraudes.

EXCHANGE CENTRALIZADO

Un exchange centralizado es una plataforma de intercambio de criptomonedas que es controlada y administrada por una entidad centralizada, es decir, una empresa o entidad que actúa como intermediario entre los usuarios que compran y venden criptomonedas. Los exchanges centralizados suelen ser más populares y utilizados que los descentralizados, ya que ofrecen una interfaz de usuario más amigable y una amplia gama de criptomonedas y pares de trading disponibles.

En un exchange centralizado, los usuarios depositan sus fondos en una cuenta de la plataforma y realizan transacciones a través de la misma. La plataforma gestiona las transacciones y mantiene un registro de las mismas en su base de datos centralizada. La empresa responsable del exchange también puede tomar medidas para garantizar la seguridad de los fondos de los usuarios, como almacenar la mayoría de los fondos en frío (desconectados de internet) y utilizar medidas de seguridad como la autenticación de dos factores y la verificación de identidad.

Sin embargo, debido a que los exchanges centralizados son administrados por una sola entidad, están sujetos a riesgos y vulnerabilidades, como los ataques informáticos, la mala gestión, el riesgo de colapso, y la pérdida de fondos debido a la falta de transparencia. Por esta razón, es importante que los usuarios investiguen cuidadosamente un exchange antes de utilizarlo y mantener sus fondos en un monedero propio fuera del exchange cuando no se estén realizando transacciones.

EXCHANGE DESCENTRALIZADO

Un exchange descentralizado (DEX, por sus siglas en inglés) es un tipo de plataforma de intercambio de criptomonedas que funciona de manera autónoma y descentralizada, es decir, sin la necesidad de una entidad centralizada que actúe como intermediario en las transacciones. En lugar de ello, los usuarios pueden intercambiar criptomonedas directamente entre ellos utilizando un protocolo de consenso, sin que sus fondos sean controlados por una entidad central.

En un exchange descentralizado, los usuarios mantienen el control total de sus fondos, que están almacenados en sus propios monederos o wallets. Las transacciones se realizan a través de contratos inteligentes (smart contracts), que se ejecutan automáticamente cuando se cumplen ciertas condiciones acordadas previamente. Esto significa que las transacciones son transparentes, seguras, y no requieren la intervención de terceros.

A diferencia de los exchanges centralizados, los exchanges descentralizados no están sujetos a los mismos riesgos y vulnerabilidades, como la mala gestión, el riesgo de colapso, y la pérdida de fondos debido a la falta de transparencia. Sin embargo, los DEX aún pueden ser vulnerables a ciertos tipos de ataques, como los ataques de frontrunning, y pueden tener una liquidez limitada en comparación con los exchanges centralizados.

A medida que se vuelven más populares, los DEX están siendo vistos como una alternativa más segura y descentralizada a los exchanges centralizados tradicionales.

EXPLORADOR DE BLOQUES

Un explorador de bloques (también conocido como block explorer en inglés) es una herramienta que permite a los usuarios ver y explorar la información almacenada en una cadena de bloques. La información que se puede encontrar en un explorador de bloques incluye transacciones, direcciones de billetera, bloques, la cantidad de criptomonedas transferidas, el tiempo de la transacción y otros datos relevantes. Los exploradores de bloques son esenciales para los usuarios de criptomonedas ya que permiten verificar y hacer seguimiento de las transacciones realizadas en una cadena de bloques de manera pública y transparente.

EXTENSIÓN DE FIBONACCI

La extensión de Fibonacci es una herramienta utilizada en el análisis técnico del mercado financiero que se basa en los niveles de la secuencia de Fibonacci para identificar posibles áreas de soporte y resistencia en el precio de un activo financiero, pero en este caso se utiliza para predecir los posibles niveles de precio a los que el precio podría llegar en el futuro.

La extensión de Fibonacci se utiliza para determinar posibles niveles de precio objetivo en una tendencia alcista o bajista. Se basa en tres niveles clave de la secuencia de Fibonacci: 38,2%, 50% y 61,8%. Al igual que con el abanico de Fibonacci, se trazan líneas diagonales desde un punto de partida (generalmente un mínimo o un máximo) hasta un punto de finalización en el gráfico de precios, y los niveles de Fibonacci se utilizan para determinar los posibles objetivos de precio.

Por ejemplo, si un inversor identifica una tendencia alcista en un activo financiero y utiliza la extensión de Fibonacci, podría trazar una línea desde un mínimo a un máximo anterior y utilizar los niveles de Fibonacci para determinar posibles objetivos de precio si el precio continúa subiendo. Los niveles de extensión de Fibonacci más comunes son 127,2%, 161,8% y 261,8%.

Es importante tener en cuenta que la extensión de Fibonacci no es una herramienta infalible, y que el precio de un activo puede moverse de manera impredecible en cualquier momento. Por lo tanto, es importante utilizar la extensión de Fibonacci en conjunto con otras herramientas de análisis técnico y tener un plan de gestión de riesgos sólido al operar en el mercado financiero.

F

FALLO BIZANTINO

Un fallo bizantino es un concepto en la informática que se refiere a una situación en la que uno o más componentes de un sistema distribuido fallan y envían información contradictoria o falsa a otros componentes del sistema. El término se origina en la paradoja bizantina, que se refiere a la dificultad de llegar a un acuerdo cuando los comunicadores no confían unos en otros y pueden estar actuando malintencionadamente.

En un sistema distribuido, los nodos se comunican entre sí para llegar a un consenso sobre la información que deben almacenar y compartir. Si uno o más nodos son defectuosos o maliciosos, pueden enviar información incorrecta a otros nodos en el sistema, lo que puede llevar a que se tomen decisiones erróneas.

Para abordar este problema, se han desarrollado algoritmos de consenso que permiten que los nodos lleguen a un acuerdo incluso si algunos nodos son defectuosos o maliciosos. Uno de estos algoritmos es el algoritmo de consenso de Bizantino Tolerante a Fallos (Byzantine Fault Tolerance, BFT), que se utiliza en muchas criptomonedas y sistemas blockchain para garantizar la integridad y la seguridad del sistema.

FANTOM

Fantom es una plataforma de contabilidad distribuida y un ecosistema de aplicaciones descentralizadas (dApps) que se centra en la escalabilidad y la interoperabilidad. Su objetivo es proporcionar una plataforma de contratos inteligentes rápida y segura que sea adecuada para aplicaciones empresariales y comerciales. Fantom utiliza un protocolo de consenso de tolerancia a fallos bizantino (BFT) para alcanzar un alto rendimiento y escalabilidad, lo que significa que puede procesar miles de transacciones por segundo con una latencia de confirmación de solo unos pocos segundos. Además, Fantom cuenta con una arquitectura de capas, lo que permite una mayor flexibilidad en la creación y personalización de aplicaciones descentralizadas en su plataforma. La criptomoneda nativa de Fantom es FTM.

FARMING

Farming (también conocido como yield farming o liquidity mining) es un proceso mediante el cual los usuarios pueden obtener ingresos al proporcionar liquidez a un protocolo de finanzas descentralizadas (DeFi) utilizando criptomonedas. Los agricultores ("farmers" en inglés) contribuyen con sus fondos a un pool de liquidez y reciben una recompensa por hacerlo.

El objetivo del farming es incentivar la participación en los protocolos DeFi y aumentar la liquidez de los mercados. Los agricultores pueden ganar una variedad de recompensas, como tokens del protocolo, intereses, tarifas de transacción y otros incentivos.

El farming se lleva a cabo en plataformas de DeFi como Uniswap, Sushiswap, PancakeSwap y otras plataformas de intercambio descentralizadas. Los agricultores pueden proporcionar sus fondos a un pool de liquidez utilizando dos activos diferentes, como ETH y un token ERC-20, y recibir a cambio un token de liquidez que representa su participación en el pool. Luego, pueden utilizar estos tokens para obtener más recompensas del protocolo.

Es importante destacar que el farming puede ser un proceso complejo y arriesgado, ya que los precios de los tokens pueden ser volátiles y los agricultores pueden perder sus fondos si el mercado se mueve en su contra. Por lo tanto, se recomienda a los agricultores investigar cuidadosamente los protocolos y las plataformas de farming antes de participar.

FAUCET

Un faucet es un sitio web o una aplicación que regala pequeñas cantidades de criptomonedas a los usuarios de forma gratuita. La mayoría de los faucets se utilizan para distribuir criptomonedas a los nuevos usuarios como parte de un programa de recompensas o promoción, o para atraer a nuevos usuarios a una plataforma o comunidad.

Los faucets suelen regalar fracciones muy pequeñas de criptomonedas, ya que los costos de transacción y los recursos necesarios para mantener el faucet en funcionamiento son significativos. Los usuarios pueden reclamar estas recompensas gratuitas de forma regular, a menudo cada pocos minutos u horas, simplemente proporcionando su dirección de billetera para recibir las criptomonedas.

Aunque los faucets son una forma fácil y accesible de obtener pequeñas cantidades de criptomonedas, no suelen ser una fuente confiable de ingresos. La cantidad de criptomonedas que se pueden obtener de un faucet es muy limitada y puede no ser suficiente para cubrir los costos de las transacciones necesarias para retirar los fondos. Además, algunos faucets pueden ser fraudulentos o intentar robar información personal o de billetera a los usuarios, por lo que es importante tener precaución y utilizar solo sitios de confianza y reputación.

FEE

"Fee" es una palabra en inglés que se traduce al español como "tarifa" o "comisión". En el ámbito de las criptomonedas, la palabra "fee" se utiliza comúnmente para referirse a la tarifa que se cobra por realizar una transacción en una red blockchain.

Cuando se realiza una transacción en una red blockchain, se debe pagar una pequeña tarifa (fee) para que los mineros o validadores de la red procesen y verifiquen la transacción. Esta tarifa ayuda a garantizar que la red funcione correctamente y que las transacciones se procesen de manera eficiente y segura.

La tarifa de una transacción puede variar según la red blockchain y la congestión de la red en un momento determinado. Las transacciones con una tarifa más alta suelen procesarse más rápidamente, mientras que las transacciones con una tarifa baja pueden tardar más tiempo en procesarse o incluso pueden no ser confirmadas por los mineros o validadores de la red.

FIAT

"Fiat" es un término utilizado en el mundo financiero para referirse a una moneda emitida y respaldada por un gobierno o autoridad central. El término se utiliza comúnmente para referirse a las monedas tradicionales como el dólar estadounidense, el euro, el yen japonés, la libra esterlina, entre otras.

A diferencia de las criptomonedas, que no están respaldadas por ningún gobierno ni entidad central, las monedas fiat son emitidas por bancos centrales y se basan en la confianza en el gobierno que las respalda y en la economía de dicho país.

El valor de las monedas fiat puede fluctuar en función de diversos factores, como las políticas monetarias, la inflación, la oferta y la demanda, entre otros. Además, las monedas fiat también pueden ser afectadas por factores políticos, sociales y económicos que influyen en la confianza en la economía y en la estabilidad del gobierno que las respalda.

FIBONACCI

Fibonacci es un término que se utiliza en el análisis técnico del mercado financiero, especialmente en el análisis técnico de gráficos de precios. Se refiere a una secuencia matemática descubierta por Leonardo Fibonacci en el siglo XIII, que ha demostrado ser útil en la identificación de niveles importantes de soporte y resistencia en los gráficos de precios de los activos financieros.

La secuencia de Fibonacci es una serie de números en la que cada número es la suma de los dos números anteriores. La secuencia comienza con 0 y 1, y los siguientes números se obtienen sumando los dos números anteriores: 0, 1, 1, 2, 3, 5, 8, 13, 21, 34, 55, 89, etc.

En el análisis técnico, se utilizan los ratios de Fibonacci, que son porcentajes basados en los números de la secuencia de Fibonacci. Los ratios más comúnmente utilizados son el 38.2%, 50%, 61.8%, y el 78.6%. Estos ratios se utilizan para identificar posibles niveles de soporte y resistencia en el gráfico de precios. Por ejemplo, si un activo financiero está experimentando una tendencia alcista y luego experimenta una corrección, es posible que el precio se detenga en el nivel de retracción del 38.2%, el 50% o el 61.8% antes de continuar su tendencia alcista.

Además de los ratios de Fibonacci, también se utilizan otras herramientas técnicas basadas en la secuencia de Fibonacci, como los arcos de Fibonacci, los abanicos de Fibonacci y las extensiones de Fibonacci, que se utilizan para predecir posibles niveles de soporte y resistencia en el futuro.

FIL

FIL es el símbolo o token nativo de la red Filecoin, que es una red descentralizada de almacenamiento de archivos. FIL se utiliza como un medio de intercambio de valor en la red y se utiliza para pagar a los mineros que proporcionan servicios de almacenamiento y recuperación de archivos en la red. Además, FIL también se puede utilizar como una forma de inversión, ya que su valor puede aumentar o disminuir en función de la oferta y la demanda del mercado.

FILECOIN

Filecoin es una red descentralizada de almacenamiento de datos que utiliza tecnología blockchain. El objetivo de Filecoin es crear un mercado global de almacenamiento de archivos descentralizado y seguro, donde los usuarios puedan comprar y vender espacio de almacenamiento de forma descentralizada. En lugar de almacenar los datos en servidores centralizados, Filecoin utiliza un enfoque descentralizado en el que los usuarios pueden optar por utilizar el espacio de almacenamiento disponible en la red a través de una serie de nodos interconectados. Los usuarios que proporcionan espacio de almacenamiento pueden recibir tokens Filecoin (FIL) como recompensa. El proyecto fue creado por Protocol Labs, una empresa con sede en San Francisco, y su lanzamiento tuvo lugar en 2020.

FIRMA SCHNORR

La firma Schnorr es un esquema de firma digital desarrollado por el criptógrafo alemán Claus-Peter Schnorr en 1989. Es una alternativa más eficiente y segura a los esquemas de firma digital utilizados actualmente, como la firma digital RSA.

En el contexto de las criptomonedas, la firma Schnorr se utiliza como una forma de autenticar transacciones y garantizar la propiedad de las criptomonedas. En lugar de requerir varias firmas de diferentes partes involucradas en una transacción, la firma Schnorr permite a múltiples partes combinar sus firmas en una sola firma, lo que reduce el tamaño de las transacciones y mejora la eficiencia.

Además de ser más eficiente que otros esquemas de firma digital, la firma Schnorr también es más segura. Esto se debe a que es resistente a los ataques de forja de firmas, que son un riesgo en los esquemas de firma digital más antiguos.

En resumen, la firma Schnorr es un esquema de firma digital que se utiliza en criptomonedas para autenticar transacciones y garantizar la propiedad de las criptomonedas. Es más eficiente y seguro que otros esquemas de firma digital utilizados actualmente.

FLARE NETWORK

Flare Network es una plataforma de contrato inteligente que se ejecuta en paralelo con la red XRP de Ripple. Utiliza un mecanismo de consenso de prueba de participación (PoS) que permite a los usuarios participar en la red al bloquear sus tokens FLR como garantía. La red Flare Network tiene

como objetivo mejorar la interoperabilidad y la accesibilidad de los sistemas financieros mediante el uso de contratos inteligentes y tecnologías de
blockchain.

La plataforma de Flare Network permite la creación de contratos inteligentes basados en el lenguaje de programación Ethereum Solidity, lo que
permite a los desarrolladores crear aplicaciones descentralizadas (dApps)
y tokens personalizados en la red Flare. Además, Flare Network tiene la capacidad de integrarse con otras criptomonedas y sistemas financieros, lo que
permite la interoperabilidad entre diferentes sistemas.

Una de las características más destacadas de Flare Network es su capacidad para integrarse con la red XRP de Ripple, lo que permite a los titulares
de XRP utilizar sus tokens para interactuar con contratos inteligentes en la
red Flare. También se espera que Flare Network tenga la capacidad de soportar la creación de tokens sintéticos que representen activos tradicionales
como acciones, bonos y materias primas.

En resumen, Flare Network es una plataforma de contrato inteligente que
se ejecuta en paralelo con la red XRP de Ripple y tiene como objetivo mejorar la interoperabilidad y la accesibilidad de los sistemas financieros mediante el uso de contratos inteligentes y tecnologías de blockchain.

FLASH LOAN

Un flash loan es un préstamo instantáneo que se realiza en una plataforma
de finanzas descentralizadas (DeFi) en blockchain. A diferencia de los préstamos tradicionales, los flash loans no requieren garantías y el prestatario
no necesita tener crédito para obtener uno. Además, los flash loans permiten
a los usuarios obtener grandes cantidades de capital en muy poco tiempo y
con una tarifa baja en comparación con otros métodos de préstamo.

El prestatario debe devolver el préstamo en el mismo bloque en el que se
recibió, de lo contrario, la transacción se revertirá. Los flash loans son populares entre los traders que utilizan algoritmos para obtener ganancias de las
oportunidades de arbitraje en el mercado de DeFi.

FLIPPING

"Flipping" es un término que se utiliza en el mundo de las criptomonedas
para describir el proceso de comprar una criptomoneda con el objetivo de
venderla rápidamente a un precio más alto. El término también se utiliza
a menudo para referirse a la práctica de vender una criptomoneda en un
exchange a un precio más alto que el precio de compra en otro exchange.

El "flipping" es una estrategia de trading común utilizada por los inversores en criptomonedas para obtener ganancias rápidas en un mercado volátil. Para llevar a cabo esta estrategia, los inversores suelen seguir de cerca los movimientos del mercado, buscando oportunidades para comprar una criptomoneda a un precio bajo y venderla a un precio más alto en un corto período de tiempo.

Sin embargo, el "flipping" también conlleva riesgos, ya que el mercado de las criptomonedas es altamente volátil y puede experimentar cambios drásticos en un corto período de tiempo. Por lo tanto, es importante que los inversores realicen un análisis exhaustivo del mercado y comprendan los riesgos antes de intentar llevar a cabo esta estrategia de trading.

FLR

FLR es el símbolo o ticker del token nativo de la red Flare Network, una plataforma de contrato inteligente que se ejecuta en paralelo con la red XRP de Ripple. Flare Network utiliza un mecanismo de consenso de prueba de participación (PoS) que permite a los usuarios participar en la red al bloquear sus tokens FLR como garantía.

El token FLR se utiliza como medio de intercambio en la red Flare Network y tiene varias funciones, incluyendo:

- Pago de tarifas: Los usuarios deben pagar tarifas en FLR para utilizar los servicios de la red Flare Network.
- Staking: Los usuarios pueden bloquear sus tokens FLR como garantía para ayudar a asegurar la red y ganar recompensas.
- Gobernanza: Los titulares de FLR tienen la capacidad de votar en decisiones importantes de la red, como cambios en las tarifas o mejoras en la funcionalidad.
- Adopción: El token FLR se utilizará como medio de intercambio en la red Flare Network para permitir la interoperabilidad entre diferentes criptomonedas y sistemas financieros.

En resumen, FLR es el token nativo de la red Flare Network y se utiliza como medio de intercambio, staking, gobernanza y adopción en la plataforma. La red Flare Network tiene como objetivo mejorar la interoperabilidad y la accesibilidad de los sistemas financieros mediante el uso de contratos inteligentes y tecnologías de blockchain.

FOMO

"FOMO" es un acrónimo que significa "Fear Of Missing Out", en español "Miedo a Perderse Algo". Se refiere a la sensación de ansiedad o miedo que algunas personas pueden sentir cuando ven a otros participando en una actividad o inversión y temen quedarse fuera o perderse algo valioso.

En el contexto de las criptomonedas, el FOMO puede ser un factor importante que impulsa el precio de una criptomoneda a medida que más personas se interesan en ella y comienzan a invertir. Por ejemplo, si una criptomoneda empieza a aumentar rápidamente de precio, es posible que los inversores comiencen a sentir FOMO y se apresuren a invertir en ella, lo que puede impulsar aún más su precio.

Sin embargo, el FOMO también puede ser peligroso para los inversores, ya que puede llevarlos a tomar decisiones impulsivas sin realizar una debida diligencia o sin considerar los riesgos. Es importante que los inversores se mantengan informados, realicen su propia investigación y mantengan una perspectiva a largo plazo al tomar decisiones de inversión.

FONDO INDEXADO

Un fondo indexado de criptomonedas, también conocido como un fondo de índice criptográfico, es un fondo de inversión que busca replicar el rendimiento de un índice específico de criptomonedas, como el Bitcoin Index o el Ethereum Index.

Al igual que los fondos indexados tradicionales, un fondo indexado de criptomonedas invierte en una cesta de activos, en este caso, criptomonedas. El objetivo del fondo es ofrecer una forma fácil y accesible para que los inversores obtengan exposición a las criptomonedas como una clase de activos, sin tener que comprar y gestionar cada criptomoneda individualmente.

Los fondos indexados de criptomonedas funcionan de manera similar a los fondos mutuos, donde los inversores aportan capital al fondo y, a cambio, reciben acciones o participaciones del fondo. El valor de estas participaciones está vinculado al rendimiento del índice subyacente.

Los fondos indexados de criptomonedas ofrecen una forma más diversificada y simplificada de invertir en criptomonedas en comparación con la compra directa de criptomonedas. Además, al replicar el rendimiento del índice, los fondos indexados también pueden ofrecer una forma más estable de inversión en comparación con la volatilidad de los precios individuales de las criptomonedas.

FORK

Un "fork" (tenedor, en español) en el contexto de las criptomonedas se refiere a la creación de una nueva versión de un protocolo blockchain existente, lo que resulta en dos cadenas de bloques separadas y distintas.

Un fork puede ocurrir por diferentes razones, como la necesidad de actualizar el protocolo, corregir errores, agregar nuevas características o resolver desacuerdos en la comunidad de desarrolladores y usuarios.

Hay dos tipos principales de fork: el hard fork y el soft fork.

- Hard fork: se produce cuando se realiza un cambio en el protocolo que no es compatible con versiones anteriores del mismo. Como resultado, la cadena de bloques original se divide en dos, y cada una de ellas sigue su propio camino. Los usuarios que no actualicen su software se quedan en la cadena antigua, mientras que los que actualizan su software se mueven a la nueva cadena. Ejemplos de hard forks incluyen el hard fork de Bitcoin Cash a partir de Bitcoin, y el hard fork de Ethereum a partir de Ethereum Classic.

- Soft fork: se produce cuando se realiza un cambio en el protocolo que es compatible con versiones anteriores del mismo. En este caso, la cadena de bloques original no se divide en dos, pero los usuarios que actualizan su software pueden aprovechar las nuevas características, mientras que los usuarios que no actualizan su software siguen siendo compatibles con la cadena de bloques existente. Ejemplos de soft forks incluyen la implementación de Segregated Witness (SegWit) en Bitcoin, que se hizo para resolver problemas de escalabilidad y seguridad.

FOUNDATION

Foundation es una plataforma de creación de mercado para coleccionables digitales únicos (NFT) que permite a los artistas y creadores de contenido monetizar su trabajo en línea.

Foundation ofrece una plataforma en línea donde los creadores pueden subir y vender sus NFT, que pueden incluir arte digital, música, videojuegos y otros tipos de contenido digital único. Los NFT se venden a través de subastas en línea, donde los compradores pueden hacer ofertas y pujar por los activos digitales.

La plataforma Foundation se centra en la calidad y la autenticidad de los NFT que se venden en ella, y utiliza un proceso de selección curado para asegurarse de que solo se presenten los mejores trabajos de los creadores más talentosos. Además, la plataforma también permite a los compradores interactuar directamente con los creadores y poseedores de NFT, lo que fomenta una comunidad activa y comprometida en torno a los coleccionables digitales.

Foundation se lanzó en febrero de 2021 y ha ganado popularidad en la comunidad de criptomonedas y en el mundo del arte y la cultura. La plataforma ha sido utilizada por una variedad de artistas y creadores de contenido populares, incluyendo músicos, cineastas, diseñadores y otros talentos creativos.

FREN

FREN es otro token nativo de la plataforma Aavegotchi, junto con GHST. FREN se utiliza como recompensa para los usuarios que contribuyen al ecosistema de Aavegotchi y participan en actividades específicas, como la staking de GHST o la compra de Gotchis en el mercado NFT de Aavegotchi.

Los titulares de FREN también pueden utilizarlo para comprar Gotchis y otros activos digitales en la plataforma Aavegotchi, así como para participar en la gobernanza de la plataforma.

En general, FREN se utiliza como una forma de incentivar y recompensar a los usuarios que participan activamente en la plataforma Aavegotchi, lo que ayuda a fomentar la participación y el crecimiento del ecosistema.

FTM

FTM es el token nativo de la red Fantom, una plataforma de contabilidad distribuida de alto rendimiento que utiliza una arquitectura de múltiples capas para permitir transacciones rápidas y baratas. FTM se utiliza para pagar las tarifas de transacción en la red Fantom y también se puede utilizar para la gobernanza de la red y para la participación en la validación de la red a través de la staking de tokens.

FUD

"FUD" es un acrónimo en inglés que significa "Fear, Uncertainty and Doubt" (Miedo, Incertidumbre y Duda, en español) y se utiliza comúnmente en el mundo de las criptomonedas y la tecnología en general.

El término se refiere a la propagación de información negativa, engañosa o exagerada con el fin de crear miedo, incertidumbre y duda en los usuarios o inversores y afectar el valor de un activo, proyecto o tecnología en particular.

Los promotores de FUD pueden ser personas o grupos que buscan manipular el mercado o desprestigiar a un proyecto o tecnología por razones competitivas o personales. También puede ser el resultado de información errónea o malinterpretada.

Es importante tener en cuenta el FUD al tomar decisiones de inversión, y es recomendable investigar la información de varias fuentes antes de tomar cualquier acción.

FULL NODE

Un "full node" (nodo completo, en español) es un nodo en una red descentralizada que tiene una copia completa de la cadena de bloques, lo que significa que tiene una copia de todas las transacciones y bloques que se han confirmado en la red.

En una red descentralizada, los nodos están conectados entre sí y trabajan juntos para validar y confirmar las transacciones. Un nodo completo es esencial para el funcionamiento de la red, ya que permite la validación independiente de todas las transacciones y garantiza la integridad de la cadena de bloques.

Además de validar las transacciones, un nodo completo también puede participar en la minería, lo que implica la confirmación de las transacciones y la creación de nuevos bloques en la cadena de bloques.

Los nodos completos requieren una cantidad significativa de recursos, como almacenamiento y ancho de banda, y pueden ser más lentos que los nodos ligeros o los nodos SPV (verificación de pagos simplificada) que no tienen una copia completa de la cadena de bloques. Sin embargo, los nodos completos son una parte esencial de la red descentralizada y contribuyen a la seguridad y la confianza en la red.

FULL WALLET

Una "full wallet" (cartera completa, en español) es un tipo de cartera criptográfica que almacena una copia completa de la cadena de bloques en la que se basa la criptomoneda que se está utilizando.

Esto significa que una full wallet tiene una copia completa de todas las transacciones que se han realizado en la cadena de bloques y puede validar cualquier transacción en la red sin tener que depender de terceros. Las carteras completas también permiten a los usuarios participar en la minería de criptomonedas, lo que implica validar las transacciones y agregarlas a la cadena de bloques.

Las carteras completas suelen requerir una cantidad significativa de espacio de almacenamiento y potencia de procesamiento para ejecutarse, por lo que suelen ser más adecuadas para usuarios avanzados o mineros que tienen acceso a recursos de hardware más potentes.

Por otro lado, las carteras ligeras o SPV (verificación de pagos simplificada) no almacenan una copia completa de la cadena de bloques y dependen de nodos completos para verificar las transacciones, lo que las hace más ligeras en recursos y más adecuadas para usuarios regulares que no necesitan la funcionalidad de minería completa.

FUNDACIÓN CARDANO

La Fundación Cardano es una organización sin fines de lucro que fue establecida en 2015 con el objetivo de apoyar y promover la plataforma de blockchain de Cardano y su ecosistema. La Fundación es una de las tres entidades principales que apoyan y desarrollan la plataforma, junto con IOHK y Emurgo.

La misión de la Fundación Cardano es asegurar el crecimiento y la adopción de la plataforma Cardano, promoviendo su uso y educando al público sobre las posibilidades de la tecnología de blockchain y criptomonedas. La Fundación también se encarga de la administración de la criptomoneda ADA y de la gestión de su reserva de fondos.

Entre las actividades de la Fundación Cardano se incluyen la organización de eventos y conferencias, la participación en iniciativas de investigación y desarrollo, y el apoyo a proyectos y empresas que trabajan en la plataforma de Cardano. Además, la Fundación también trabaja en estrecha colaboración con los reguladores y los gobiernos de todo el mundo para fomentar un entorno favorable para la adopción de blockchain y criptomonedas.

En general, la Fundación Cardano juega un papel importante en el desarrollo y la promoción de la plataforma de blockchain de Cardano, y su trabajo ayuda a asegurar un futuro próspero para la tecnología de blockchain y criptomonedas en general.

FUTUROS

Los futuros son contratos financieros que obligan a las partes involucradas a comprar o vender un activo en una fecha determinada en el futuro y a un precio acordado previamente. En el trading de criptomonedas, los futuros son contratos que permiten a los inversores comprar o vender Bitcoin u otras criptomonedas a un precio y una fecha específicos en el futuro.

Por ejemplo, un contrato de futuros de Bitcoin puede establecer que un inversor debe comprar 1 Bitcoin a un precio de $50,000 USD dentro de tres meses. Si el precio de Bitcoin aumenta a $60,000 USD en tres meses, el inversor habrá obtenido una ganancia de $10,000 USD. Por otro lado, si el precio de Bitcoin cae a $40,000 USD, el inversor habrá sufrido una pérdida de $10,000 USD.

Los futuros son una forma popular de trading en los mercados financieros debido a que permiten a los inversores especular sobre el precio de los activos en el futuro sin tener que poseerlos físicamente. Sin embargo, los futuros también pueden ser altamente arriesgados, ya que los precios de los activos pueden ser volátiles y las pérdidas pueden ser significativas si las predicciones del inversor no se cumplen.

Los futuros de criptomonedas se negocian en plataformas especializadas de trading, como BitMEX, CME Group, Bakkt y otras. Es importante que los inversores comprendan los riesgos involucrados en el trading de futuros y tengan una estrategia sólida antes de operar en estos mercados.

G

GAMEFI

GameFi es un término utilizado en la industria de los juegos blockchain para describir una nueva forma de interacción entre los juegos y la tecnología blockchain. Se refiere a juegos que incorporan elementos de finanzas descentralizadas (DeFi) en su jugabilidad y economía, lo que permite a los jugadores no solo jugar y disfrutar de un juego, sino también obtener recompensas en forma de tokens criptográficos que pueden intercambiarse en exchanges y utilizarse en otros juegos y aplicaciones de DeFi. GameFi es una forma de atraer a más usuarios a la tecnología blockchain y las finanzas descentralizadas a través de la experiencia de juego.

GAS

En el contexto de Ethereum y otras criptomonedas basadas en contratos inteligentes, el gas se refiere a la unidad de medida utilizada para calcular el costo de realizar una transacción en la red.

Cuando se envía una transacción en la red Ethereum, los usuarios deben pagar una tarifa de gas, que es una pequeña cantidad de ether (la criptomoneda nativa de Ethereum) que se paga a los mineros de la red como compensación por el trabajo de validar y procesar la transacción. La cantidad de gas necesaria para ejecutar una transacción depende de la complejidad de la operación que se está realizando, y se mide en unidades de gas.

Cada operación que se realiza en la red Ethereum tiene un costo en gas asociado. Por ejemplo, enviar una transacción simple de Ether a otra dirección en la red puede tener un costo de gas relativamente bajo, mientras que ejecutar un contrato inteligente complejo puede requerir una cantidad significativamente mayor de gas. Los usuarios pueden ajustar el precio del gas que están dispuestos a pagar para que su transacción se procese más rápidamente, pero cuanto mayor sea el precio, mayor será el costo total de la transacción.

En resumen, el gas es una unidad de medida que se utiliza para calcular el costo de realizar operaciones en la red Ethereum y otras criptomonedas similares. El costo de gas está diseñado para incentivar a los mineros a validar y procesar transacciones, y para garantizar que la red sea segura y eficiente.

GAVIN WOOD

Gavin Wood es un desarrollador de software y emprendedor británico conocido por su trabajo en el desarrollo de blockchain y criptomonedas. Es uno de los fundadores de la plataforma Ethereum y es el creador de Solidity, el lenguaje de programación utilizado para escribir contratos inteligentes en Ethereum.

Wood también es el fundador de Parity Technologies, una empresa de tecnología blockchain que ha desarrollado varios proyectos importantes en la industria, incluyendo la implementación de Ethereum llamada Parity Ethereum y la plataforma Polkadot.

Además de su trabajo en blockchain, Wood también ha sido reconocido por sus contribuciones al campo de la tecnología de sistemas distribuidos y ha publicado varios artículos y libros sobre el tema.

En resumen, Gavin Wood es un desarrollador de software y emprendedor que ha desempeñado un papel importante en el desarrollo de la tecnología blockchain y criptomonedas, incluyendo su trabajo en Ethereum y la creación de la plataforma Polkadot.

GEORGE LANE

George Lane fue un destacado analista técnico y trader estadounidense. Nació en 1921 en Montana y falleció en 2004. Lane es conocido por su trabajo en el desarrollo del Oscilador Estocástico, un indicador técnico utilizado en el análisis técnico para medir el impulso de un activo y la fuerza de una tendencia. Lane trabajó como analista técnico para E.F. Hutton durante muchos años y se convirtió en un defensor del análisis técnico como método para tomar decisiones de inversión. También escribió varios libros, incluido uno sobre el Oscilador Estocástico.

GHST

GHST es el token nativo de la plataforma Aavegotchi, un juego blockchain basado en la cadena de bloques Ethereum que combina la tecnología DeFi (finanzas descentralizadas) y los tokens no fungibles (NFTs) para crear una experiencia de juego única.

El token GHST se utiliza como medio de intercambio en la plataforma Aavegotchi, lo que permite a los jugadores comprar y vender Gotchis y otros activos digitales en el mercado NFT de Aavegotchi. Los titulares de GHST también tienen la posibilidad de participar en la gobernanza de la plataforma Aavegotchi y tomar decisiones sobre el futuro de la plataforma.

Además de su uso en Aavegotchi, GHST también tiene utilidad en otras plataformas de DeFi, ya que puede utilizarse como colateral para pedir prestado otras criptomonedas o tokens en préstamos descentralizados.

El suministro total de GHST está limitado a 33 millones de tokens y se distribuyen mediante una variedad de mecanismos, como subastas y recompensas por participación en la plataforma. Desde su lanzamiento en 2020, GHST ha ganado popularidad en la comunidad de criptomonedas y ha visto un aumento significativo en su precio y volumen de negociación.

GIVEAWAY

Un "giveaway" es un término inglés que se utiliza en el ámbito de las criptomonedas para referirse a una promoción o sorteo en el que se ofrecen criptomonedas o tokens de forma gratuita a cambio de realizar una acción específica.

Las acciones que se pueden requerir para participar en un "giveaway" pueden variar, pero suelen incluir compartir publicaciones en redes sociales, registrarse en una plataforma o suscribirse a un boletín informativo. En algunos casos, también se puede requerir la realización de una pequeña inversión o la posesión de cierta cantidad de una criptomoneda específica.

El objetivo de los "giveaways" es promocionar una criptomoneda o una plataforma en particular y atraer a nuevos usuarios. A menudo son utilizados por nuevas empresas o proyectos que buscan aumentar su base de usuarios y promocionarse en el mercado. Sin embargo, es importante tener en cuenta que los "giveaways" también pueden ser utilizados por estafadores para obtener información personal o dinero de las personas de manera fraudulenta, por lo que es importante investigar y verificar la autenticidad de cualquier "giveaway" antes de participar.

GOBERNANZA

En el contexto de blockchain, la gobernanza se refiere al proceso mediante el cual se toman decisiones sobre la evolución y el funcionamiento de una plataforma de blockchain. Esto incluye la toma de decisiones sobre cambios en el protocolo, la implementación de nuevas funciones y características, la asignación de recursos y la resolución de conflictos.

La gobernanza puede ser implementada de diferentes maneras en las diferentes plataformas de blockchain, pero generalmente se basa en un conjunto de reglas y procedimientos que permiten la participación de los usuarios de la red en la toma de decisiones.

Algunas plataformas de blockchain utilizan un enfoque más descentralizado en la gobernanza, en el que los usuarios individuales pueden proponer y votar sobre cambios en el protocolo y otras decisiones importantes. En otros casos, la gobernanza puede ser más centralizada, con un grupo de desarrolladores o una organización que tiene la responsabilidad final de tomar decisiones.

La gobernanza es importante para garantizar que una plataforma de blockchain evolucione de manera efectiva y satisfaga las necesidades de sus usuarios y partes interesadas. Además, una gobernanza transparente y participativa puede aumentar la confianza y la legitimidad de la plataforma de blockchain en general.

GPU

GPU es la sigla en inglés de "Graphics Processing Unit", o en español, "Unidad de Procesamiento Gráfico". Es un tipo especializado de procesador que se utiliza principalmente para acelerar el procesamiento de gráficos y cálculos matemáticos complejos, como los utilizados en juegos de video, animaciones, diseño gráfico, inteligencia artificial, minería de criptomonedas, entre otros.

Las GPU se diferencian de las CPU (Central Processing Unit) en que están diseñadas para realizar cálculos en paralelo, es decir, para procesar múltiples tareas simultáneamente, mientras que las CPU se enfocan en realizar tareas de procesamiento secuencial, una a la vez. Esto hace que las GPU sean capaces de realizar cálculos mucho más rápidos que las CPU en aplicaciones que requieren un gran número de cálculos simultáneos.

Las GPU se pueden encontrar tanto en tarjetas gráficas independientes como en procesadores integrados en algunas computadoras y dispositivos móviles. En el ámbito de la criptominería, las GPU son ampliamente utilizadas para la minería de criptomonedas como Ethereum, ya que pueden realizar cálculos complejos necesarios para la validación de transacciones mucho más rápidamente que las CPU convencionales.

GRÁFICO DE VELAS

Un gráfico de velas es una representación visual de la evolución del precio de un activo financiero, como una criptomoneda o una acción, durante un período de tiempo determinado. Este tipo de gráfico es muy popular en el análisis técnico de los mercados financieros.

Cada vela del gráfico de velas muestra la información de los precios de apertura, cierre, máximo y mínimo del activo en un intervalo de tiempo específico, que puede ser de minutos, horas, días o incluso semanas. La vela tiene una parte central llamada cuerpo, que muestra la diferencia entre el precio de apertura y cierre del activo en ese intervalo de tiempo. Además, cada vela tiene dos líneas, llamadas sombras, que representan el rango de precios entre el máximo y el mínimo durante el mismo período de tiempo.

En un gráfico de velas, las velas pueden ser de diferentes colores, dependiendo de si el precio del activo subió o bajó durante el período representado. Por ejemplo, si el precio de cierre de la vela es más alto que el precio de apertura, la vela suele ser de color verde o blanco, lo que indica un aumento de precio. Por otro lado, si el precio de cierre es más bajo que el precio de apertura, la vela suele ser de color rojo o negro, lo que indica una disminución de precio.

Los gráficos de velas pueden ser utilizados por los inversores y traders para analizar la tendencia del mercado y tomar decisiones de compra o venta de activos financieros. La interpretación de los patrones de velas puede proporcionar información sobre el sentimiento del mercado y la fuerza de la tendencia.

GRANJA

En el contexto de las criptomonedas, una granja se refiere a una instalación donde se alojan múltiples equipos de minería de criptomonedas, como rigs y servidores, para extraer grandes cantidades de criptomonedas de manera eficiente.

Las granjas de minería son un negocio muy lucrativo en el mundo de las criptomonedas, ya que permiten a los mineros obtener grandes ganancias al extraer grandes cantidades de criptomonedas en poco tiempo. Para maximizar la eficiencia, las granjas de minería se establecen en lugares donde la electricidad es barata, el clima es fresco y las condiciones de ventilación son adecuadas para mantener los equipos de minería a una temperatura constante.

Las granjas de minería pueden variar en tamaño desde pequeñas operaciones con unos pocos equipos de minería hasta enormes instalaciones con cientos o incluso miles de rigs y servidores. Para operar una granja de minería, se requiere una inversión significativa en términos de hardware, electricidad, espacio y personal técnico calificado para mantener los equipos en funcionamiento las 24 horas del día, los 7 días de la semana.

GREGORY MAXWELL

Gregory Maxwell es un programador e ingeniero de software estadounidense, conocido por ser uno de los principales desarrolladores y contribuyentes del protocolo Bitcoin. Maxwell ha estado involucrado en el desarrollo de Bitcoin y criptomonedas desde 2011 y ha realizado numerosas contribuciones significativas a la comunidad Bitcoin.

Antes de su trabajo en Bitcoin, Maxwell trabajó en la industria de la seguridad informática, enfocado en la criptografía y la investigación de vulnerabilidades en software y sistemas de seguridad. En Bitcoin, ha desempeñado un papel fundamental en el desarrollo de mejoras de seguridad y privacidad, como la implementación de la encriptación de claves privadas en Bitcoin Core, y también ha sido un defensor destacado de la descentralización y la transparencia en la comunidad de Bitcoin.

Maxwell es uno de los fundadores de la empresa Blockstream, una empresa de tecnología de criptomonedas que se enfoca en el desarrollo de infraestructura de Bitcoin y blockchain. Además de su trabajo en Bitcoin, Maxwell ha realizado contribuciones significativas en otros proyectos de criptomonedas y tecnología blockchain, como la creación del sistema de verificación de trabajo utilizado en la criptomoneda MimbleWimble.

En resumen, Gregory Maxwell es un programador e ingeniero de software estadounidense, conocido por ser uno de los principales desarrolladores y contribuyentes del protocolo Bitcoin. Ha desempeñado un papel fundamental en el desarrollo de mejoras de seguridad y privacidad en Bitcoin, y también es uno de los fundadores de la empresa Blockstream, que se enfoca en el desarrollo de infraestructura de criptomonedas y tecnología blockchain.

H

HALVING

El halving es un evento programado en el protocolo de algunas criptomonedas, como Bitcoin, que ocurre cada cierta cantidad de bloques minados. Durante este evento, la recompensa que los mineros reciben por cada bloque minado se reduce a la mitad.

Por ejemplo, en Bitcoin, el halving ocurre cada 210,000 bloques minados, lo que se traduce en un promedio de cuatro años. Cuando ocurre el halving, la recompensa para los mineros se reduce a la mitad, lo que significa que se emiten menos Bitcoins por cada bloque minado.

El objetivo del halving es controlar la inflación y asegurar que el suministro de la criptomoneda se mantenga bajo control. A medida que se reduce la cantidad de nuevas monedas que se emiten, se espera que la demanda por ellas aumente, lo que a su vez puede llevar a un aumento en el precio de la criptomoneda.

El halving es un evento muy esperado por los entusiastas de las criptomonedas, ya que se ha demostrado que históricamente ha tenido un impacto positivo en el precio de Bitcoin.

HARD FORK

Un hard fork es un cambio radical y permanente en el protocolo de un blockchain que hace que versiones anteriores de ese protocolo sean incompatibles. Esto significa que la cadena de bloques se divide en dos y se crean dos versiones separadas de la misma cadena, cada una con su propia historia de transacciones.

Cuando ocurre un hard fork, los nodos de la red deben actualizar su software para poder seguir participando en la red. Si un nodo no se actualiza, se quedará en la cadena antigua y no podrá validar las transacciones en la cadena nueva.

Los hard forks pueden ser causados por una variedad de razones, como desacuerdos entre los miembros de la comunidad sobre el rumbo que debe tomar una criptomoneda o la necesidad de corregir una vulnerabilidad crítica en el código.

HARMONY

Harmony es una plataforma de blockchain de alta velocidad y bajo costo que se enfoca en permitir aplicaciones descentralizadas (dApps) escalables y accesibles. La red de Harmony utiliza un consenso de prueba de participación efectiva (EPoS) y sharding para aumentar la velocidad y la eficiencia de la red. Esto permite a los desarrolladores crear y lanzar aplicaciones descentralizadas de manera más rápida y rentable. Harmony también es compatible con la interoperabilidad entre cadenas y tiene como objetivo ofrecer soluciones de escalabilidad que permitan la adopción masiva de blockchain. La criptomoneda nativa de Harmony es ONE.

HASH

Un hash es una función criptográfica que toma una entrada (también conocida como mensaje) y produce una cadena de caracteres alfanuméricos única y de longitud fija, que se denomina hash o resumen criptográfico.

Los algoritmos de hash se utilizan comúnmente en la tecnología blockchain para garantizar la integridad de los datos y la seguridad de la red. Cuando se crea un bloque en la cadena de bloques, se genera un hash para ese bloque utilizando el algoritmo de hash. Este hash se utiliza para vincular el bloque anterior a él en la cadena, creando así una cadena inmutable de bloques.

El hash es irreversible, lo que significa que no se puede volver a crear el mensaje a partir del hash. Además, cualquier pequeño cambio en el mensaje producirá un hash completamente diferente. Por lo tanto, los hashes son útiles para detectar si un mensaje ha sido modificado o si se ha producido algún error en la transmisión de datos.

En resumen, el hash es una función matemática que toma una entrada y la convierte en una cadena de caracteres única y de longitud fija, que se utiliza en la criptografía y en la tecnología blockchain para garantizar la seguridad y la integridad de los datos.

HASHFLOW

Hashflow es una plataforma de negociación de criptomonedas peer-to-peer (P2P) descentralizada que se ejecuta en la blockchain Ethereum. La plataforma se centra en proporcionar una solución para la falta de liquidez en los mercados de criptomonedas, conectando a los proveedores de liquidez con los comerciantes.

Hashflow utiliza contratos inteligentes para automatizar la negociación y la liquidación de operaciones entre los comerciantes y los proveedores de liquidez, lo que reduce la necesidad de intermediarios y aumenta la eficiencia del proceso de negociación. Los contratos inteligentes de Hashflow también permiten la ejecución de órdenes límite y de mercado, así como la agregación de órdenes en múltiples intercambios.

Además, Hashflow ofrece una solución para el problema de los deslizamientos de precios en los mercados de criptomonedas, que es un fenómeno común en los mercados ilíquidos. La plataforma utiliza un algoritmo de enrutamiento inteligente que busca el mejor precio disponible en múltiples intercambios para cada operación.

Hashflow se basa en la tecnología de la blockchain Ethereum, lo que significa que todas las transacciones y operaciones realizadas en la plataforma son públicas y transparentes. La plataforma también utiliza un sistema de gobernanza descentralizada que permite a los usuarios votar sobre decisiones importantes de la plataforma.

En resumen, Hashflow es una plataforma P2P descentralizada para la negociación de criptomonedas que se centra en la solución de problemas de liquidez y deslizamientos de precios en los mercados de criptomonedas. La plataforma utiliza contratos inteligentes y un algoritmo de enrutamiento inteligente para automatizar la negociación y la liquidación de operaciones, y se basa en la tecnología de la blockchain Ethereum para garantizar la transparencia y la seguridad de las transacciones.

HASH RATE

El hash rate, también conocido como tasa de hash, es la medida de la potencia de procesamiento de una red blockchain o de un dispositivo de minería de criptomonedas. Se mide en hashes por segundo (H/s), o en unidades más grandes como kilohashes (KH/s), megahashes (MH/s), gigahashes (GH/s) y terahashes (TH/s), dependiendo de la magnitud de la potencia de procesamiento.

En el contexto de la minería de criptomonedas, el hash rate se refiere a la cantidad de intentos de resolver el problema criptográfico que se realiza en una unidad de tiempo determinada. Cuanto mayor sea el hash rate, mayor será la capacidad de procesamiento de la red o del dispositivo de minería, lo que aumenta las posibilidades de que se encuentren nuevos bloques y se obtengan recompensas de minería.

El hash rate es un factor importante en la seguridad y el rendimiento de la red blockchain, ya que una red con un hash rate alto es menos vulnerable a los ataques de 51%, donde un atacante intenta controlar más del 50% del poder de procesamiento de la red para realizar actividades maliciosas.

HFT

HFT (High-Frequency Trading) es una estrategia de inversión que utiliza algoritmos informáticos para comprar y vender activos financieros en cuestión de milisegundos o incluso microsegundos. La idea detrás del HFT es aprovechar pequeñas fluctuaciones de precios en los mercados financieros para obtener ganancias rápidas.

Los algoritmos de HFT utilizan información en tiempo real de los mercados financieros, así como análisis técnico y estadístico avanzado, para tomar decisiones comerciales en cuestión de fracciones de segundo. Los inversores de HFT utilizan conexiones de alta velocidad a los mercados financieros, como las redes de fibra óptica, para minimizar el tiempo de retraso en la ejecución de las operaciones.

El HFT se utiliza principalmente en mercados financieros líquidos, como los mercados de divisas, bonos y acciones. Los inversores de HFT a menudo operan con grandes volúmenes de transacciones, con el objetivo de obtener pequeñas ganancias por cada operación. Estas pequeñas ganancias pueden acumularse rápidamente a lo largo del tiempo, lo que puede resultar en grandes ganancias.

El HFT es una técnica altamente especializada que requiere una gran inversión en tecnología, recursos y personal altamente calificado. También ha sido objeto de críticas y controversias, ya que algunos argumentan que puede causar volatilidad en los mercados financieros y aumentar el riesgo sistémico.

En resumen, HFT es una estrategia de inversión que utiliza algoritmos informáticos para comprar y vender activos financieros en fracciones de segundo, con el objetivo de aprovechar pequeñas fluctuaciones de precios en los mercados financieros. Es una técnica altamente especializada que requiere una gran inversión en tecnología y personal altamente calificado, y ha sido objeto de críticas y controversias.

HIGH

HIGH es el token nativo del protocolo HighStreet, una plataforma que permite a los usuarios invertir en acciones sintéticas de marcas populares y recibir recompensas por mantener estas inversiones a largo plazo. Los usuarios pueden depositar sus tokens ERC-20 y utilizarlos para adquirir acciones sintéticas de marcas populares, como Apple, Tesla, Amazon, entre otras. A medida que los usuarios mantienen sus inversiones, reciben recompensas en forma de tokens HIGH, que se pueden utilizar para comprar más acciones sintéticas o se pueden intercambiar en intercambios de criptomonedas. Además, los usuarios también pueden votar en propuestas de gobernanza del protocolo y obtener más tokens HIGH como recompensa por su participación activa en la comunidad.

HIGHSTREET

HighStreet es una plataforma de intercambio descentralizada (DEX) basada en la red de Ethereum que se centra en la creación de un mercado de tokens no fungibles (NFT) y la inversión en carteras de tokens.

El objetivo principal de HighStreet es crear un mercado eficiente y equitativo para los NFT, lo que permite a los usuarios intercambiarlos sin tener que preocuparse por el riesgo de perder dinero debido a la falta de liquidez en el mercado. Además, la plataforma también ofrece una experiencia de inversión única para los titulares de tokens, lo que les permite invertir en carteras de tokens creadas por otros usuarios y ganar recompensas por sus inversiones.

HighStreet utiliza una combinación de algoritmos de inteligencia artificial y machine learning para analizar y predecir el rendimiento de los tokens, lo que ayuda a los inversores a tomar decisiones informadas sobre sus inversiones. La plataforma también cuenta con una comunidad activa de usuarios que comparten sus estrategias y conocimientos para ayudar a otros usuarios a obtener el máximo beneficio de sus inversiones en tokens.

HODL

HODL es un término popular en el mundo de las criptomonedas que se refiere a la estrategia de "mantener" o "aguantar" las criptomonedas a largo plazo, en lugar de venderlas rápidamente en respuesta a la volatilidad del mercado.

La palabra "HODL" se originó a partir de un error tipográfico en un mensaje de un foro en línea de Bitcoin en 2013, donde un usuario escribió "I AM HODLING" en lugar de "I AM HOLDING" (estoy sosteniendo). Desde entonces, HODL se ha convertido en un término popular en la comunidad de criptomonedas, y se utiliza a menudo para describir a los inversores que confían en el valor a largo plazo de las criptomonedas y no se dejan intimidar por la volatilidad a corto plazo del mercado.

La estrategia de HODL puede ser arriesgada en el corto plazo debido a la volatilidad del mercado de criptomonedas, pero algunos inversores creen que a largo plazo, el valor de las criptomonedas aumentará significativamente debido a su naturaleza descentralizada, su oferta limitada y su creciente adopción.

HONEYPOT

En el contexto de la ciberseguridad, un honeypot es un sistema o dispositivo diseñado para simular vulnerabilidades de seguridad y atraer a los atacantes para que interactúen con él. El objetivo de un honeypot es recopilar información sobre los atacantes, sus técnicas y herramientas, para que los defensores de la seguridad puedan utilizar esta información para mejorar la seguridad de sus sistemas.

Los honeypots se pueden configurar de diferentes maneras, desde simples archivos que simulan una vulnerabilidad hasta sistemas completos que imitan una red empresarial real. Los honeypots también se pueden clasificar en función de su interactividad: un honeypot de baja interactividad simula un sistema o servicio que es poco probable que sea atacado directamente, mientras que un honeypot de alta interactividad simula un sistema o servicio que es más probable que sea atacado.

Aunque los honeypots no previenen los ataques por sí mismos, pueden ser una herramienta valiosa para la detección y el análisis de amenazas, así como para la mejora de la seguridad en general.

HOT WALLET

Un "hot wallet" (o "monedero caliente") es una forma de almacenamiento de criptomonedas que se realiza de forma online o conectada a internet, lo que permite un acceso rápido y fácil a los fondos.

A diferencia de los "cold wallets" o monederos fríos, que se mantienen desconectados de la red para mejorar la seguridad, los hot wallets son monederos digitales que están conectados a internet y pueden ser utilizados para realizar transacciones en tiempo real.

Los hot wallets son ideales para el uso diario de las criptomonedas, ya que proporcionan una forma rápida y sencilla de acceder a los fondos y realizar pagos o transacciones. Sin embargo, tienen la desventaja de ser menos seguros que los cold wallets debido a que están expuestos a posibles amenazas cibernéticas, como ataques informáticos, malware o phishing.

Es recomendable utilizar hot wallets únicamente para pequeñas cantidades de criptomonedas o para transacciones frecuentes, mientras que las cantidades más grandes deberían ser almacenadas en cold wallets para aumentar la seguridad de los fondos.

I

IBC

IBC son las siglas de "Inter-Blockchain Communication" (Comunicación Inter-Blockchain, en español). Es un protocolo de comunicación descentralizado que permite la interoperabilidad entre diferentes cadenas de bloques o blockchains.

Con IBC, es posible enviar y recibir tokens y otros datos entre diferentes blockchains que utilizan este protocolo, lo que significa que las aplicaciones descentralizadas (dApps) y otros servicios pueden comunicarse y colaborar entre sí en diferentes cadenas de bloques.

IBC se desarrolló originalmente como parte de la red de blockchain Cosmos, pero ahora está disponible para ser utilizado por cualquier blockchain que desee implementarlo.

ICO

ICO significa "Initial Coin Offering" (Oferta Inicial de Moneda, en español). Se trata de una forma de financiamiento colectivo (crowdfunding) que se utiliza para recaudar fondos para proyectos relacionados con las criptomonedas y la tecnología blockchain.

En una ICO, una empresa o un proyecto emiten una nueva criptomoneda o un token y los ofrecen en venta al público a cambio de otras criptomonedas, como Bitcoin o Ethereum. Los inversores pueden comprar los tokens durante la fase inicial de la oferta, en la que suelen ofrecerse precios más bajos. Los fondos recaudados se utilizan para financiar el desarrollo del proyecto, y los inversores pueden beneficiarse si el proyecto tiene éxito y el valor de los tokens aumenta en el futuro.

Las ICO han sido utilizadas como una forma popular de recaudación de fondos para proyectos de blockchain, ya que permiten a las empresas recaudar grandes cantidades de fondos de manera rápida y eficiente. Sin embargo, también han sido criticadas por su falta de regulación y transparencia, lo que ha llevado a la estafa y a la falta de éxito en algunos casos.

IDO

IDO es la sigla en inglés de "Initial DEX Offering", que se refiere a una forma de financiamiento colectivo de criptomonedas que se realiza a través de una plataforma de intercambio descentralizada (DEX). En un IDO, los proyectos de criptomonedas ofrecen su token para la venta directamente en una DEX a los usuarios que están interesados en invertir. Los IDO se han vuelto populares en la industria de las criptomonedas como una forma más accesible y descentralizada de obtener financiamiento en comparación con las ofertas iniciales de monedas (ICO) o las ofertas públicas de venta (IPO) tradicionales.

IEO

IEO significa "Initial Exchange Offering" (Oferta Inicial de Intercambio, en español). Es una forma de financiamiento colectivo (crowdfunding) similar a una ICO, pero en lugar de que los tokens se vendan directamente al público, se lleva a cabo a través de una plataforma de intercambio de criptomonedas.

En una IEO, la plataforma de intercambio actúa como intermediario y realiza la venta de los tokens a los inversores en nombre del proyecto o empresa que los emite. El proyecto o empresa se encarga de proporcionar los tokens a la plataforma de intercambio, y la plataforma se encarga de verificar a los inversores y garantizar que cumplan con los requisitos necesarios para participar en la IEO.

La IEO tiene algunas ventajas en comparación con la ICO tradicional, ya que la plataforma de intercambio se encarga de verificar a los inversores y de garantizar que cumplan con los requisitos necesarios, lo que aumenta la seguridad para los inversores y reduce el riesgo de fraude. Además, la plataforma de intercambio también puede proporcionar liquidez para los tokens después de la venta, lo que puede ser beneficioso para los inversores.

Sin embargo, también hay algunas desventajas en la IEO, ya que los proyectos pueden estar limitados a la lista de intercambio que los respalda, lo que limita la exposición a nuevos inversores potenciales. Además, la plataforma de intercambio también puede cobrar tarifas más altas que en una ICO tradicional.

IFINEX

iFinex es una empresa matriz que opera varias plataformas de intercambio de criptomonedas, incluyendo Bitfinex y Ethfinex. La empresa fue fundada en 2012 y tiene su sede en Hong Kong.

Bitfinex es una de las plataformas de intercambio de criptomonedas más populares en el mercado, mientras que Ethfinex es una plataforma más pequeña que se centra en el trading de tokens ERC-20 basados en Ethereum.

Además de operar plataformas de intercambio de criptomonedas, iFinex también ha lanzado su propio token nativo llamado LEO, que se utiliza como una forma de pago en las plataformas de Bitfinex y Ethfinex. LEO se emitió en mayo de 2019 y se basa en la blockchain de Ethereum como un token ERC-20.

iFinex ha estado involucrada en varias controversias a lo largo de los años, incluyendo un incidente en 2016 en el que se informó que Bitfinex había perdido alrededor de $72 millones en Bitcoin debido a un hackeo. En 2018, se informó que iFinex estaba siendo investigada por el Departamento de Justicia de los Estados Unidos por supuestamente manipular el precio de Bitcoin en su plataforma. Sin embargo, iFinex ha seguido operando y expandiendo sus plataformas de intercambio de criptomonedas.

IFO

IFO significa "Initial Farm Offering" y se refiere a un tipo de oferta inicial de tokens en una plataforma de finanzas descentralizadas (DeFi). En resumen, un IFO permite a los usuarios obtener tokens de un nuevo proyecto DeFi en el que se han invertido fondos.

En un IFO, los usuarios compran un token específico, a menudo utilizando otra criptomoneda como Ethereum (ETH) o Binance Coin (BNB). El token comprado en el IFO a menudo tiene un valor fijo en la moneda utilizada para comprarlo. Por ejemplo, un token IFO puede venderse a un valor fijo de 0,1 ETH por token.

Una vez que se completa la venta del token, se distribuyen los fondos recaudados al proyecto DeFi en cuestión. A cambio, los usuarios que compraron tokens IFO reciben tokens del proyecto DeFi que se venderán en la plataforma de DeFi correspondiente. Los usuarios pueden luego mantener estos tokens o venderlos en un intercambio de criptomonedas para obtener ganancias.

En resumen, un IFO es una forma de obtener tokens de un nuevo proyecto DeFi en el que se han invertido fondos. Los usuarios compran un token específico a un valor fijo utilizando otra criptomoneda, y en cambio reciben tokens del proyecto DeFi que se venderán en la plataforma de DeFi correspondiente.

IGO

Initial Game Offering (IGO) es un término que se refiere a una forma de financiamiento colectivo para proyectos de juegos, en el que los inversores reciben tokens o monedas virtuales a cambio de su inversión en el proyecto. Estos tokens pueden luego ser utilizados dentro del juego o intercambiados en plataformas de intercambio de criptomonedas. La IGO es similar a la ICO (Oferta Inicial de Moneda), pero se enfoca específicamente en el financiamiento de proyectos de juegos en línea.

ILLUVIUM

Illuvium es un videojuego de rol de mundo abierto basado en la tecnología blockchain que se desarrolla en la red Ethereum. En este juego, los jugadores pueden recolectar, criar y luchar con criaturas virtuales llamadas Illuvials, que se generan de forma autónoma y única en la cadena de bloques. El proyecto tiene como objetivo crear un ecosistema de juegos y economía en el que los jugadores puedan ganar recompensas en criptomonedas por sus acciones y contribuciones en el juego. La criptomoneda nativa del juego es ILV y se utiliza como medio de intercambio para transacciones dentro del ecosistema del juego.

ILV

ILV es el símbolo o token nativo de la red Illuvium. Illuvium es un juego de rol multijugador en línea construido sobre la cadena de bloques Ethereum. ILV se utiliza como un medio de intercambio en el ecosistema de Illuvium, lo que permite a los usuarios comprar, vender e intercambiar elementos del juego, así como participar en la gobernanza del protocolo. Además, los jugadores pueden obtener ILV al completar ciertas tareas en el juego, como completar misiones o derrotar a jefes de nivel alto.

IMMUTABLE X

Immutable X es una solución de escalado de capa 2 que se ejecuta en la cadena de bloques Ethereum y se centra en la escalabilidad y la rapidez de las transacciones en la red. Su objetivo es permitir transacciones rápidas, seguras y de bajo costo en la cadena de bloques Ethereum, lo que hace posible que las aplicaciones descentralizadas (dApps) puedan ofrecer una experiencia de usuario sin fricciones. Además, Immutable X es una solución de escalado de capa 2 que utiliza el protocolo zk-rollup para agrupar y comprimir transacciones en una sola transacción en la cadena de bloques Ethereum, lo que permite un alto rendimiento y una mayor eficiencia en la gestión de transacciones. La criptomoneda nativa de Immutable X es el IMX.

IMPERMANENT LOSS

El "impermanent loss" es un fenómeno que puede ocurrir cuando se provee liquidez en intercambios automatizados de criptomonedas (AMM), como Uniswap o SushiSwap.

En una piscina de liquidez, los usuarios pueden depositar valores iguales de dos criptomonedas diferentes para proveer liquidez y obtener una parte de las tarifas de transacción. El problema con la provisión de liquidez es que los precios de las criptomonedas pueden cambiar en el mercado, lo que puede afectar el valor de la participación de los usuarios en la piscina.

Si el precio de las criptomonedas cambia significativamente después de que los usuarios hayan depositado su dinero, el valor de su participación en la piscina también puede cambiar, lo que puede resultar en pérdidas. Estas pérdidas se conocen como "impermanent loss" o pérdida impermanente. El término "impermanent" se refiere al hecho de que las pérdidas son temporales y pueden disminuir a medida que los precios de las criptomonedas se estabilizan en el mercado.

IMX

IMX es el token nativo de Immutable X, una solución de capa 2 para Ethereum que se centra en la escalabilidad y la reducción de costos de transacción. IMX se utiliza como un medio de pago para cubrir las tarifas de gas en la red de Immutable X, así como para recompensar a los validadores que proporcionan servicios de validación en la red. IMX también se utiliza como un medio de gobernanza en la red, lo que permite a los titulares de tokens participar en la toma de decisiones sobre el futuro desarrollo de la plataforma.

INDICADOR

En el contexto del trading, un indicador es una herramienta utilizada para analizar y medir la dirección y la fuerza de una tendencia en el mercado financiero. Los indicadores se utilizan para ayudar a los traders a tomar decisiones informadas al identificar patrones y tendencias en los datos históricos de precios y volúmenes de operaciones. Algunos ejemplos de indicadores comunes incluyen el promedio móvil, el índice de fuerza relativa (RSI), el oscilador estocástico, el MACD (Moving Average Convergence Divergence) y el Bollinger Bands. Cada indicador tiene su propio enfoque y métodos de cálculo para proporcionar información sobre el mercado.

INFLACIÓN

La inflación es un aumento generalizado y sostenido de los precios de los bienes y servicios en una economía. Es decir, cuando los precios de la mayoría de los bienes y servicios que se venden en una economía aumentan durante un período de tiempo determinado.

La inflación puede ser causada por una variedad de factores, como el aumento de los costos de producción, la disminución de la oferta de bienes y servicios, el aumento de la demanda de los consumidores, la depreciación de la moneda y la política monetaria expansiva de los bancos centrales.

Un nivel moderado de inflación puede ser beneficioso para una economía, ya que puede estimular la producción y el gasto. Sin embargo, si la inflación se vuelve demasiado alta, puede tener efectos negativos, como la disminución del poder adquisitivo de la moneda, la reducción del valor de los ahorros y la disminución de la confianza de los consumidores y los inversores.

Para controlar la inflación, los bancos centrales pueden ajustar las tasas de interés y la oferta de dinero en circulación en la economía, a través de la política monetaria.

INPUT

En el contexto de las criptomonedas, un "input" es una cantidad de criptomoneda que se utiliza para financiar una transacción. En otras palabras, los inputs son las fuentes de fondos que se utilizan para enviar criptomonedas desde una dirección de origen a una o varias direcciones de destino en una transacción.

Cada input está vinculado a una dirección específica de la red de criptomonedas, y representa una cantidad específica de criptomonedas que se han recibido en esa dirección anteriormente. Cuando se crea una nueva transacción, se seleccionan uno o varios inputs para financiar la transacción, y se especifican uno o varios outputs que reciben las criptomonedas enviadas.

Es importante tener en cuenta que, en una transacción de criptomonedas, el total de los inputs debe ser igual o mayor que el total de los outputs, ya que las criptomonedas no pueden ser creadas de la nada. Además, cada input debe ser desbloqueado mediante la introducción de la clave privada asociada con la dirección de origen correspondiente, para demostrar que el propietario de la dirección ha autorizado la transacción.

INTEROPERABILIDAD

La interoperabilidad en el contexto de blockchain se refiere a la capacidad de diferentes blockchains o sistemas de blockchain para interactuar y comunicarse entre sí. En otras palabras, la interoperabilidad permite a diferentes blockchains intercambiar información y datos de forma fluida y segura, incluso si utilizan diferentes protocolos y tecnologías.

La interoperabilidad es importante porque hay muchas blockchains diferentes, cada una con sus propias características y ventajas. Si todas estas blockchains pudieran interoperar, los usuarios podrían aprovechar las ventajas de cada una y hacer que la tecnología blockchain sea más útil y efectiva. Además, la interoperabilidad podría permitir la creación de soluciones más complejas y sofisticadas, como aplicaciones descentralizadas que abarquen varias blockchains.

INVERSIÓN DUAL

La "inversión dual" (dual investment en inglés) es una estrategia de inversión en la que se invierte en dos activos que están altamente correlacionados, pero que tienen una relación inversa entre sí. Por ejemplo, se podría invertir en oro y en el dólar estadounidense, ya que históricamente se ha observado que cuando el precio del oro sube, el valor del dólar tiende a bajar, y viceversa.

El objetivo de la inversión dual es reducir el riesgo de la cartera y aumentar la estabilidad de los rendimientos, ya que si un activo experimenta una caída en su precio, es posible que el otro experimente una subida que compense las pérdidas. Sin embargo, es importante tener en cuenta que esta estrategia no garantiza ganancias y siempre existen riesgos asociados a cualquier inversión.

IOHK

IOHK (Input Output Hong Kong) es una empresa de investigación y desarrollo de tecnologías blockchain que fue fundada en 2015 por el científico de la computación y criptógrafo Charles Hoskinson y Jeremy Wood. IOHK es una de las tres entidades principales que apoyan y desarrollan la plataforma de blockchain de Cardano, junto con la Fundación Cardano y Emurgo.

La misión de IOHK es desarrollar tecnologías de blockchain avanzadas y aplicaciones descentralizadas para resolver problemas reales en diversos sectores. Para lograr esto, IOHK emplea a un equipo de expertos en criptografía, informática, matemáticas y otros campos relacionados, y trabaja en estrecha colaboración con académicos e investigadores para desarrollar nuevas tecnologías y mejoras en el protocolo de la plataforma.

IOHK también es responsable de la implementación del protocolo de consenso de Cardano llamado Ouroboros, que utiliza una prueba de participación delegada para validar las transacciones en la red de Cardano. Ouroboros es un protocolo altamente escalable y seguro que ha sido objeto de múltiples revisiones académicas y ha sido comparado favorablemente con otros protocolos de consenso.

En general, IOHK juega un papel importante en el desarrollo y la promoción de la plataforma de blockchain de Cardano, y su trabajo ayuda a asegurar un futuro próspero para la tecnología de blockchain y criptomonedas en general. Además, IOHK también trabaja en otros proyectos de blockchain y criptomonedas, y su experiencia y conocimientos son ampliamente respetados en la industria.

IPFS

IPFS significa "InterPlanetary File System" (Sistema de Archivos Interplanetario, en español). Es un protocolo de red descentralizado que permite el almacenamiento y la distribución de archivos a través de una red de nodos. Fue creado por Juan Benet en 2014 y está diseñado para ser una alternativa al sistema de archivos basado en la web actual, que a menudo es centralizado y propenso a la censura y la pérdida de datos.

En IPFS, los archivos se dividen en pequeños fragmentos, cada uno de los cuales se almacena en múltiples nodos en la red. Cada fragmento se cifra y se le asigna una dirección única basada en su contenido. Cuando un usuario quiere acceder a un archivo, solicita el fragmento correspondiente a cada dirección de la red y los reúne en su dispositivo para reconstruir el archivo completo.

IPFS tiene algunas ventajas en comparación con los sistemas de archivos tradicionales, ya que proporciona una forma descentralizada y resistente a la censura para almacenar y compartir archivos en línea. También puede ser más eficiente en términos de ancho de banda y almacenamiento, ya que los archivos solo se almacenan una vez en la red y se pueden acceder desde múltiples ubicaciones.

IPFS se ha utilizado en una variedad de aplicaciones, incluyendo el almacenamiento de datos de aplicaciones descentralizadas (dApps), la distribución de contenido multimedia, y la creación de sitios web estáticos y aplicaciones web descentralizadas.

IPO

IPO (Initial Public Offering) es un proceso en el cual una empresa privada ofrece por primera vez sus acciones al público en general, para recaudar capital y financiar sus operaciones futuras. Al hacerlo, la empresa pasa de ser una compañía privada a una empresa pública, lo que significa que las acciones de la empresa ahora pueden ser compradas y vendidas por cualquier persona en el mercado de valores. Los IPOs son una forma común de financiamiento para empresas que buscan expandirse y crecer a través de la inversión de capital de los inversores.

J

JAE KWON

Jae Kwon es un desarrollador de software e ingeniero informático esta-dounidense, conocido por ser el fundador de la red blockchain Cosmos y la empresa de desarrollo de software Tendermint Inc. También es cofundador de la Interchain Foundation, que supervisa el desarrollo y la promoción de la red Cosmos. Kwon es un defensor del uso de tecnologías blockchain y crip-tomonedas para crear un sistema financiero más descentralizado e inclusivo. Antes de fundar Tendermint y Cosmos, Kwon trabajó como ingeniero de soft-ware en varias empresas de tecnología en Silicon Valley, incluyendo Google.

JEREMY WOOD

Jeremy Wood es un empresario y experto en tecnología blockchain que es conocido por ser uno de los fundadores de la empresa de investigación y desarrollo de blockchain IOHK (Input Output Hong Kong). Junto con Char-les Hoskinson, Wood cofundó IOHK en 2015 con el objetivo de desarrollar tecnologías de blockchain avanzadas y aplicaciones descentralizadas para resolver problemas reales en diversos sectores.

Antes de cofundar IOHK, Wood trabajó en varios proyectos de tecnología y consultoría en todo el mundo, incluyendo la construcción de un sistema de pagos móviles en Tanzania y la creación de una plataforma de crowdfunding en el Reino Unido. También ha sido un defensor de la tecnología blockchain y criptomonedas desde sus primeros días, y ha hablado y escrito extensamente sobre el potencial de la tecnología para transformar diversos sectores.

Como cofundador de IOHK, Wood ha desempeñado un papel clave en la dirección estratégica de la empresa y en la construcción de su equipo de expertos en criptografía, informática, matemáticas y otros campos relacio-nados. En particular, Wood ha sido un defensor de la colaboración entre la industria blockchain y la academia, y ha trabajado en estrecha colaboración con académicos e investigadores para desarrollar nuevas tecnologías y mejoras en el protocolo de la plataforma de blockchain de Cardano.

JOE LAU

Joe Lau es un emprendedor y empresario estadounidense que es conocido por ser el cofundador de la plataforma de infraestructura blockchain Alchemy.

Lau se graduó con una licenciatura en Ciencias de la Computación de la Universidad de Stanford en 2012. Después de la universidad, trabajó en varias startups tecnológicas, incluyendo una empresa de análisis de datos llamada Ayasdi, donde trabajó como ingeniero de software.

En 2017, Lau cofundó Alchemy junto con Nikil Viswanathan, con el objetivo de proporcionar herramientas y servicios para desarrolladores que trabajan en aplicaciones descentralizadas (dApps) en blockchain. La plataforma Alchemy ha ganado popularidad en la comunidad de criptomonedas y ha sido adoptada por varias compañías de criptomonedas y fintech.

En 2021, Lau fue incluido en la lista Forbes 30 under 30 en la categoría de tecnología empresarial.

JOSEPH POON

Joseph Poon es un programador y criptógrafo que ha realizado importantes contribuciones al desarrollo de la tecnología blockchain y las criptomonedas. Es conocido por ser uno de los creadores de la solución de escalabilidad de Capa 2 llamada Plasma, junto con Vitalik Buterin, el fundador de Ethereum.

Además de Plasma, Poon también es conocido por ser el creador del protocolo Lightning Network, que es una solución de escalabilidad de Capa 2 para Bitcoin que permite transacciones más rápidas y económicas mediante el uso de canales de pago bidireccionales.

Poon también ha trabajado en otros proyectos relacionados con blockchain y criptomonedas, como el desarrollo de carteras de criptomonedas, la implementación de contratos inteligentes y la investigación en privacidad y seguridad.

En general, Joseph Poon es considerado una figura importante en el mundo de las criptomonedas y ha realizado importantes contribuciones al desarrollo de soluciones de escalabilidad que buscan mejorar el rendimiento y la eficiencia de las redes blockchain.

JSON

JSON (JavaScript Object Notation) es un formato de intercambio de datos ligero y de fácil lectura y escritura. Es utilizado para transmitir datos estructurados entre diferentes sistemas, siendo un formato de datos muy común en aplicaciones web.

JSON se basa en un conjunto de pares de clave-valor, donde cada clave es una cadena y cada valor puede ser de cualquier tipo de datos, como números, cadenas, objetos, arreglos y valores booleanos. Es similar a XML, pero tiene una sintaxis más simple y es más fácil de leer y escribir.

JSON es compatible con muchos lenguajes de programación y es ampliamente utilizado en aplicaciones web para intercambiar datos entre el cliente y el servidor. También se utiliza en sistemas de almacenamiento de datos, como bases de datos no relacionales y sistemas de almacenamiento en caché.

JUAN BENET

Juan Benet es un científico de la computación y empresario estadounidense, nacido en España, conocido por ser el fundador de la empresa de tecnología Protocol Labs, la cual es responsable del desarrollo de proyectos como IPFS (InterPlanetary File System) y Filecoin. Benet ha sido reconocido por su trabajo en el campo de la computación distribuida, y ha sido incluido en la lista Forbes 30 menores de 30 en tecnología en 2015. También ha obtenido una maestría y doctorado en Ciencias de la Computación de la Universidad de Stanford.

JUSTIN SUN

Justin Sun es un emprendedor y empresario chino, conocido por ser el fundador de la plataforma de blockchain Tron. Sun es un exalumno de la Universidad de Pensilvania y de la Universidad de Pekín, donde estudió economía y ciencias políticas.

Antes de fundar Tron, Sun trabajó como representante jefe de Ripple en China. También fundó la aplicación de intercambio de contenidos Peiwo, que se utilizó como base para el desarrollo de la plataforma Tron.

Sun ha sido reconocido en varias ocasiones por su trabajo en el campo de la tecnología blockchain y ha sido incluido en varias listas de jóvenes líderes empresariales y tecnológicos. También ha sido objeto de controversias en el pasado, incluyendo acusaciones de plagio y controversias relacionadas con la cancelación de una cena benéfica con Warren Buffett en 2019.

K

KEYSTORE

Keystore es un archivo de almacenamiento de claves que se utiliza para proteger las claves privadas utilizadas en criptomonedas y otros sistemas de seguridad. Una keystore puede contener una o varias claves privadas, que son utilizadas para firmar transacciones y autenticar la propiedad de una cuenta en un sistema criptográfico.

En el contexto de las criptomonedas, las keystores son a menudo generadas por monederos o carteras digitales (wallets), y pueden ser protegidas por una contraseña. Esta contraseña es requerida cada vez que se quiere utilizar la clave privada almacenada en la keystore, lo que significa que la keystore es un método de seguridad importante para proteger los fondos criptográficos de los usuarios.

Existen diferentes formatos de keystore, como UTC-JSON, que es utilizado por Ethereum y otros sistemas criptográficos. Es importante guardar una copia de seguridad de la keystore en un lugar seguro y mantener la contraseña de la keystore en un lugar seguro y privado, ya que perder la keystore o la contraseña puede resultar en la pérdida permanente de los fondos criptográficos almacenados en ella.

KIN

KIN es una criptomoneda descentralizada basada en la cadena de bloques Ethereum que fue desarrollada por la empresa canadiense Kik Interactive Inc. en 2017. KIN fue diseñada para ser utilizada como una moneda digital en aplicaciones y servicios en línea, y su objetivo principal es facilitar las transacciones y pagos entre usuarios de estas aplicaciones.

KIN fue creada como una alternativa a los métodos tradicionales de pago en línea, como las tarjetas de crédito y los sistemas de pago electrónico, que a menudo cobran altas comisiones y tienen limitaciones en cuanto a la cantidad de dinero que se puede transferir. KIN permite transacciones rápidas y seguras a través de la cadena de bloques Ethereum, y sus tarifas de transacción son significativamente más bajas que las de las soluciones de pago tradicionales.

KIN es una moneda digital única en el sentido de que se puede ganar a través de actividades en línea, como completar encuestas, ver anuncios y participar en juegos en línea. Kik Interactive lanzó una oferta inicial de monedas (ICO) en 2017 para financiar el desarrollo de KIN, y actualmente se puede comprar y vender en varios intercambios de criptomonedas.

Desde su lanzamiento, KIN ha sido adoptado por varias aplicaciones populares, incluyendo Kik, Perfect365 y Madlipz, como forma de pago y recompensa para los usuarios. La comunidad de KIN continúa creciendo y su tecnología ha sido utilizada en el desarrollo de otras aplicaciones y servicios en línea.

KNC

KNC es el símbolo nativo de la red Kyber Network, que es un protocolo descentralizado para intercambio de criptomonedas y tokens en la cadena de bloques Ethereum y otras cadenas de bloques. KNC se utiliza para pagar tarifas en la red Kyber Network y también se utiliza como incentivo para los proveedores de liquidez que contribuyen a la red.

KSM

KSM es el token nativo de la red blockchain Kusama. Kusama es una red blockchain de código abierto y experimental diseñada para ser una plataforma de prueba para proyectos de blockchain y aplicaciones descentralizadas (dApps) antes de su implementación en la cadena de bloques de Polkadot.

KSM es una criptomoneda que se utiliza para pagar las tarifas de transacción y como incentivo para los validadores que mantienen la red Kusama segura y estable mediante el mecanismo de consenso de prueba de participación (PoS). Los titulares de KSM también pueden participar en la gobernanza de la red, votando sobre propuestas de actualización de la red y otros cambios.

Al igual que otras criptomonedas, el precio de KSM está determinado por la oferta y la demanda en los mercados de intercambio de criptomonedas. El precio de KSM ha sido volátil en el pasado, pero ha experimentado un aumento significativo desde su lanzamiento en 2019, lo que refleja el creciente interés en la tecnología de Polkadot y sus proyectos relacionados.

KUSAMA

Kusama es una red blockchain experimental de código abierto diseñada para ser una plataforma de prueba para proyectos de blockchain y aplicaciones descentralizadas (dApps) antes de su implementación en la cadena de bloques de Polkadot. Fue creada por los cofundadores de Polkadot, incluyendo a Gavin Wood, para proporcionar una red de pruebas más rápida y ágil para la comunidad de desarrolladores de blockchain.

Kusama se basa en la misma tecnología que Polkadot, incluyendo su sistema de consenso de prueba de participación (PoS) y su arquitectura de parachains. Sin embargo, se diferencia de Polkadot en que se enfoca en la innovación y la experimentación, y permite a los desarrolladores probar nuevas aplicaciones y soluciones sin comprometer la estabilidad y seguridad de la cadena de bloques principal.

Además, Kusama tiene su propia criptomoneda llamada KSM, que se utiliza para pagar las tarifas de transacción y como incentivo para los validadores que mantienen la red. La comunidad de Kusama también es conocida por ser más experimental y arriesgada que la de Polkadot, ya que están dispuestos a probar nuevas tecnologías y soluciones sin preocuparse tanto por la estabilidad de la red.

En resumen, Kusama es una red blockchain experimental de código abierto diseñada para ser una plataforma de prueba para proyectos de blockchain y dApps antes de su implementación en la cadena de bloques de Polkadot. Es similar a Polkadot en su tecnología y arquitectura de parachains, pero se enfoca en la innovación y la experimentación.

KYBER NETWORK

Kyber Network es un protocolo de liquidez descentralizado y sin custodia que permite intercambios instantáneos entre criptomonedas y tokens. La plataforma utiliza un modelo de "reservas" que permite a los usuarios convertir una criptomoneda en otra sin tener que realizar una transacción en una bolsa centralizada. En lugar de eso, Kyber Network utiliza una red de nodos para buscar la mejor tasa de cambio disponible en el mercado y llevar a cabo la transacción en cuestión de segundos. Los usuarios también pueden agregar sus propias reservas al protocolo, lo que les permite ganar tarifas por proporcionar liquidez al mercado. Kyber Network también permite la integración de su protocolo en otras aplicaciones y plataformas de terceros. La criptomoneda nativa de Kyber Network es KNC.

KYC

KYC (Know Your Customer) es un proceso de verificación de identidad que se utiliza para confirmar la identidad de los usuarios de servicios financieros y comerciales. En el contexto de las criptomonedas, KYC se refiere a los procesos de verificación de identidad que se utilizan para cumplir con las regulaciones de las agencias gubernamentales y proteger a los usuarios contra el lavado de dinero y el financiamiento del terrorismo.

Las empresas que ofrecen servicios relacionados con criptomonedas, como exchanges, proveedores de billeteras y plataformas de negociación, suelen requerir KYC para cumplir con las regulaciones y garantizar que los usuarios sean quienes dicen ser. Esto suele implicar la presentación de documentos de identidad y prueba de residencia, así como la verificación de la información personal a través de bases de datos y verificaciones en línea.

El KYC es un proceso importante para garantizar la seguridad y la legalidad de las transacciones y puede ayudar a prevenir el fraude y otros delitos financieros. Sin embargo, también puede ser visto como un obstáculo para la privacidad y la libertad financiera, y algunos defensores de las criptomonedas argumentan que los requisitos de KYC pueden limitar el acceso de las personas a servicios financieros y reducir la privacidad de las transacciones.

LAUNCHPAD

Un "launchpad" es una plataforma que se utiliza para lanzar nuevos proyectos, generalmente en el ámbito de las criptomonedas o de la tecnología blockchain. En el contexto de las criptomonedas, un launchpad es una plataforma que permite a los proyectos recaudar fondos y lanzar sus tokens mediante una oferta inicial de monedas (ICO) o una oferta de monedas inicial (IDO).

Un launchpad es una plataforma en la que los proyectos pueden publicar información sobre sus objetivos, equipo, tecnología, hoja de ruta y cualquier otro aspecto relevante. También permite a los inversores potenciales ver y analizar estos detalles para decidir si desean invertir en el proyecto.

Además de facilitar el lanzamiento de nuevos proyectos, algunos launchpads también pueden ofrecer servicios adicionales, como una plataforma de intercambio integrada, asesoramiento en marketing, asesoramiento jurídico y auditorías de seguridad. Algunos ejemplos de launchpads en el ecosistema criptográfico incluyen Binance Launchpad, Polkastarter, DuckStarter y Launchpool.

LAUNCHPOOL

Launchpool es una plataforma de staking y farming de criptomonedas que permite a los usuarios obtener recompensas en tokens adicionales al participar en pools de liquidez. Los usuarios pueden depositar sus criptomonedas en un pool de staking o farming y recibir tokens de recompensa adicionales como incentivo.

Launchpool es una plataforma de DeFi (Finanzas Descentralizadas) construida en la red Binance Smart Chain (BSC) y cuenta con una amplia gama de proyectos asociados que ofrecen tokens de recompensa para los usuarios que participan en sus pools de liquidez. Los proyectos pueden utilizar la plataforma Launchpool para recaudar fondos y aumentar la liquidez de sus tokens.

Además de los pools de staking y farming, Launchpool también ofrece otros servicios, como votaciones de gobernanza y lanzamientos de tokens, que permiten a los usuarios tener una voz en la dirección del desarrollo de la plataforma y obtener acceso temprano a nuevos proyectos.

Los usuarios pueden acceder a Launchpool a través de la plataforma web o la aplicación móvil de Binance. Para participar en los pools de staking y farming, los usuarios deben tener una cuenta en Binance y depositar sus criptomonedas en la plataforma. Las recompensas en tokens se distribuyen automáticamente a los usuarios según su participación en el pool de liquidez.

LEDGER

Ledger es una empresa francesa que produce hardware wallets para almacenar criptomonedas y otros activos digitales de forma segura fuera de línea. Los dispositivos de Ledger se conectan a una computadora o dispositivo móvil a través de USB o Bluetooth, y utilizan una combinación de seguridad física y criptográfica para proteger las claves privadas de los usuarios y sus activos digitales.

La compañía ha lanzado varias generaciones de hardware wallets, incluyendo el Ledger Nano S, Ledger Nano X y Ledger Blue, cada uno con diferentes características y capacidades. Las carteras de hardware de Ledger son populares entre los inversores y usuarios que desean un nivel adicional de seguridad para sus criptomonedas, ya que la mayoría de los ataques cibernéticos no pueden comprometer la seguridad de una cartera de hardware adecuadamente protegida.

LEDGER BLUE

Ledger Blue es una billetera de hardware de criptomonedas de alta gama fabricada por la empresa francesa Ledger. Al igual que otras billeteras de hardware de Ledger, como Ledger Nano S y Ledger Nano X, Ledger Blue se utiliza para almacenar de forma segura las claves privadas de criptomonedas y realizar transacciones. Sin embargo, a diferencia de Nano S y Nano X, Ledger Blue tiene una pantalla táctil a color de 3,5 pulgadas y una carcasa de metal duradera. Además, Ledger Blue admite una amplia variedad de criptomonedas y tokens, lo que la convierte en una de las opciones más versátiles para el almacenamiento seguro de criptomonedas.

LEDGER NANO S

El Ledger Nano S es un dispositivo de hardware wallet para almacenar criptomonedas y otros activos digitales de forma segura fuera de línea. Es producido por la empresa francesa Ledger y es uno de los dispositivos de hardware wallet más populares en el mercado.

El Ledger Nano S tiene una pantalla OLED y dos botones físicos, y se conecta a una computadora o dispositivo móvil a través de USB. Utiliza una combinación de seguridad física y criptográfica para proteger las claves privadas de los usuarios y sus activos digitales. Además, es compatible con una amplia variedad de criptomonedas, incluyendo Bitcoin, Ethereum, Litecoin, Ripple, y muchas más.

El Nano S también tiene características de seguridad adicionales, como una frase de recuperación que puede ser utilizada en caso de pérdida o robo del dispositivo. El dispositivo es fácil de usar y se ha convertido en una opción popular para aquellos que buscan una solución segura para almacenar sus criptomonedas.

LEDGER NANO X

El Ledger Nano X es un dispositivo de hardware wallet producido por la empresa francesa Ledger, que permite almacenar criptomonedas y otros activos digitales de forma segura y fuera de línea. Es la versión mejorada del Ledger Nano S, con algunas características nuevas y mejoradas.

El Ledger Nano X tiene una pantalla OLED más grande que su predecesor y también cuenta con dos botones físicos para navegar por la interfaz del dispositivo. Se conecta a dispositivos móviles y de escritorio a través de Bluetooth y USB, lo que significa que puede ser utilizado con una mayor variedad de dispositivos.

El dispositivo utiliza una combinación de seguridad física y criptográfica para proteger las claves privadas de los usuarios y sus activos digitales. También cuenta con características de seguridad adicionales, como una frase de recuperación de 24 palabras que puede ser utilizada en caso de pérdida o robo del dispositivo.

El Ledger Nano X es compatible con más de 1.500 criptomonedas y tokens, y también cuenta con una aplicación móvil que permite a los usuarios administrar sus activos y realizar transacciones en cualquier momento y desde cualquier lugar. Es una opción popular para aquellos que buscan una solución segura para almacenar sus criptomonedas y mantener el control total sobre sus claves privadas.

LEO

LEO es el token nativo de la plataforma de trading de criptomonedas Bitfinex. Fue creado por iFinex Inc., la empresa matriz de Bitfinex, en mayo de 2019, con el objetivo de proporcionar a los usuarios de Bitfinex una forma de acceder a descuentos en las comisiones y otros beneficios en la plataforma.

LEO es un token ERC-20 basado en la blockchain de Ethereum, lo que significa que se puede almacenar en cualquier cartera que admita tokens ERC-

20. El suministro total de LEO es de 1 mil millones de tokens, y la mayoría de ellos se pusieron en circulación a través de una venta privada realizada por Bitfinex en mayo de 2019.

Además de proporcionar descuentos en las comisiones de trading en Bitfinex, los titulares de LEO también pueden utilizar el token para pagar otras tarifas en la plataforma, como las tarifas de retiro y depósito. Bitfinex también ha anunciado planes para permitir que los usuarios utilicen LEO para participar en futuros proyectos y oportunidades de inversión en la plataforma.

LEO ha sido objeto de controversia en el pasado debido a las preocupaciones sobre la transparencia de Bitfinex y su relación con Tether (USDT), otra criptomoneda emitida por iFinex Inc. Sin embargo, Bitfinex ha seguido promoviendo el uso de LEO como un token valioso y útil en la plataforma.

LEONARDO FIBONACCI

Leonardo Fibonacci (también conocido como Leonardo de Pisa) fue un matemático italiano nacido en Pisa alrededor del año 1170. Es conocido por haber introducido la secuencia de números que lleva su nombre en Europa, aunque esta ya era conocida en la India y otras culturas desde hacía varios siglos.

Fibonacci viajó extensamente por el Mediterráneo, lo que le permitió aprender sobre las matemáticas y la aritmética en el mundo árabe. En su obra más famosa, Liber Abaci (Libro del ábaco), publicado en 1202, introdujo una serie de conceptos matemáticos, incluyendo los números arábigos y el sistema decimal, que en ese momento eran relativamente desconocidos en Europa.

La secuencia de Fibonacci, que lleva su nombre, se refiere a una serie de números en la que cada número es la suma de los dos números anteriores, comenzando por cero y uno. Esta secuencia aparece en la naturaleza en numerosos patrones, desde la disposición de las hojas en un tallo de una planta hasta la formación de espirales en caracoles y conchas.

La secuencia de Fibonacci también ha encontrado aplicación en las finanzas, especialmente en el análisis técnico del mercado financiero, como se mencionó anteriormente. Leonardo Fibonacci es reconocido como uno de los matemáticos más importantes de la Edad Media, y su obra ha tenido un impacto duradero en la historia de las matemáticas.

LEVERAGED TOKEN

Un leveraged token, también conocido como token apalancado, es un tipo de token criptográfico que permite a los usuarios obtener exposición apalancada a un activo subyacente sin la necesidad de tomar prestado capital o administrar su propia cuenta de margen. Los tokens apalancados utilizan un mecanismo de apalancamiento integrado para proporcionar un rendimiento proporcionalmente mayor o menor al movimiento del precio del activo subyacente.

Por ejemplo, un token apalancado 3x vinculado al precio de Bitcoin, aumentará un 3% en valor si el precio de Bitcoin aumenta un 1%, mientras que disminuirá un 3% si el precio de Bitcoin disminuye un 1%. Estos tokens son negociables en plataformas de intercambio de criptomonedas y permiten a los usuarios obtener exposición apalancada a criptomonedas y otros activos sin la necesidad de utilizar su propia cuenta de margen.

Sin embargo, es importante tener en cuenta que los tokens apalancados también presentan un mayor riesgo debido a su exposición apalancada. Los cambios en el precio del activo subyacente pueden provocar cambios dramáticos en el precio de los tokens apalancados, lo que puede resultar en pérdidas significativas para los inversores. Por lo tanto, es importante que los inversores comprendan los riesgos asociados con los tokens apalancados antes de invertir en ellos.

LIBRA

Libra es una criptomoneda creada por Facebook y su subsidiaria, Calibra. Fue anunciada en junio de 2019 como una moneda digital global que estaría respaldada por una cesta de activos subyacentes, incluyendo monedas fiduciarias y otros activos financieros. La idea detrás de Libra era permitir a las personas enviar y recibir pagos en línea de manera rápida y económica, sin necesidad de una cuenta bancaria. Sin embargo, el proyecto ha sido objeto de controversia y escrutinio regulatorio desde su anuncio inicial.

LIBRO DE ÓRDENES

Un libro de órdenes (también conocido como orderbook en inglés) es un registro electrónico que muestra todas las órdenes de compra y venta para un activo en particular en un exchange. El libro de órdenes proporciona información sobre el estado del mercado y la liquidez disponible para un activo.

Cada orden en el libro de órdenes muestra el precio al que se está ofreciendo o demandando un activo, así como la cantidad de ese activo que

LAND

En el contexto de Decentraland, LAND se refiere a los terrenos virtuales en el mundo descentralizado de Decentraland. Cada terreno es una unidad no divisible que mide 16x16 metros cuadrados en el mapa del mundo virtual de Decentraland. Los propietarios de LAND tienen el derecho exclusivo de construir lo que quieran en su terreno virtual utilizando las herramientas y la tecnología de Decentraland. LAND es el activo subyacente en el que se construyen las experiencias virtuales en Decentraland y se puede comprar, vender y comerciar como un token no fungible (NFT) en el mercado. MANA es la moneda nativa de Decentraland y se utiliza para comprar LAND y otros bienes y servicios dentro del mundo virtual.

LATENCIA

La latencia en informática se refiere al tiempo que tarda un dispositivo o sistema en responder a una solicitud después de que se haya enviado. Es decir, es el tiempo que transcurre entre la emisión de una solicitud y la recepción de la respuesta.

En el contexto de la tecnología blockchain, la latencia se refiere al tiempo que tarda una transacción en ser confirmada y validada en la red. La latencia puede ser un problema importante en las redes blockchain debido a que la confirmación de transacciones puede llevar tiempo, especialmente en redes congestionadas o cuando se cobran tarifas de transacción más bajas.

Las soluciones de escalabilidad, como las redes de capa 2, están diseñadas para abordar la latencia en las redes blockchain al permitir un mayor número de transacciones por segundo y reducir el tiempo de confirmación. La reducción de la latencia es importante para garantizar que las transacciones se procesen de manera oportuna y eficiente, y para mantener la seguridad y la integridad de la red.

se desea comprar o vender. Las órdenes se organizan en dos secciones: la sección de órdenes de compra (o "bid" en inglés) y la sección de órdenes de venta (o "ask" en inglés).

Las órdenes se colocan en el libro de órdenes por los makers (los participantes que crean nuevas órdenes) y se pueden tomar por los takers (los participantes que toman órdenes existentes en el libro de órdenes). Cuando se ejecuta una operación, se mueve una cantidad del activo desde el vendedor al comprador y se actualiza el estado del libro de órdenes.

El libro de órdenes es una herramienta importante para los participantes del mercado, ya que les permite ver el precio y la cantidad de oferta y demanda para un activo en particular. Esto les ayuda a tomar decisiones informadas sobre cuándo comprar o vender un activo y a qué precio. Además, los traders pueden utilizar el libro de órdenes para predecir la dirección futura del precio de un activo y ajustar su estrategia en consecuencia.

LIGHTNING NETWORK

Lightning Network es una solución de segunda capa para mejorar la escalabilidad y eficiencia de las transacciones en la red de Bitcoin y otras criptomonedas. Permite realizar transacciones instantáneas y de bajo costo fuera de la cadena principal de la blockchain, lo que reduce la congestión y los costos de transacción.

La red Lightning utiliza canales de pago bidireccionales que se establecen entre los usuarios, lo que permite que las transacciones se realicen directamente entre ellos sin necesidad de ser confirmadas en la blockchain principal. En su lugar, los pagos se liquidan fuera de línea y solo se registran en la blockchain principal al final del canal de pago.

Esta solución proporciona una forma más rápida y económica de realizar transacciones, lo que hace que las microtransacciones sean más viables. Además, Lightning Network también mejora la privacidad de las transacciones al ocultar los detalles de las transacciones fuera de la cadena.

LIGHTWEIGHT WALLET

Una lightweight wallet, también conocida como cartera ligera o SPV wallet (por sus siglas en inglés de "Simplified Payment Verification"), es un tipo de cartera criptográfica que no requiere la descarga y validación completa de la blockchain de una criptomoneda.

En su lugar, una lightweight wallet descarga solo los bloques de la blockchain que contienen las transacciones que son relevantes para la cartera, lo que la hace más rápida y eficiente que una wallet completa o nodo completo. Además, al no tener que almacenar la blockchain completa, una lightweight wallet requiere menos almacenamiento en el dispositivo y menos ancho de banda para sincronizarse con la red.

Aunque una lightweight wallet puede ser menos segura que una wallet completa, porque no valida todas las transacciones de la blockchain, aún puede ser una opción segura y conveniente para los usuarios que no necesitan todas las funciones de una wallet completa. Las lightweight wallets son comunes en aplicaciones móviles y de escritorio, así como en algunos exchanges que ofrecen wallets integradas para sus usuarios.

LINK

LINK es el token nativo de la red Chainlink, que es un sistema descentralizado de oráculos blockchain que conecta contratos inteligentes con datos del mundo real. Los oráculos de Chainlink permiten a los desarrolladores de contratos inteligentes acceder a datos fuera de la cadena, lo que les permite crear aplicaciones descentralizadas que pueden interactuar con eventos del mundo real.

El token LINK es utilizado por los nodos de la red Chainlink como incentivo para asegurar y mantener la red, así como para proporcionar datos precisos y confiables a los contratos inteligentes. Además, LINK se utiliza para pagar las tarifas de transacción en la red Chainlink y para acceder a ciertas funcionalidades y servicios avanzados de Chainlink.

LIQUIDEZ

La liquidez se refiere a la capacidad de un activo, como una criptomoneda, de ser comprado o vendido en un mercado sin afectar significativamente su precio. En otras palabras, la liquidez se refiere a la facilidad con la que se pueden intercambiar activos por dinero en efectivo u otros activos líquidos.

En el contexto de los mercados de criptomonedas, la liquidez se mide por el volumen de negociación y la profundidad del mercado. El volumen de negociación se refiere a la cantidad total de criptomonedas que se han comprado y vendido en un mercado en un período de tiempo determinado, mientras que la profundidad del mercado se refiere a la cantidad de órdenes de compra y venta que existen en diferentes precios.

Los mercados con alta liquidez suelen tener una gran cantidad de participantes y una gran cantidad de órdenes de compra y venta en diferentes precios, lo que significa que los inversores pueden comprar y vender criptomonedas rápidamente sin afectar significativamente el precio. Los mercados con baja liquidez, por otro lado, pueden tener menos participantes y órdenes de compra y venta, lo que significa que puede ser más difícil comprar o vender grandes cantidades de criptomonedas sin afectar significativamente el precio.

La liquidez es importante para los inversores porque les permite comprar y vender activos rápidamente sin afectar significativamente el precio. También puede tener un impacto en el precio de mercado de una criptomoneda, ya que los mercados más líquidos tienden a tener precios más estables y menos volátiles que los mercados con baja liquidez.

LIQUIDITY MINING

Liquidity mining, también conocido como yield farming, es un proceso que permite a los titulares de criptomonedas obtener ganancias a través del préstamo de sus fondos a un protocolo DeFi (finanzas descentralizadas) para ayudar a mantener la liquidez en la plataforma. Los proveedores de liquidez ganan recompensas en forma de tokens nativos de la plataforma o de otra criptomoneda a cambio de proporcionar liquidez. Estos tokens pueden ser luego intercambiados por otras criptomonedas o monedas fiduciarias.

En resumen, el liquidity mining es una forma de obtener ingresos pasivos al prestar tus fondos a un protocolo DeFi y recibir una recompensa por ello. Este proceso ayuda a mantener la liquidez en la plataforma, lo que a su vez beneficia a los usuarios que buscan intercambiar sus activos en dicha plataforma.

LISK

Lisk es una plataforma de aplicaciones descentralizadas y contratos inteligentes que utiliza la tecnología blockchain. Lanzada en 2016, Lisk permite a los desarrolladores crear y desplegar sus propias aplicaciones descentralizadas en la red de Lisk mediante el uso de su lenguaje de programación JavaScript. Lisk utiliza un algoritmo de consenso de Prueba de Participación Delegada (DPoS) para asegurar su red y procesar las transacciones de la cadena de bloques de forma eficiente y segura. La criptomoneda nativa de la plataforma Lisk se llama LSK y se utiliza como medio de intercambio en la red, así como para pagar las tarifas de transacción y para financiar el desarrollo de aplicaciones en la plataforma.

LITECOIN

Litecoin es una criptomoneda descentralizada, creada en 2011 por Charlie Lee como un fork (bifurcación) del código de Bitcoin. Al igual que Bitcoin, Litecoin utiliza un sistema de prueba de trabajo (PoW) para validar transacciones y producir nuevas monedas.

Sin embargo, Litecoin se diferencia de Bitcoin en varios aspectos. Por ejemplo, el tiempo de generación de bloques es de 2,5 minutos en Litecoin, frente a los 10 minutos de Bitcoin, lo que permite una confirmación de transacciones más rápida. Además, Litecoin utiliza un algoritmo de hash diferente (Scrypt) que se considera más resistente a la minería con ASICs.

Litecoin ha sido una de las criptomonedas más populares y bien establecidas en el mercado, con una capitalización de mercado significativa. Se ha utilizado para compras y transacciones en línea, y ha sido adoptado por varias empresas y proveedores de servicios.

LIVEPEER

Livepeer es una red descentralizada que permite a los desarrolladores crear aplicaciones de transmisión de video en vivo escalables y de bajo costo utilizando tecnología blockchain. La red Livepeer se basa en el protocolo de prueba de participación delegada (DPOS) de Ethereum y utiliza tokens Livepeer (LPT) para incentivar a los nodos de la red a proporcionar servicios de transcodificación y validación.

La red Livepeer se enfoca en resolver los desafíos asociados con la transmisión de video en vivo en línea, como la escalabilidad, la latencia y los altos costos de infraestructura y ancho de banda. Al utilizar la tecnología blockchain, Livepeer permite a los desarrolladores crear aplicaciones de transmisión de video en vivo descentralizadas y reducir significativamente los costos asociados con la transmisión de video en vivo.

LONG

En el trading de criptomonedas, un "long" es una posición de compra de un activo con la expectativa de que su precio aumentará en el futuro. Cuando un trader toma una posición "long", está comprando el activo con la intención de venderlo posteriormente a un precio más alto.

Por ejemplo, si un trader cree que el precio de Bitcoin aumentará en el futuro, puede tomar una posición "long" en Bitcoin comprando la criptomoneda en un exchange. Si el precio de Bitcoin aumenta, el trader puede vender sus Bitcoins a un precio más alto y obtener una ganancia.

La posición "long" es opuesta a la posición "short", que implica vender un activo con la expectativa de que su precio caerá en el futuro. Un trader que toma una posición "short" vende un activo que no posee con la intención de comprarlo posteriormente a un precio más bajo y obtener una ganancia.

Es importante tener en cuenta que las posiciones "long" y "short" tienen diferentes riesgos y beneficios. Las posiciones "long" tienen el potencial de obtener grandes ganancias si el precio del activo aumenta, pero también pueden resultar en grandes pérdidas si el precio del activo cae. Las posiciones "short" tienen el potencial de obtener ganancias si el precio del activo cae, pero también pueden resultar en grandes pérdidas si el precio del activo aumenta. Por lo tanto, es importante que los traders comprendan los riesgos involucrados en ambas posiciones antes de tomar una decisión de trading.

LPT

LPT es el símbolo o token nativo de la red Livepeer, una plataforma descentralizada que permite la transmisión de video en vivo y bajo demanda en la cadena de bloques Ethereum. El token LPT se utiliza como incentivo para los nodos de la red que realizan transcodificación de video y validan las transmisiones en la red Livepeer. Los poseedores de LPT también pueden participar en la gobernanza de la red votando sobre propuestas y decisiones importantes. Además, los desarrolladores pueden utilizar LPT para acceder a la API de la red y utilizar los servicios de transcodificación de video.

LSK

LSK es el símbolo o ticker utilizado para representar la criptomoneda Lisk en los mercados de intercambio. Lisk es una plataforma de blockchain de código abierto que permite a los desarrolladores crear aplicaciones descentralizadas utilizando JavaScript como lenguaje de programación. La criptomoneda LSK se utiliza para pagar las tarifas de transacción en la red Lisk, así como para acceder y utilizar las aplicaciones creadas en la plataforma. También se utiliza como un medio de intercambio en los mercados de criptomonedas donde se negocia.

MACD

El MACD (Moving Average Convergence Divergence) es un indicador técnico que se utiliza comúnmente en el análisis técnico de los mercados financieros, incluyendo el mercado de criptomonedas. El MACD se compone de dos medias móviles exponenciales (EMA) y una línea de señal que se utiliza para generar señales de compra y venta.

El MACD se calcula restando la EMA de 26 días de la EMA de 12 días, y se representa en un gráfico junto con la línea de señal, que es una EMA de 9 días del MACD. La línea de señal se utiliza para generar señales de compra y venta cuando cruza por encima o por debajo del MACD.

El MACD se utiliza para identificar cambios en la tendencia del precio de un activo, así como para medir la fuerza de la tendencia actual. Cuando el MACD cruza por encima de la línea de señal, se considera una señal de compra, y cuando cruza por debajo de la línea de señal, se considera una señal de venta.

MAINNET

Mainnet es la red principal o principal blockchain de un proyecto de criptomonedas o tecnología blockchain. Se refiere a la versión en vivo y en funcionamiento de una blockchain, donde las transacciones y las operaciones se realizan de manera real y permanente.

En contraposición, una testnet es una red de prueba o de desarrollo en la que los desarrolladores pueden probar nuevas características y funcionalidades sin riesgo de perder dinero real o de causar daño a la red principal.

El lanzamiento de una mainnet es un hito importante para un proyecto de criptomonedas, ya que significa que la red se ha vuelto lo suficientemente estable y segura como para soportar transacciones en vivo y que la comunidad puede empezar a usar y experimentar con ella de manera real.

MAKER

En el contexto de las criptomonedas y los exchanges, un maker es un participante que crea una nueva orden de compra o venta en el libro de órdenes del exchange, en lugar de tomar una orden existente al precio actual del mercado (como lo haría un taker).

Cuando un maker crea una orden, establece el precio y la cantidad de la operación que está dispuesto a realizar. La orden se coloca en el libro de órdenes del exchange, donde se muestra públicamente y puede ser vista por otros participantes del mercado. Si otro participante acepta la oferta del maker, la operación se ejecuta y el maker se convierte en el taker de esa operación.

Los makers son importantes para la liquidez del mercado, ya que proporcionan nuevas órdenes que otros participantes pueden tomar. Cuantas más órdenes haya en el libro de órdenes, mayor será la liquidez del mercado y más fácil será para los participantes comprar y vender criptomonedas.

En algunos exchanges, los makers pueden estar sujetos a tarifas de negociación más bajas que los takers, ya que están proporcionando liquidez al mercado. Esto puede incentivar a los participantes a convertirse en makers y crear más órdenes en el libro de órdenes del exchange.

MANA

MANA es el token nativo de la plataforma Decentraland, un mundo virtual descentralizado en el que los usuarios pueden comprar, vender y construir en tierras virtuales. MANA se utiliza como medio de intercambio dentro del ecosistema de Decentraland, permitiendo que los usuarios compren tierras virtuales, accesorios para personajes y otros bienes y servicios dentro del mundo virtual. También se puede utilizar MANA para votar en propuestas de gobierno y en la dirección del desarrollo de Decentraland. MANA es un token ERC-20 en la cadena de bloques de Ethereum y se puede intercambiar en varias plataformas de intercambio de criptomonedas.

MANTRA

Mantra es una plataforma de finanzas descentralizadas (DeFi) que se ejecuta en la cadena de bloques de Polkadot. La plataforma ofrece una amplia variedad de productos y servicios DeFi, incluyendo préstamos, ahorros, staking, intercambio de activos y más. Mantra también cuenta con una interfaz de usuario amigable para los principiantes y una sólida infraestructura de seguridad para garantizar la protección de los fondos de los usuarios. Además, la plataforma cuenta con su propio token nativo, OM, que se utiliza para realizar transacciones en la plataforma, participar en la gobernanza y recibir recompensas por staking. Mantra se enfoca en proporcionar servicios financieros accesibles y de alta calidad para todos, independientemente de su nivel de experiencia o su ubicación geográfica.

MARKETCAP

El término "market capitalization" o "capitalización de mercado" se refiere al valor total de mercado de una criptomoneda o cualquier otro activo. En el caso de las criptomonedas, la capitalización de mercado se calcula multiplicando el precio actual de la criptomoneda por el número total de unidades en circulación.

Por ejemplo, si una criptomoneda tiene un precio actual de $100 y hay un total de 10 millones de unidades en circulación, la capitalización de mercado sería de $1,000,000,000 (1 billón de dólares).

La capitalización de mercado es una métrica importante en el mundo de las criptomonedas, ya que se utiliza para comparar el valor relativo de diferentes criptomonedas y para determinar la posición de una criptomoneda en relación con otras en términos de su valor en el mercado.

Sin embargo, es importante tener en cuenta que la capitalización de mercado no siempre es una medida precisa de la salud financiera de una criptomoneda. Los precios de las criptomonedas pueden fluctuar drásticamente y la capitalización de mercado puede cambiar rápidamente en consecuencia.

MASF

MASF es un acrónimo que significa "Miner Activated Soft Fork", lo que se traduce al español como "bifurcación suave activada por mineros". Se refiere a un tipo de bifurcación suave en la cadena de bloques de Bitcoin que requiere la activación de los mineros en la red para que se implemente.

En una bifurcación suave, los nodos que no han actualizado su software todavía pueden validar y aceptar los bloques que se han producido después de la bifurcación sin problemas. Por otro lado, en una bifurcación dura, se produce una incompatibilidad entre la cadena antigua y la nueva, por lo que los nodos que no han actualizado su software no pueden validar los bloques de la cadena nueva.

En el caso de MASF, los mineros son los que deciden si se implementa o no la bifurcación suave. Para ello, se establece un umbral de consenso en términos de la tasa de hash (la cantidad de poder computacional de los mineros en la red). Si se alcanza este umbral, se activa la bifurcación suave.

MAST

MAST (Merkelized Abstract Syntax Tree) es una característica de mejora de la privacidad y eficiencia en la cadena de bloques de Bitcoin. Consiste en una técnica de construcción de árboles Merkle en la que se combinan varias transacciones o contratos inteligentes en un solo árbol, lo que reduce significativamente el tamaño de los datos almacenados en la cadena de bloques.

MAST permite a los usuarios ocultar partes no utilizadas de los contratos inteligentes, lo que aumenta la privacidad de los usuarios, así como la eficiencia del sistema. Con MAST, los usuarios pueden revelar solo las partes relevantes de sus contratos inteligentes, lo que reduce los costos de transacción y aumenta la escalabilidad de la red de Bitcoin.

MASTER PRIVATE KEY

Una Master Private Key (clave privada maestra) es una clave criptográfica que se utiliza en el contexto de las wallets deterministas jerárquicas (HD wallets) para generar y controlar una jerarquía de claves privadas y direcciones públicas relacionadas.

Una HD wallet genera una secuencia de claves privadas y públicas derivadas de una única clave maestra que se mantiene en secreto. La ventaja de las HD wallets es que, mediante la creación de una jerarquía de claves derivadas, se pueden generar nuevas direcciones públicas sin necesidad de conocer todas las claves privadas. Además, las HD wallets facilitan la realización de copias de seguridad y la recuperación de fondos.

La Master Private Key es la clave criptográfica principal que permite la generación de todas las claves derivadas y direcciones públicas en la jerarquía. Por lo tanto, es importante mantener esta clave en un lugar seguro y no compartirla con nadie. Si alguien tiene acceso a la Master Private Key, puede controlar todas las direcciones y claves privadas derivadas de ella.

MASTER PUBLIC KEY

Una Master Public Key (clave pública maestra en español) es una clave derivada de una semilla maestra en criptografía de clave pública. Es una forma de generar múltiples direcciones públicas para una billetera o wallet de Bitcoin, permitiendo a los usuarios recibir pagos sin tener acceso directo a sus claves privadas.

La Master Public Key permite que una billetera pueda compartir solo una parte de sus claves con otros usuarios sin comprometer la seguridad de la billetera. Esto puede ser útil para empresas que desean permitir que múltiples usuarios tengan acceso a sus fondos o para personas que desean mantener un mayor grado de privacidad en su uso de Bitcoin.

Al compartir una Master Public Key, los usuarios pueden generar nuevas direcciones públicas y recibirlas en su billetera sin exponer su clave privada a terceros. Sin embargo, es importante tener en cuenta que cualquier persona que tenga acceso a una Master Public Key puede ver todas las transacciones asociadas con las direcciones derivadas de ella.

MASTERNODE

Un masternode es un tipo de nodo en una red blockchain que realiza funciones adicionales, a menudo relacionadas con la gobernanza y la validación de transacciones. Los masternodes generalmente requieren que los usuarios bloqueen una cantidad significativa de la criptomoneda nativa de la red como garantía, lo que les permite participar en la validación de transacciones y tomar decisiones importantes sobre la red.

En algunos casos, los masternodes pueden ofrecer recompensas a los usuarios por realizar estas funciones adicionales, lo que puede generar un incentivo para que los usuarios ejecuten un masternode y participen en la red. Los masternodes son comunes en ciertas criptomonedas, como Dash y PIVX.

MATIC

MATIC es un token de criptomoneda utilizado en la red Polygon, anteriormente conocida como Matic Network. La red Polygon es una plataforma de capa 2 construida sobre la red Ethereum que busca mejorar la escalabilidad y la usabilidad de las aplicaciones descentralizadas (dApps) en la cadena de bloques Ethereum.

El token MATIC se utiliza para pagar tarifas de transacción en la red Polygon, y también se puede usar para participar en la gobernanza de la red, permitiendo a los titulares de tokens votar en propuestas de mejora y cambios en la red.

Además de su uso en la red Polygon, el token MATIC también se puede intercambiar en varios exchanges de criptomonedas y se ha utilizado en varias ofertas iniciales de monedas (ICO) y ventas privadas de tokens.

La red Polygon y el token MATIC han ganado popularidad debido a su enfoque en la escalabilidad y la usabilidad de las aplicaciones descentralizadas, lo que ha llevado a un aumento en la adopción y el uso de la red.

MÁXIMO HISTÓRICO

El término "máximo histórico" se refiere al valor más alto alcanzado por un activo en un determinado período de tiempo, ya sea un día, una semana, un mes, un año o cualquier otro intervalo. En el mundo de las criptomonedas, se utiliza comúnmente para describir el valor más alto que ha alcanzado el precio de una criptomoneda en su historia.

Por ejemplo, si el precio de Bitcoin alcanzó los $60,000 en marzo de 2021 y nunca antes había llegado a ese nivel, se consideraría que ese es su máximo histórico. El término también puede aplicarse a otros activos financieros, como acciones, materias primas y divisas.

MEMECOIN

Un memecoin es un término que se utiliza para describir una criptomoneda que se crea con fines humorísticos o de broma y que no tiene ningún valor fundamental o utilidad real más allá de su valor como objeto de colección o diversión.

Estas criptomonedas suelen tener nombres extravagantes o ridículos y a menudo se promocionan en las redes sociales, foros y comunidades en línea como una broma. A pesar de su falta de valor fundamental, algunos inversores pueden comprar estas criptomonedas con la esperanza de que su valor aumente en el futuro debido a la popularidad o notoriedad del meme o la broma en la que se basa la criptomoneda.

Sin embargo, debido a que estas criptomonedas no tienen ningún valor real o utilidad, a menudo son consideradas como una inversión muy arriesgada y pueden ser susceptibles a la manipulación del mercado y la especulación. Además, debido a que no tienen una base sólida de usuarios o una comunidad de desarrolladores activos, estas criptomonedas pueden ser vulnerables a problemas de seguridad y estabilidad a largo plazo.

Es importante tener en cuenta que no todas las criptomonedas que se promocionan con fines humorísticos o de broma son necesariamente memecoins. Algunas criptomonedas pueden tener un valor real y utilidad, pero pueden utilizar memes o burlas en su marketing o promoción.

MEMPOOL

Mempool es una abreviatura de "memory pool" (piscina de memoria), y se refiere al espacio de memoria disponible en un nodo de la red Bitcoin o en un minero para almacenar transacciones pendientes de confirmación. Las transacciones que se envían a la red Bitcoin deben ser incluidas en un bloque y confirmadas por los mineros para que se realice la transferencia de bitcoins correspondiente. Antes de que se agreguen a un bloque, las transacciones se almacenan temporalmente en el mempool, donde esperan a ser seleccionadas por un minero y confirmadas en la blockchain.

El mempool es esencial para la operación de la red Bitcoin, ya que permite que las transacciones se procesen en orden de llegada y según su tasa de comisión. Si el mempool está lleno, las transacciones más lentas o con tasas de comisión más bajas pueden tardar más tiempo en confirmarse o incluso ser rechazadas. Por lo tanto, los usuarios a menudo ajustan la tasa de comisión que pagan para asegurarse de que sus transacciones se procesen lo antes posible.

MERCADO ALCISTA

Un mercado alcista, también conocido como mercado al alza o bull market, se refiere a una situación en la que el precio de los activos financieros, incluyendo criptomonedas, aumenta durante un período prolongado de tiempo. En un mercado alcista, los inversores tienden a ser optimistas y se espera que los precios sigan subiendo.

Un mercado alcista puede ocurrir por diversas razones, como una recuperación económica, un aumento en la demanda del mercado, una reducción en la oferta de activos, entre otras. Cuando los precios comienzan a subir, los inversores pueden comprar más activos, lo que a su vez aumenta la demanda en el mercado y ejerce aún más presión al alza sobre los precios.

En un mercado alcista, muchos inversores pueden buscar oportunidades para obtener ganancias, como invertir en activos que se espera que se desempeñen bien en el mercado alcista, como algunas criptomonedas o acciones de empresas que se espera que se beneficien del aumento en la demanda del mercado.

Es importante tener en cuenta que un mercado alcista no es necesariamente una buena noticia para todos los inversores, ya que puede crear una mayor volatilidad en los precios de los activos y, en algunos casos, puede llevar a una burbuja especulativa que finalmente estalla y provoca una caída en los precios. Sin embargo, los inversores pueden aprovechar los mercados alcistas para obtener ganancias a largo plazo, siempre y cuando estén dispuestos a asumir cierto nivel de riesgo y a mantener una estrategia de inversión sólida y bien fundamentada.

MERCADO BAJISTA

Un mercado bajista, también conocido como mercado a la baja o bear market, se refiere a una situación en la que el precio de los activos financieros, incluyendo criptomonedas, cae durante un período prolongado de tiempo. En un mercado bajista, los inversores tienden a ser pesimistas y se espera que los precios sigan cayendo.

Un mercado bajista puede ocurrir por diversas razones, como una desaceleración económica, una crisis financiera, una disminución de la demanda del mercado, una sobreoferta de activos, entre otras. Cuando los precios comienzan a caer, los inversores pueden vender sus activos, lo que a su vez aumenta la oferta en el mercado y ejerce aún más presión a la baja sobre los precios.

En un mercado bajista, muchos inversores pueden buscar refugio en activos considerados más seguros, como el oro o los bonos del tesoro. También pueden buscar oportunidades de inversión en activos que no están correlacionados con el mercado bajista, como algunas criptomonedas o acciones de empresas que se espera que se desempeñen bien independientemente del mercado general.

Es importante tener en cuenta que un mercado bajista no es necesariamente una mala noticia para todos los inversores, ya que puede ofrecer oportunidades para comprar activos a precios más bajos, lo que puede resultar en ganancias a largo plazo. Sin embargo, los inversores deben ser cautelosos y estar preparados para enfrentar una mayor volatilidad en un mercado bajista.

MERCADO DE FUTUROS

El mercado de futuros es un mercado financiero en el que los inversores pueden comprar o vender contratos de futuros para especular sobre el precio de un activo en el futuro. Los contratos de futuros establecen un precio y una fecha de vencimiento específicos para el activo subyacente, lo que permite a los inversores hacer predicciones sobre el precio futuro de ese activo y tomar posiciones en consecuencia.

En el mercado de futuros, los inversores pueden comprar contratos de futuros para comprar (posición larga) o vender (posición corta) un activo en una fecha futura a un precio establecido. Estos contratos se negocian en bolsas de futuros, que actúan como intermediarios entre los compradores y vendedores.

El mercado de futuros es popular entre los inversores que buscan protegerse contra la volatilidad del precio de los activos, así como entre los inversores que buscan obtener ganancias especulando sobre el movimiento de los precios en el futuro. Por ejemplo, un productor de trigo puede vender contratos de futuros de trigo para garantizar un precio estable para su cosecha, mientras que un inversor puede comprar contratos de futuros de oro con la expectativa de que el precio del oro aumente en el futuro.

En el mercado de futuros de criptomonedas, los inversores pueden comprar y vender contratos de futuros de Bitcoin y otras criptomonedas en plataformas especializadas de trading. Es importante que los inversores comprendan los riesgos involucrados en el trading de futuros y tengan una estrategia sólida antes de operar en estos mercados.

MERCADO SECUNDARIO

El mercado secundario es donde los activos financieros se compran y venden después de su emisión original. Es decir, es un mercado donde los inversores compran y venden activos financieros entre ellos, sin la necesidad de interactuar directamente con el emisor original.

En el contexto de las criptomonedas, el mercado secundario se refiere a la compra y venta de criptomonedas en un intercambio de criptomonedas, donde los usuarios pueden intercambiar criptomonedas entre sí. Por ejemplo, si un usuario quiere comprar Bitcoin, puede hacerlo en un intercambio de criptomonedas en el mercado secundario, comprándolo a otro usuario que esté dispuesto a vender sus Bitcoins.

El mercado secundario es importante porque permite a los inversores obtener liquidez para sus activos financieros. Si un inversor necesita vender sus activos financieros para obtener efectivo, puede hacerlo en el mercado secundario sin tener que esperar a que el emisor original compre sus activos. Además, el mercado secundario proporciona un medio para la especulación y la inversión, permitiendo a los inversores comprar y vender activos financieros para obtener ganancias a corto o largo plazo.

En resumen, el mercado secundario es un mercado donde los activos financieros se compran y venden después de su emisión original, y es importante porque proporciona liquidez y un medio para la especulación y la inversión.

METAMASK

MetaMask es una billetera de criptomonedas que permite a los usuarios almacenar, enviar y recibir una variedad de tokens y monedas digitales en la cadena de bloques Ethereum y otras redes. Además, MetaMask actúa como un puente entre el navegador web de un usuario y la cadena de bloques Ethereum, lo que permite a los usuarios interactuar con aplicaciones descentralizadas (dApps) directamente desde su navegador web. MetaMask es una extensión del navegador web que se puede descargar para Chrome, Firefox, Brave y Edge, y también está disponible como una aplicación móvil para iOS y Android.

METAVERSO

El metaverso es un término utilizado para describir un universo virtual y tridimensional que existe dentro de internet y en el que los usuarios pueden interactuar entre sí y con objetos virtuales. Se trata de una especie de mundo virtual en el que se pueden crear y experimentar diferentes experiencias, juegos, aplicaciones y servicios.

En el metaverso, los usuarios pueden crear su propio avatar, que es una representación digital de sí mismos, y pueden interactuar con otros avatares en tiempo real. Además, pueden explorar diferentes entornos virtuales, comprar y vender bienes virtuales, y participar en actividades sociales y culturales.

El término "metaverso" fue acuñado por el autor de ciencia ficción Neal Stephenson en su novela de 1992 "Snow Crash". Desde entonces, ha sido adoptado por diversas empresas y comunidades tecnológicas que están trabajando en el desarrollo de plataformas de metaverso, como Second Life, Decentraland, Somnium Space y otros.

El concepto de metaverso ha ganado popularidad en los últimos años gracias a la evolución de la tecnología, como la realidad virtual y aumentada, el blockchain, la inteligencia artificial y otros avances que permiten crear experiencias cada vez más inmersivas y realistas. Se espera que el metaverso tenga un impacto significativo en la forma en que las personas interactúan en línea y en la vida cotidiana en el futuro.

MEV

MEV son las siglas de "Maximizing Extractable Value", o en español "Maximización del Valor Extraíble". Se refiere al conjunto de estrategias que buscan maximizar el beneficio que un minero de blockchain puede obtener a

196

través de la inclusión, reordenamiento o eliminación de transacciones en un bloque antes de que se agregue a la cadena de bloques.

En esencia, los mineros de blockchain tienen la capacidad de incluir transacciones en los bloques que están creando y, al hacerlo, pueden obtener una recompensa en forma de tarifas de transacción. Sin embargo, los mineros también pueden aprovechar el hecho de que pueden elegir qué transacciones incluir y en qué orden, lo que puede generar beneficios adicionales a través de la explotación de "valor extraíble" en la red.

El MEV puede surgir de varias formas, incluyendo:

Arbitraje entre intercambios descentralizados (DEX) y centralizados (CEX)

La ejecución de transacciones con fines especulativos

La minería de monedas con el objetivo de venderlas inmediatamente después de la extracción

La realización de ataques de liquidación en contratos inteligentes

En resumen, MEV es una forma de obtener beneficios adicionales de la actividad de minería de blockchain, que a menudo se realiza aprovechando las ineficiencias en la forma en que se procesan las transacciones en la red.

MEW

MyEtherWallet (MEW) es una billetera de criptomonedas que permite a los usuarios almacenar, enviar y recibir tokens basados en la red Ethereum. Se lanzó en 2015 como una solución de código abierto y se ha convertido en una de las billeteras más populares para Ethereum y sus tokens.

MEW es una billetera en línea que se puede acceder a través de su sitio web y no requiere una descarga para su uso. Los usuarios pueden crear una billetera nueva o importar una existente a través de su clave privada o archivo Keystore. MEW ofrece la opción de guardar la información de la billetera en el navegador o descargarlo para mayor seguridad.

Una de las características más destacadas de MEW es su capacidad para interactuar con contratos inteligentes en la red Ethereum. Esto significa que los usuarios pueden utilizar la billetera para participar en ofertas de tokens iniciales (ICOs), intercambiar tokens en los intercambios descentralizados (DEX) y utilizar aplicaciones descentralizadas (dApps) construidas en la red Ethereum.

MEW también proporciona una interfaz de usuario fácil de usar, que permite a los usuarios realizar transacciones de manera rápida y sencilla. Además, ofrece características de seguridad adicionales, como la opción de configurar autenticación de dos factores (2FA) para aumentar la protección de la billetera.

MINAR

En el contexto de las criptomonedas, "minar" se refiere al proceso de validar y registrar transacciones en una blockchain utilizando poder computacional. En otras palabras, los mineros son responsables de agregar nuevas transacciones a la cadena de bloques y asegurarse de que todas las transacciones sean legítimas y válidas.

El proceso de minería implica resolver un rompecabezas matemático complejo llamado "prueba de trabajo" (PoW) utilizando un gran número de cálculos computacionales. Cada vez que un minero resuelve el rompecabezas, se crea un nuevo bloque de transacciones en la cadena de bloques y se reciben recompensas en forma de criptomonedas.

La minería es esencial para la seguridad y la integridad de la blockchain, ya que evita que cualquier persona manipule las transacciones existentes en la cadena de bloques. También ayuda a distribuir nuevas monedas a la comunidad y a mantener la estabilidad del sistema.

Sin embargo, la minería también consume mucha energía y recursos computacionales, lo que ha llevado a críticas por su impacto ambiental y su accesibilidad limitada para la mayoría de las personas. Algunas criptomonedas han optado por algoritmos de consenso diferentes, como la Prueba de Participación (PoS), que requiere menos recursos computacionales y energía.

MINERÍA

En el contexto de las criptomonedas, la minería se refiere al proceso de validar y agregar transacciones a la blockchain de una criptomoneda específica. La minería implica la resolución de complejos problemas matemáticos mediante el uso de potencia informática para crear nuevos bloques en la cadena de bloques (blockchain).

La minería requiere de un hardware especializado y energía eléctrica para funcionar, ya que los equipos informáticos deben realizar cálculos intensivos para validar transacciones y asegurar la integridad de la blockchain. Los mineros que logran agregar un nuevo bloque a la cadena son recompensados con nuevas unidades de la criptomoneda en cuestión, así como con tarifas de transacción.

Además, el proceso de minería también ayuda a mantener la seguridad y descentralización de la red de la criptomoneda, ya que los mineros compiten entre sí para agregar nuevos bloques y validar transacciones, lo que hace que sea más difícil que un actor malintencionado tome el control de la red.

Es importante tener en cuenta que no todas las criptomonedas utilizan la minería como método de validación de transacciones. Algunas criptomonedas, como Ripple (XRP), utilizan un sistema de validación de transacciones diferente conocido como "consenso", que no implica la resolución de problemas matemáticos complejos como la minería.

MINERO

En el contexto de las criptomonedas, un minero es una persona o entidad que utiliza su potencia informática para validar y agregar transacciones a la blockchain de una criptomoneda específica. Los mineros realizan complejos cálculos matemáticos para crear nuevos bloques en la cadena de bloques (blockchain) y, al hacerlo, validan las transacciones de esa criptomoneda.

Los mineros utilizan hardware especializado, como ASICs (circuitos integrados de aplicación específica), para realizar estos cálculos intensivos, que consumen mucha energía eléctrica. En recompensa por su trabajo, los mineros reciben una cantidad de la criptomoneda en cuestión como recompensa por agregar nuevos bloques a la cadena y validar transacciones. También pueden recibir tarifas de transacción de los usuarios que envían transacciones en la red.

El proceso de minería también ayuda a mantener la seguridad y descentralización de la red de la criptomoneda, ya que los mineros compiten entre sí para agregar nuevos bloques y validar transacciones. Esto hace que sea más difícil para un actor malintencionado tomar el control de la red.

Es importante destacar que la minería no es necesaria para todas las criptomonedas. Algunas criptomonedas, como Ripple (XRP), utilizan un sistema de validación de transacciones diferente conocido como "consenso", que no implica la resolución de problemas matemáticos complejos como la minería.

MÍNIMO HISTÓRICO

El término "mínimo histórico" se refiere al precio más bajo al que se ha cotizado un activo financiero en un determinado período de tiempo. Por lo general, se utiliza para describir la cotización más baja que ha alcanzado una acción, un índice bursátil, una criptomoneda u otro tipo de activo financiero en el mercado.

El mínimo histórico se considera un nivel de soporte importante para los inversores y analistas técnicos, ya que si el precio del activo cae por debajo de este nivel, podría ser una señal de una tendencia bajista prolongada. Por lo tanto, algunos inversores pueden tomar medidas de precaución, como vender sus posiciones o reducir su exposición al mercado, si el precio de un activo se acerca al mínimo histórico.

MONERO

Monero (XMR) es una criptomoneda descentralizada y anónima que se lanzó en 2014 como una bifurcación de Bytecoin. Es conocida por su fuerte enfoque en la privacidad y la seguridad, y utiliza técnicas avanzadas de criptografía para garantizar que las transacciones sean confidenciales y no rastreables.

A diferencia de Bitcoin y muchas otras criptomonedas, Monero no utiliza una contabilidad pública y transparente de todas las transacciones. En su lugar, utiliza una tecnología llamada "anillo de firmas" o RingCT, que combina varias transacciones en una sola transacción, lo que hace que sea más difícil rastrear el origen de una transacción o la dirección del destinatario. Además, Monero utiliza direcciones furtivas para garantizar que las transacciones sean privadas y no puedan ser vinculadas a una dirección específica.

Monero ha ganado popularidad en la comunidad criptográfica debido a su enfoque en la privacidad y la seguridad. Algunos usuarios la prefieren para transacciones que desean mantener privadas, como compras en línea o transferencias de fondos, sin dejar un rastro digital visible en la cadena de bloques.

Aunque Monero ha sido objeto de críticas por su uso en actividades ilegales debido a su anonimato, también ha sido adoptada por algunos comerciantes y empresas que aprecian su enfoque en la privacidad.

MPC WALLET

MPC (siglas en inglés de "Multi-Party Computation") Wallet es una cartera de criptomonedas que utiliza tecnología de criptografía avanzada para ofrecer un mayor nivel de seguridad a los usuarios. En lugar de almacenar las claves privadas en un solo lugar, como lo hacen la mayoría de las carteras de criptomonedas, las claves privadas se dividen y se almacenan en múltiples servidores seguros.

El proceso de firma de transacciones se lleva a cabo a través de un proceso de "compartición de secretos" entre los diferentes servidores, lo que significa que nunca se comparte la clave privada completa en ningún momento. En su lugar, los diferentes servidores realizan cálculos complejos en conjunto para verificar y autorizar las transacciones.

MPC Wallet ofrece una mayor protección contra ataques informáticos, ya que incluso si un servidor se ve comprometido, el atacante no puede acceder a la clave privada completa. Además, la cartera también puede ser utilizada por múltiples usuarios de manera segura, lo que es útil para empresas o grupos que desean compartir el control de una cartera de criptomonedas.

MULTIFIRMA

La multifirma, también conocida como firma múltiple o multisig (del inglés "multi-signature"), es una técnica de seguridad utilizada en la gestión de criptomonedas y otras transacciones financieras que requiere la aprobación de varias partes antes de realizar una transacción.

En una transacción multifirma, se requiere que al menos dos o más partes autoricen la transacción mediante el uso de sus claves privadas. Por ejemplo, en una billetera multifirma, puede haber tres claves privadas: una perteneciente al usuario, otra perteneciente al proveedor de billetera y una tercera perteneciente a una entidad de confianza. Para realizar una transacción, dos o más de estas claves privadas deben ser utilizadas para autorizar la transacción.

La técnica de multifirma se utiliza para aumentar la seguridad y reducir el riesgo de fraude o robo de criptomonedas. Si un atacante logra obtener una sola clave privada, no podrá realizar una transacción sin las demás claves privadas necesarias. Además, la técnica de multifirma puede ser utilizada por empresas u organizaciones que deseen compartir el control de una cuenta de criptomonedas o transacciones financieras, lo que proporciona una mayor transparencia y seguridad en las operaciones.

MYCELIUM

Mycelium es un monedero de criptomonedas diseñado para dispositivos móviles que permite a los usuarios almacenar, enviar y recibir Bitcoin y otras criptomonedas de forma segura y fácil. Fue creado en 2013 por el equipo de Mycelium, una empresa con sede en Austria que se dedica al desarrollo de soluciones para criptomonedas.

Mycelium es uno de los monederos móviles de Bitcoin más populares y cuenta con una serie de características útiles, como la gestión de múltiples carteras, la creación de direcciones de cambio, la verificación de pagos y la creación de transacciones con tarifas personalizables. También ofrece integración con servicios de intercambio de criptomonedas y herramientas de seguridad, como el uso de PIN y huella dactilar, para proteger la privacidad y los fondos de los usuarios.

Además, Mycelium es conocido por su función de cartera HD (Hierarchical Deterministic), que permite a los usuarios generar una nueva dirección para cada transacción, lo que aumenta la privacidad y la seguridad de las transacciones. También es compatible con hardware wallets, lo que proporciona una capa adicional de seguridad para las carteras de los usuarios.

N

NEAR

NEAR es una criptomoneda y una plataforma blockchain de código abierto diseñada para facilitar el desarrollo y el uso de aplicaciones descentralizadas (dApps). NEAR Protocol es una plataforma blockchain escalable que utiliza la tecnología de consenso Proof of Stake (PoS) y la computación en paralelo para lograr un alto rendimiento y una experiencia de usuario rápida y sin fricciones. NEAR se utiliza como la moneda nativa para pagar por las transacciones y los servicios dentro de la plataforma NEAR. Además, NEAR también se utiliza para la participación en la gobernanza y la toma de decisiones en la red.

NEAR PROTOCOL

Near Protocol es una plataforma de blockchain de código abierto descentralizada que tiene como objetivo ofrecer una solución escalable y sostenible para el desarrollo y ejecución de aplicaciones descentralizadas (dApps). La plataforma utiliza un algoritmo de consenso de prueba de participación, llamado "Proof of Stake for Validators" (PoS), que permite la validación de bloques y la creación de nuevos tokens. Near Protocol también ofrece herramientas para desarrolladores, incluyendo una red de pruebas y una interfaz de programación de aplicaciones (API) para construir dApps en la plataforma. El token nativo de Near Protocol se llama NEAR.

NED SCOTT

Ned Scott es un empresario estadounidense conocido por ser el cofundador y ex CEO de la red social blockchain Steemit. Scott fundó Steemit en 2016 junto con Dan Larimer, con el objetivo de crear una plataforma social basada en la tecnología blockchain donde los usuarios pudieran ganar criptomonedas a través de la creación de contenido y la interacción en línea.

Scott se desempeñó como CEO de Steemit hasta 2018, y desde entonces ha trabajado en otros proyectos relacionados con blockchain y criptomonedas.

NEXO

Nexo es una plataforma de préstamos y créditos en línea que permite a los usuarios obtener préstamos instantáneos en efectivo respaldados por criptomonedas. La plataforma también ofrece una opción para ganar intereses en las criptomonedas que se depositan en la cuenta del usuario. Además, Nexo también ofrece una tarjeta de crédito que permite a los usuarios gastar sus criptomonedas en cualquier lugar que acepte tarjetas de crédito, lo que facilita el uso de las criptomonedas en la vida cotidiana. Nexo cuenta con un token llamado NEXO, que se utiliza como un medio de recompensa para los usuarios y como una forma de acceso a las características avanzadas de la plataforma.

NFT

Un NFT, o token no fungible, es un tipo de token criptográfico único que representa un activo digital exclusivo y no intercambiable. A diferencia de las criptomonedas comunes, como Bitcoin o Ethereum, que son fungibles, lo que significa que cada unidad es igual y se puede intercambiar por cualquier otra unidad, los NFT son únicos y no pueden ser intercambiados por otros tokens.

Los NFTs se utilizan principalmente en el ámbito de los bienes digitales, como obras de arte, música, videos y otros contenidos digitales. Los NFT permiten a los creadores de estos bienes digitales autenticarlos como originales y únicos, y permiten a los compradores poseer y transferir la propiedad de estos activos digitales.

Los NFTs utilizan la tecnología blockchain para garantizar la autenticidad y la propiedad exclusiva de un activo digital. Cada NFT contiene información única que lo identifica, como el autor, la fecha de creación, la descripción del objeto y su estado de propiedad.

El mercado de los NFTs ha crecido significativamente en los últimos años, y algunos NFTs se han vendido por millones de dólares en subastas. Además de los bienes digitales, los NFTs también se están utilizando en otras aplicaciones, como en juegos y en el mundo deportivo para representar objetos virtuales y recuerdos de eventos deportivos.

NFT DINÁMICO

Un NFT dinámico es un tipo de token no fungible (NFT) que tiene la capacidad de cambiar de forma o contenido en función de ciertos parámetros o variables.

A diferencia de los NFTs estáticos, que son archivos digitales únicos e inmutables, los NFTs dinámicos pueden ser programados para cambiar su contenido, apariencia o funcionalidad en función de ciertas condiciones. Esto se logra mediante el uso de contratos inteligentes en blockchain, que permiten que los NFTs dinámicos se actualicen automáticamente en función de los datos o eventos que se produzcan en la cadena de bloques.

Por ejemplo, un NFT dinámico podría ser un token que representa una obra de arte digital que cambia de forma o color en función de la hora del día o de la actividad en las redes sociales. Otro ejemplo podría ser un NFT que representa un juego coleccionable que cambia de estado o nivel en función del número de personas que lo poseen.

La naturaleza programable y adaptable de los NFTs dinámicos abre un gran abanico de posibilidades creativas y funcionales para los desarrolladores y creadores de contenido en blockchain, permitiendo la creación de experiencias más ricas e interactivas para los usuarios de criptomonedas.

NIKIL VISWANATHAN

Nikil Viswanathan es un emprendedor y empresario estadounidense que es conocido por ser el cofundador de la plataforma de infraestructura blockchain Alchemy.

Viswanathan obtuvo su licenciatura en Ciencias de la Computación de la Universidad de Stanford en 2012. Después de graduarse, trabajó en varias startups tecnológicas, incluyendo una empresa de inteligencia artificial llamada Ayasdi, donde trabajó como ingeniero de software.

En 2017, Viswanathan cofundó Alchemy junto con Joe Lau, con el objetivo de proporcionar herramientas y servicios para desarrolladores que trabajan en aplicaciones descentralizadas (dApps) en blockchain. La plataforma Alchemy ha ganado popularidad en la comunidad de criptomonedas y ha sido adoptada por varias compañías de criptomonedas y fintech.

En 2021, Viswanathan fue incluido en la lista Forbes 30 under 30 en la categoría de tecnología empresarial.

NIVEL DE SOPORTE

El nivel de soporte es un término utilizado en el análisis técnico del mercado financiero para describir un nivel de precio específico en el que se espera que un activo financiero tenga dificultades para disminuir su valor. En otras palabras, es el nivel de precio en el que la demanda del activo supera a la oferta, lo que impide que el precio caiga más.

El nivel de soporte se considera importante porque puede indicar un punto de inversión en una tendencia bajista o una zona en la que los inversores pueden considerar comprar el activo. Si el precio de un activo cae por debajo del nivel de soporte, puede ser una señal de que la tendencia bajista se ha fortalecido y que el precio puede continuar cayendo.

Los niveles de soporte pueden identificarse utilizando diferentes herramientas y técnicas de análisis técnico, como gráficos de precios, indicadores técnicos y análisis de volumen. Es importante tener en cuenta que los niveles de soporte no siempre son exactos y pueden fluctuar a medida que cambian las condiciones del mercado.

NODO

En el contexto de la tecnología blockchain, un nodo se refiere a cualquier dispositivo conectado a la red que procesa y almacena copias de la cadena de bloques. Los nodos son esenciales para la seguridad y la integridad de la cadena de bloques, ya que validan y verifican las transacciones y los bloques de la cadena de bloques.

Cada nodo de la red tiene una copia completa de la cadena de bloques, lo que significa que tiene acceso a todas las transacciones y bloques que se han agregado a la cadena de bloques. Los nodos pueden ser operados por personas, organizaciones o empresas, y pueden ejecutarse en diferentes tipos de hardware, como computadoras personales, servidores o dispositivos móviles.

Los nodos realizan varias funciones en la red de la cadena de bloques, incluyendo:

Validar transacciones: los nodos reciben y validan las transacciones antes de que se agreguen a la cadena de bloques. Cada nodo verifica que la transacción cumpla con las reglas y los requisitos de la cadena de bloques antes de enviarla a otros nodos para su validación.

Verificar bloques: los nodos también verifican los bloques de la cadena de bloques para asegurarse de que sean válidos y que contengan transacciones precisas. Cada nodo verifica la integridad de cada bloque antes de aceptarlo y agregarlo a su copia de la cadena de bloques.

Mantener una copia de la cadena de bloques: cada nodo almacena una copia completa de la cadena de bloques, lo que significa que tiene acceso a todas las transacciones y bloques que se han agregado a la cadena de bloques.

En resumen, un nodo es cualquier dispositivo conectado a la red que procesa y almacena copias de la cadena de bloques. Los nodos son esenciales para la seguridad y la integridad de la cadena de bloques, ya que validan y verifican las transacciones y los bloques de la cadena de bloques.

NODO SEMILLA

Un nodo semilla (seed node en inglés) es un nodo de una red de blockchain que se utiliza como punto de entrada para nuevos nodos que se unen a la red. Los nodos semilla actúan como puntos de referencia para los nodos que se unen a la red, proporcionando información y direcciones IP de otros nodos en la red.

Cuando un nuevo nodo se une a la red, se comunica con uno o varios nodos semilla para obtener una lista de otros nodos en la red. Los nodos semilla son esenciales para la creación de nuevas redes de blockchain y para la conexión de nuevos nodos a la red existente.

Los nodos semilla generalmente se configuran en servidores dedicados y de alta disponibilidad, para garantizar que estén siempre disponibles y que puedan proporcionar una lista actualizada de nodos en la red. También suelen estar configurados con direcciones IP estáticas, para que los nuevos nodos puedan encontrarlos fácilmente y conectarse a ellos.

Es importante señalar que los nodos semilla no tienen una función de validación en la red. Simplemente actúan como un punto de entrada para los nuevos nodos, proporcionándoles información sobre la red y sus participantes. Los nodos que se conectan a la red a través de un nodo semilla deben pasar por un proceso de validación antes de que se les permita participar en la red de blockchain.

NONCE

En el contexto de la tecnología blockchain y la criptomoneda, un nonce es un número arbitrario que se incluye en un bloque en el proceso de minería de prueba de trabajo.

La minería de prueba de trabajo es un proceso utilizado por algunas criptomonedas, como Bitcoin, para confirmar las transacciones y agregar nuevos bloques a la cadena de bloques. Los mineros utilizan una gran cantidad de poder de cómputo para resolver un problema matemático complejo que implica la combinación de datos del bloque y un nonce. El objetivo es encontrar un hash del bloque que cumpla con ciertos requisitos de dificultad.

El nonce es una variable que los mineros pueden cambiar repetidamente en su intento de resolver el problema matemático y encontrar un hash válido. Al cambiar el nonce, los mineros están esencialmente intentando adivinar un número aleatorio que les permita encontrar el hash correcto y, por lo tanto, completar el bloque.

Una vez que un minero encuentra el nonce correcto y genera un hash válido que cumple con los requisitos de dificultad, puede agregar el bloque a la cadena de bloques y recibir una recompensa en la criptomoneda correspondiente.

En resumen, un nonce es un número arbitrario que se incluye en el proceso de minería de prueba de trabajo y que los mineros pueden cambiar repetidamente en su intento de resolver el problema matemático y generar un hash válido para confirmar las transacciones y agregar nuevos bloques a la cadena de bloques.

NOVI

Novi es una billetera digital creada por Facebook para su criptomoneda Diem (anteriormente conocida como Libra). Novi permitirá a los usuarios enviar y recibir pagos en Diem, así como también almacenar y administrar su criptomoneda. La aplicación Novi tiene como objetivo facilitar las transacciones financieras y hacer que las criptomonedas sean más accesibles para los usuarios de todo el mundo. La plataforma todavía no ha sido lanzada, pero se espera que se lance junto con la criptomoneda Diem en algún momento en el futuro.

OFERTA CIRCULANTE

La oferta circulante (también conocida como suministro circulante) se refiere a la cantidad total de una criptomoneda que se encuentra actualmente en circulación y disponible para ser comprada, vendida o utilizada.

La oferta circulante incluye todas las unidades de una criptomoneda que han sido creadas y distribuidas a través de recompensas de minería, ventas de tokens o cualquier otro mecanismo de distribución. No incluye las unidades de una criptomoneda que han sido perdidas o quemadas, o que están bloqueadas en contratos inteligentes o en otros mecanismos de custodia.

La oferta circulante es una métrica importante para entender la capitalización de mercado de una criptomoneda. La capitalización de mercado se calcula multiplicando el precio actual de una criptomoneda por su oferta circulante. Esta métrica puede ayudar a los inversores a entender cuánto valor se está asignando a una criptomoneda en el mercado.

Es importante tener en cuenta que la oferta circulante no es lo mismo que la oferta máxima o el límite de suministro de una criptomoneda. La oferta máxima es la cantidad total de unidades que se pueden crear de una criptomoneda, mientras que la oferta circulante es la cantidad actualmente en circulación.

OFERTA MÁXIMA

La oferta máxima (también conocida como suministro máximo) se refiere a la cantidad máxima de una criptomoneda que puede ser creada y puesta en circulación.

La mayoría de las criptomonedas tienen una oferta máxima establecida en su protocolo, y esta cantidad puede variar ampliamente entre diferentes criptomonedas. Por ejemplo, la oferta máxima de Bitcoin es de 21 millones de BTC, mientras que la oferta máxima de Ripple (XRP) es de 100 mil millones de XRP.

La oferta máxima se establece generalmente en el protocolo de la criptomoneda y es fija, lo que significa que no puede ser modificada a menos que se realice una actualización importante del protocolo. La oferta máxima también puede estar vinculada a la política monetaria de la criptomoneda, y algunas criptomonedas pueden tener reducciones en su tasa de emisión de nuevas unidades a lo largo del tiempo.

Es importante tener en cuenta que la oferta máxima no es lo mismo que la oferta circulante de una criptomoneda. La oferta circulante es la cantidad actualmente en circulación, mientras que la oferta máxima es la cantidad máxima teórica que puede ser creada. El hecho de que una criptomoneda tenga una oferta máxima no significa necesariamente que su oferta circulante se acerque a este límite.

OM

OM es el token nativo de la plataforma Mantra DAO, que es una comunidad descentralizada y plataforma DeFi (finanzas descentralizadas) construida sobre Polkadot. OM es un token de utilidad que se utiliza para acceder a servicios y productos en la plataforma, como la participación en gobernanza y la obtención de recompensas en la plataforma. La plataforma Mantra DAO ofrece una variedad de servicios, incluyendo préstamos, depósitos y otras herramientas de gestión financiera, y está diseñada para ser escalable y personalizable para satisfacer las necesidades de la comunidad. Además de su utilidad en la plataforma Mantra DAO, OM también se puede intercambiar en varios intercambios de criptomonedas.

OMG

OMG es el símbolo o token nativo de la red OmiseGO, una plataforma descentralizada que busca permitir transacciones financieras en tiempo real, sin fricciones y sin fronteras. La red OmiseGO es una solución basada en Ethereum que utiliza contratos inteligentes para permitir la transferencia y el intercambio de activos digitales y tradicionales. El token OMG se utiliza como moneda de la red para pagar tarifas de transacción y asegurar la red a través de mecanismos de staking. Además, OMG también se utiliza como una forma de participar en la gobernanza y la toma de decisiones en la red OmiseGO.

OMISEGO

OmiseGO (OMG) es una plataforma descentralizada de intercambio y liquidación de activos basada en la tecnología blockchain de Ethereum. OmiseGO se propone crear una red de pago global y de bajo costo que permita a cualquier persona, en cualquier parte del mundo, realizar transacciones financieras sin las limitaciones de las infraestructuras financieras tradicionales. La plataforma se basa en la tecnología Plasma de Ethereum, que permite procesar un gran número de transacciones a una velocidad mucho mayor que la cadena principal de Ethereum. Además de su uso como plataforma de pago, OmiseGO también puede utilizarse como una herramienta de gestión de activos, y la empresa ha desarrollado varias herramientas y productos de software que pueden ser utilizados por los desarrolladores para crear aplicaciones descentralizadas en la plataforma. La criptomoneda nativa de la plataforma es OMG, que se utiliza para pagar las tarifas de transacción y también se puede utilizar como un activo de inversión.

ONE

ONE es el símbolo o token nativo de la red Harmony, una plataforma de blockchain diseñada para permitir la creación y el uso de aplicaciones descentralizadas (dApps) de alta velocidad y bajo costo. La red Harmony se basa en una arquitectura de múltiples cadenas y utiliza algoritmos de consenso eficientes y seguros para lograr un alto rendimiento y una latencia baja en la ejecución de transacciones. El token ONE se utiliza para pagar las tarifas de transacción en la red, para participar en la gobernanza y para incentivar a los validadores de la red.

OPCIÓN

Una opción es un contrato financiero entre dos partes que otorga al comprador el derecho, pero no la obligación, de comprar o vender un activo subyacente a un precio específico en o antes de una fecha determinada. El vendedor de la opción, también conocido como el escritor, está obligado a vender o comprar el activo subyacente si el comprador de la opción decide ejercer su derecho.

Las opciones se negocian en mercados organizados y pueden ser utilizadas para una variedad de propósitos, como la especulación, la cobertura y la gestión de riesgos. Hay dos tipos principales de opciones: las opciones de compra (call options) y las opciones de venta (put options).

Las opciones de compra (call options) otorgan al comprador el derecho, pero no la obligación, de comprar el activo subyacente a un precio específico en una fecha determinada. Si el precio del activo subyacente aumenta por encima del precio de ejercicio de la opción, el comprador de la opción puede ejercer su derecho y comprar el activo subyacente a un precio más bajo.

Las opciones de venta (put options) otorgan al comprador el derecho, pero no la obligación, de vender el activo subyacente a un precio específico en una fecha determinada. Si el precio del activo subyacente cae por debajo del precio de ejercicio de la opción, el comprador de la opción puede ejercer su derecho y vender el activo subyacente a un precio más alto.

Es importante destacar que el comprador de una opción paga una prima por el derecho a comprar o vender el activo subyacente. Si el comprador no ejerce su derecho antes de la fecha de vencimiento de la opción, la opción expira sin valor y el comprador pierde la prima que pagó por la opción.

OPENSEA

OpenSea es una plataforma de comercio electrónico descentralizada basada en la tecnología blockchain que permite a los usuarios comprar, vender y descubrir objetos digitales únicos como arte digital, juegos, música, videos y otros tipos de activos digitales únicos conocidos como tokens no fungibles o NFTs.

En OpenSea, los usuarios pueden navegar por una amplia variedad de NFTs, comprar y vender activos digitales únicos, así como crear y vender sus propios NFTs. La plataforma utiliza la cadena de bloques Ethereum y permite a los usuarios verificar la autenticidad de los NFTs que están comprando y vender.

Además de ser una plataforma de comercio electrónico, OpenSea también es una herramienta para los creadores de contenido digital que desean monetizar su trabajo y obtener ingresos mediante la venta de activos digitales únicos en la plataforma.

OpenSea se lanzó en 2018 y ha ganado popularidad en la comunidad de criptomonedas y el mundo del arte digital. La plataforma también ha integrado otras tecnologías blockchain y ha ampliado su oferta de NFTs para incluir otros tipos de activos digitales únicos.

ORÁCULO

En el contexto de las criptomonedas y la blockchain, un oráculo es un servicio que proporciona datos externos a un contrato inteligente. Los contratos inteligentes son programas informáticos que se ejecutan en una cadena de bloques y pueden ejecutar automáticamente transacciones y pagos cuando se cumplen ciertas condiciones. Sin embargo, la mayoría de las cadenas de bloques son inherentemente limitadas en cuanto a la información que pueden acceder y procesar, y no pueden obtener información del mundo externo por sí solas.

Es aquí donde los oráculos entran en juego. Los oráculos proporcionan datos externos a los contratos inteligentes, lo que permite a los contratos responder a eventos del mundo real, como los precios de las acciones, las tasas de cambio, los resultados deportivos y otros datos de interés. Los oráculos pueden ser administrados por un solo proveedor o pueden ser administrados por una red descentralizada de proveedores, conocidos como oráculos descentralizados.

Los oráculos son importantes para la funcionalidad de muchos contratos inteligentes, ya que permiten la creación de aplicaciones descentralizadas que pueden interactuar con el mundo real. Sin embargo, también son susceptibles a ataques, y la seguridad y la confiabilidad de los oráculos son importantes para garantizar la integridad y la estabilidad de la red.

ORDEN

En el contexto de las criptomonedas, una "orden" se refiere a una instrucción que un inversor envía a un exchange de criptomonedas para comprar o vender una criptomoneda a un precio específico en el futuro.

Hay dos tipos principales de órdenes en el trading de criptomonedas:

Una orden de compra: es una instrucción enviada por un inversor a un exchange de criptomonedas para comprar una criptomoneda a un precio específico. Por ejemplo, si un inversor cree que el precio de Bitcoin bajará a $45,000, puede enviar una orden de compra para comprar Bitcoin a $45,000 en el futuro.

Una orden de venta: es una instrucción enviada por un inversor a un exchange de criptomonedas para vender una criptomoneda a un precio específico. Por ejemplo, si un inversor posee Bitcoin y cree que el precio subirá a $60,000, puede enviar una orden de venta para vender Bitcoin a $60,000 en el futuro.

Hay varios tipos de órdenes, incluyendo órdenes de mercado, órdenes límite, órdenes stop y órdenes stop-límite. Cada tipo de orden tiene su propio conjunto de reglas y restricciones que deben ser comprendidas por el inversor antes de enviar la orden.

Es importante tener en cuenta que enviar una orden no garantiza que se completará la transacción, ya que el precio de la criptomoneda puede cambiar antes de que se cumpla la orden. Por lo tanto, es importante seguir de cerca las órdenes y ajustarlas según sea necesario para reflejar las condiciones del mercado en constante cambio.

ORDEN DE COMPRA

Una orden de compra es una instrucción que un inversor envía a un exchange de criptomonedas para comprar una cantidad específica de una criptomoneda a un precio determinado en el futuro.

Existen varios tipos de órdenes de compra que se pueden enviar a un exchange de criptomonedas, pero las dos principales son:

- Orden de compra a precio límite: una orden de compra a precio límite permite al inversor comprar una criptomoneda a un precio específico. Por ejemplo, si el precio actual de Bitcoin es de $50,000, un inversor podría enviar una orden de compra a precio límite para comprar Bitcoin a $48,000. La orden solo se ejecutará si el precio de Bitcoin cae a $48,000 o menos.
- Orden de compra a precio de mercado: una orden de compra a precio de mercado permite al inversor comprar una criptomoneda al precio actual del mercado. Por ejemplo, si el precio actual de Bitcoin es de $50,000, un inversor podría enviar una orden de compra a precio de mercado para comprar Bitcoin al precio actual de $50,000.

Es importante tener en cuenta que una orden de compra no garantiza que se completará la transacción, ya que el precio de la criptomoneda puede cambiar antes de que se cumpla la orden. Por lo tanto, es importante seguir de cerca las órdenes y ajustarlas según sea necesario para reflejar las condiciones del mercado en constante cambio.

ORDEN DE VENTA

Una orden de venta es una instrucción que un inversor envía a un exchange de criptomonedas para vender una cantidad específica de una criptomoneda a un precio determinado en el futuro.

Existen varios tipos de órdenes de venta que se pueden enviar a un exchange de criptomonedas, pero las dos principales son:

- Orden de venta a precio límite: una orden de venta a precio límite permite al inversor vender una criptomoneda a un precio específico. Por ejemplo, si el precio actual de Bitcoin es de $50,000, un inversor podría enviar una orden de venta a precio límite para vender Bitcoin a $55,000. La orden solo se ejecutará si el precio de Bitcoin sube a $55,000 o más.

- Orden de venta a precio de mercado: una orden de venta a precio de mercado permite al inversor vender una criptomoneda al precio actual del mercado. Por ejemplo, si el precio actual de Bitcoin es de $50,000, un inversor podría enviar una orden de venta a precio de mercado para vender Bitcoin al precio actual de $50,000.

Es importante tener en cuenta que una orden de venta no garantiza que se completará la transacción, ya que el precio de la criptomoneda puede cambiar antes de que se cumpla la orden. Por lo tanto, es importante seguir de cerca las órdenes y ajustarlas según sea necesario para reflejar las condiciones del mercado en constante cambio.

ORDEN FOK

Una orden FOK (Fill or Kill) es un tipo de orden de compra o venta que se utiliza en los mercados financieros. Con este tipo de orden, la transacción debe ser completada en su totalidad o cancelada en el mismo momento en que se introduce la orden.

En otras palabras, si no hay suficiente cantidad disponible en el mercado para llenar toda la orden, la orden se cancela automáticamente y no se ejecuta en absoluto. Esto evita que una orden parcialmente ejecutada permanezca en el mercado.

Las órdenes FOK son adecuadas para los inversores que desean comprar o vender un activo en su totalidad y que no quieren arriesgarse a que una orden permanezca en el mercado durante un período prolongado de tiempo. También son útiles para evitar ejecuciones parciales o a precios menos favorables.

ORDEN GTC

Una orden GTC (Good 'Til Canceled) es un tipo de orden de compra o venta que se utiliza en los mercados financieros. Esta orden permanece vigente hasta que se cancela manualmente por el inversor o hasta que se ejecuta la transacción. Es decir, una vez que se envía la orden al mercado, permanece allí hasta que se cumpla una de las dos condiciones mencionadas.

Las órdenes GTC son útiles para los inversores que tienen una visión a largo plazo o que desean establecer una posición en un valor específico en un momento determinado. Por ejemplo, un inversor puede colocar una orden

GTC para comprar acciones de una empresa a un precio determinado, y la orden permanecerá vigente hasta que se ejecute la transacción o hasta que el inversor cancele la orden.

ORDEN GTT

Una orden GTT (Good Till Triggered) es un tipo de orden de compra o venta que permanece vigente hasta que se activa un disparador. El disparador puede ser un precio determinado del activo subyacente, una orden de otro tipo, una fecha específica, u otra condición preestablecida. Una vez que se activa el disparador, la orden se convierte en una orden de mercado o limitada y se ejecuta en función de los parámetros establecidos en la orden GTT.

Este tipo de orden es especialmente útil para aquellos inversores que desean controlar mejor el momento de ejecución de una orden, ya que les permite establecer una orden en el momento en que se crea la idea, pero esperar hasta que se cumpla una condición determinada para ejecutar la orden. De esta manera, los inversores pueden evitar tener que estar constantemente pendientes de los movimientos del mercado y pueden tomar decisiones más informadas sobre el momento en que desean ejecutar su orden.

ORDEN IOC

Una orden IOC (Immediate or Cancel) es un tipo de orden de compra o venta utilizada en los mercados financieros. Este tipo de orden se utiliza para realizar transacciones al precio actual del mercado, pero si no se puede ejecutar al instante, la orden se cancela inmediatamente.

Por lo tanto, si una orden IOC no se puede ejecutar al precio de mercado actual, se cancela automáticamente. Esto significa que las órdenes IOC solo se ejecutan si hay suficiente liquidez en el mercado para satisfacerlas. De lo contrario, la orden se cancela de inmediato para evitar ejecuciones parciales o a precios menos favorables.

Las órdenes IOC son adecuadas para los inversores que desean realizar transacciones inmediatas y que no quieren correr el riesgo de que una orden permanezca en el mercado durante un período prolongado.

ORDEN LÍMITE

Una orden límite es una instrucción que un inversor envía a un exchange de criptomonedas para comprar o vender una criptomoneda a un precio específico o mejor.

Existen dos tipos de órdenes límite:

- Orden límite de compra: una orden límite de compra es una instrucción para comprar una criptomoneda a un precio específico o inferior. Por ejemplo, si el precio actual de Bitcoin es de $50,000, un inversor podría enviar una orden límite de compra para comprar Bitcoin a $45,000. Si el precio de Bitcoin cae a $45,000 o menos, la orden se ejecutará y el inversor comprará Bitcoin a ese precio.
- Orden límite de venta: una orden límite de venta es una instrucción para vender una criptomoneda a un precio específico o superior. Por ejemplo, si el precio actual de Bitcoin es de $50,000, un inversor podría enviar una orden límite de venta para vender Bitcoin a $55,000. Si el precio de Bitcoin sube a $55,000 o más, la orden se ejecutará y el inversor venderá Bitcoin a ese precio.

Es importante tener en cuenta que una orden límite no garantiza que se completará la transacción, ya que el precio de la criptomoneda puede no llegar al precio especificado en la orden. Además, es posible que la orden no se ejecute completamente si no hay suficiente liquidez en el mercado para llenar la orden completa. Por lo tanto, es importante seguir de cerca las órdenes límite y ajustarlas según sea necesario para reflejar las condiciones del mercado en constante cambio.

ORDEN MARKET

Una orden "market" (mercado) es un tipo de orden de compra o venta en el que el trader solicita la ejecución inmediata de la orden al mejor precio disponible en el mercado en ese momento. En otras palabras, el trader está dispuesto a comprar o vender el activo al precio actual del mercado, sin importar cuál sea ese precio. La ejecución de una orden de mercado es rápida, ya que se realiza al precio actual del mercado, y no hay garantía de que se obtenga un precio específico. Este tipo de orden es adecuado para aquellos que desean comprar o vender un activo de manera rápida y no tienen una preferencia particular por el precio al que se realiza la transacción. Sin embargo, la falta de control sobre el precio puede generar un mayor riesgo en la operación, especialmente en mercados volátiles.

ORDEN OCO

Una orden OCO (one-cancels-the-other) es un tipo de orden avanzado utilizado en el trading para establecer dos órdenes condicionales, que se ejecutarán dependiendo de la dirección del mercado. Una orden OCO consta de dos órdenes, la orden principal y la orden secundaria. La orden principal es la orden de compra o venta que se establece al precio actual del mercado. La orden secundaria es una orden de stop-loss o take-profit, que se ejecutará automáticamente si la orden principal se activa.

En una orden OCO, si la orden principal se activa, la orden secundaria se cancelará automáticamente. Por otro lado, si la orden secundaria se ejecuta, la orden principal se cancelará automáticamente. El objetivo principal de utilizar una orden OCO es controlar los riesgos y maximizar las ganancias en una operación. Si se establece una orden de stop-loss y una orden de take-profit en una orden OCO, el trader puede protegerse contra posibles pérdidas y, al mismo tiempo, asegurar las ganancias si el precio se mueve a su favor.

La orden OCO es una herramienta muy útil para los traders que desean establecer posiciones en el mercado con una gestión de riesgo efectiva, ya que permite establecer niveles de ganancia y pérdida de manera simultánea.

ORDEN STOP-LIMIT

Una orden stop-limit es un tipo de orden utilizada en el trading de criptomonedas que combina características de una orden stop y una orden límite. Esta orden permite a los inversores establecer un precio límite para una orden de venta o de compra después de que se alcance un cierto precio límite.

Por ejemplo, si un inversor desea comprar una criptomoneda y establece una orden stop-limit a un precio de $50,000, la orden se ejecutará cuando el precio alcance o supere los $50,000. En ese momento, se activará una orden límite y la transacción se realizará a un precio límite preestablecido por el inversor, por ejemplo, $51,000. Si el precio de la criptomoneda no alcanza el precio stop de $50,000, la orden no se activará y no se realizará ninguna transacción.

En resumen, una orden stop-limit permite a los inversores controlar el precio al que se ejecuta una orden después de que se alcance un cierto nivel de precio. Esto puede ayudar a los inversores a limitar el riesgo de slippage y obtener un mejor control sobre sus transacciones. Sin embargo, es importante tener en cuenta que esta orden puede no ser adecuada para todos los inversores, y es necesario tener una estrategia clara antes de utilizar este tipo de orden en el trading de criptomonedas.

ORDEN STOP-LOSS

Una orden stop-loss es una instrucción que un inversor envía a un exchange de criptomonedas para vender una criptomoneda automáticamente si su precio cae por debajo de un nivel determinado. La orden stop-loss se utiliza para limitar las pérdidas en una posición abierta.

Existen dos tipos de órdenes stop-loss:

Orden stop-loss de venta: una orden stop-loss de venta se utiliza para cerrar una posición abierta automáticamente si el precio de la criptomoneda cae por debajo de un nivel especificado. Por ejemplo, si un inversor tiene una posición larga en Bitcoin a $50,000 y establece una orden stop-loss de venta en $45,000, la orden se ejecutará automáticamente si el precio de Bitcoin cae a $45,000 o menos. Esto permite al inversor limitar sus pérdidas si el precio de Bitcoin cae significativamente.

Orden stop-loss de compra: una orden stop-loss de compra se utiliza para cerrar una posición corta automáticamente si el precio de la criptomoneda sube por encima de un nivel especificado. Por ejemplo, si un inversor tiene una posición corta en Bitcoin a $50,000 y establece una orden stop-loss de compra en $55,000, la orden se ejecutará automáticamente si el precio de Bitcoin sube a $55,000 o más. Esto permite al inversor limitar sus pérdidas si el precio de Bitcoin sube significativamente.

Es importante tener en cuenta que una orden stop-loss no garantiza que se completará la transacción al precio especificado, ya que el precio de la criptomoneda puede fluctuar rápidamente. Además, las órdenes stop-loss pueden ser vulnerables a la volatilidad del mercado, especialmente en mercados de baja liquidez o durante eventos de noticias importantes. Por lo tanto, es importante utilizar órdenes stop-loss con precaución y siempre tener en cuenta los riesgos involucrados en el trading de criptomonedas.

ORDEN TRAILING STOP

Una orden trailing stop (también conocida como stop móvil) es un tipo de orden de trading que permite a los traders establecer un nivel de stop loss que se mueve automáticamente en la dirección favorable del precio de mercado.

En una orden trailing stop, el trader establece un nivel de stop loss en una distancia específica del precio de mercado. Si el precio del mercado se mueve en la dirección favorable del trader, la orden trailing stop se ajusta automáticamente para mantener el mismo nivel de distancia con el precio de mercado. Si el precio del mercado se mueve en la dirección desfavorable del trader, la orden trailing stop permanece en su lugar.

Por ejemplo, si un trader establece una orden trailing stop para una criptomoneda a un nivel de $100, y el precio de mercado comienza a subir a $105, la orden trailing stop se ajustará automáticamente para mantener una distancia de $5 por debajo del precio de mercado actual. Si el precio de mercado luego comienza a caer, la orden trailing stop permanecerá en su lugar en $5 por debajo del precio de mercado actual, y se ejecutará si el precio de mercado alcanza ese nivel.

Las órdenes trailing stop son una herramienta popular entre los traders que desean maximizar sus ganancias y minimizar sus pérdidas en un mercado volátil, ya que permiten al trader ajustar automáticamente el nivel de stop loss a medida que el precio de mercado cambia en su dirección favorita.

ORDERBOOK

Un orderbook es un término en inglés que se refiere al libro de órdenes en un exchange de criptomonedas o en cualquier otro mercado financiero. El orderbook es un registro electrónico de todas las órdenes de compra y venta de un activo en particular, que muestra la cantidad de activos ofrecidos a un precio determinado y la cantidad de activos demandados a un precio determinado.

El orderbook se divide en dos secciones: la sección de órdenes de compra (también conocida como bids en inglés) y la sección de órdenes de venta (también conocida como asks en inglés). Cada sección del orderbook muestra el precio al que los participantes del mercado están dispuestos a comprar o vender un activo y la cantidad de activos que están dispuestos a comprar o vender a ese precio.

Los traders y participantes del mercado utilizan el orderbook para tomar decisiones informadas sobre cuándo comprar o vender un activo y a qué precio. También pueden utilizar el orderbook para predecir la dirección futura del precio de un activo y ajustar su estrategia en consecuencia. El orderbook es una herramienta esencial para la formación de precios en los mercados financieros y permite la transparencia y eficiencia en las operaciones.

OSCILADOR ESTOCÁSTICO

El oscilador estocástico es un indicador técnico utilizado en el análisis técnico del mercado financiero para medir la relación entre el precio de cierre de un activo y su rango de precios en un período determinado. Fue desarrollado por el analista técnico George Lane en la década de 1950 y se utiliza comúnmente para determinar los niveles de sobrecompra y sobreventa de un activo. El oscilador estocástico se representa como una línea que fluctúa entre cero y cien, y se utiliza junto con otros indicadores técnicos para confirmar las tendencias del mercado y las señales de compra y venta.

OSO

En el mundo de las criptomonedas y las inversiones financieras, un "oso" es una persona que es pesimista sobre el futuro del mercado y espera que los precios de los activos caigan. Por lo tanto, el término "mercado bajista" se utiliza a menudo para describir un período en el que los precios de los activos están en disminución.

El término "oso" se deriva de la forma en que un oso ataca, golpeando con sus garras hacia abajo, lo que se asemeja a una curva descendente en un gráfico de precios. Los inversores que tienen una perspectiva bajista suelen estar motivados por las noticias negativas del mercado, como una disminución en la adopción de una criptomoneda en particular o un anuncio de una nueva regulación que pueda afectar su valor.

Por el contrario, un inversor "toro" es aquel que tiene una perspectiva alcista sobre el mercado y espera que los precios de los activos aumenten. Los inversores "toro" están motivados por las noticias positivas del mercado, como un aumento en la adopción de una criptomoneda en particular o un anuncio de una nueva característica que pueda aumentar su valor.

OTC

OTC significa "Over-the-Counter" o "fuera de la bolsa". En el mundo de las criptomonedas, OTC se refiere a un tipo de transacción en el que los compradores y vendedores realizan transacciones directas entre ellos, en lugar de a través de una plataforma de intercambio.

En el comercio de criptomonedas OTC, los compradores y vendedores pueden negociar los términos de la transacción directamente entre ellos, incluyendo el precio, la cantidad y otros detalles. Esto les da más flexibilidad y privacidad que el comercio en una bolsa de valores pública, y es a menudo utilizado por grandes inversores que quieren comprar o vender grandes cantidades de criptomonedas sin afectar el precio del mercado.

A menudo, las transacciones OTC son realizadas por intermediarios conocidos como "brokers OTC" que actúan como intermediarios entre compradores y vendedores, y pueden proporcionar servicios adicionales como la custodia de activos y la ejecución de contratos inteligentes. Las transacciones OTC también pueden tener un mayor riesgo para los inversores, ya que no están reguladas de la misma manera que las transacciones realizadas en una bolsa de valores pública.

OUROBOROS

Ouroboros es un protocolo de consenso de prueba de participación (PoS) utilizado por la plataforma de blockchain Cardano. Fue desarrollado por un equipo de expertos en criptografía e informática liderado por Aggelos Kiayias, profesor de seguridad informática en la Universidad de Edimburgo y científico jefe de IOHK (Input Output Hong Kong).

El protocolo Ouroboros fue diseñado para proporcionar una alternativa más segura y sostenible a los protocolos de consenso de prueba de trabajo (PoW) utilizados por plataformas de blockchain como Bitcoin. En lugar de utilizar la potencia de procesamiento informático como medida de seguridad, Ouroboros utiliza la participación de los usuarios y su compromiso con la plataforma como medida de seguridad.

El protocolo Ouroboros utiliza un mecanismo de selección de líderes aleatorio y un sistema de votación para seleccionar a los validadores de bloques, que son responsables de validar las transacciones y asegurar la red. Los validadores son elegidos al azar y tienen la responsabilidad de producir bloques y mantener la integridad de la cadena de bloques. Además, Ouroboros utiliza un sistema de recompensas y sanciones para incentivar la participación honesta y desalentar el comportamiento malicioso.

En general, Ouroboros ha sido ampliamente reconocido como un protocolo de consenso innovador y seguro que ha mejorado significativamente la escalabilidad y la sostenibilidad de la plataforma de blockchain de Cardano.

OUTPUT

En el contexto de las criptomonedas, un "output" es una cantidad de criptomoneda que ha sido enviada a una dirección específica de la red de criptomonedas. Cada transacción de criptomonedas tiene uno o más "inputs" que se utilizan para financiar la transacción, y uno o más "outputs" que representan la cantidad de criptomoneda enviada a las direcciones de destino.

Cada output está vinculado a una dirección específica de la red de criptomonedas, y sólo puede ser gastado mediante la introducción de la clave privada asociada con esa dirección en una transacción posterior. Por lo tanto, los outputs son importantes para el seguimiento del saldo de criptomonedas de una dirección específica, y para la verificación de las transacciones en la red de criptomonedas.

En resumen, un output representa la cantidad de criptomoneda que se envía a una dirección específica como parte de una transacción de criptomonedas, y está vinculado a esa dirección hasta que se gasta en una transacción posterior.

P

P2P

P2P significa "peer-to-peer" (entre iguales), y se refiere a una red de computadoras en la que todos los nodos o participantes tienen la misma capacidad y responsabilidad. En una red P2P, los nodos se conectan directamente entre sí, sin la necesidad de un intermediario centralizado, y pueden compartir recursos como archivos, ancho de banda, poder de procesamiento y almacenamiento de datos.

Las redes P2P son comúnmente utilizadas para compartir archivos, música, videos y otros tipos de contenido en línea. También se utilizan en aplicaciones de comunicación como la mensajería instantánea y las llamadas de voz y video. En una red P2P, los nodos se comunican directamente entre sí, lo que puede proporcionar mayor privacidad y seguridad en comparación con las redes centralizadas.

Las redes P2P son muy populares en el mundo de las criptomonedas, ya que permiten la transferencia directa de activos digitales entre individuos sin la necesidad de una entidad centralizada como un banco o una bolsa de valores. Las transacciones en redes P2P de criptomonedas son registradas en la blockchain y validadas por otros nodos de la red, lo que las hace más seguras y transparentes que las transacciones en sistemas centralizados.

P2PKH

P2PKH significa "Pay to Public Key Hash" y es un tipo de dirección utilizada en la criptomoneda Bitcoin. En la red de Bitcoin, las transacciones se envían a una dirección que representa la propiedad de una cantidad específica de bitcoins. P2PKH es una forma estándar de codificar una dirección Bitcoin.

Una dirección P2PKH se compone de un hash de clave pública de 20 bytes, que es una versión abreviada de un hash SHA-256. El hash se utiliza para identificar una clave pública específica asociada con la dirección. La clave pública se utiliza para verificar que el propietario de la dirección es quien dice ser y para cifrar los datos que se envían a la dirección.

Cuando se envía Bitcoin a una dirección P2PKH, se verifica que el propietario de la clave privada asociada con la clave pública correspondiente a la dirección haya firmado la transacción. Si la firma es correcta, la transacción se valida y se agrega al blockchain de Bitcoin.

P2SH

P2SH significa "Pay to Script Hash" y es un tipo de dirección utilizada en la criptomoneda Bitcoin. En la red de Bitcoin, las transacciones se envían a una dirección que representa la propiedad de una cantidad específica de bitcoins. P2SH es una forma de codificar una dirección que permite una mayor flexibilidad en la creación de transacciones.

Una dirección P2SH se compone de un hash de script de 20 bytes, que es una versión abreviada de un hash SHA-256. El hash se utiliza para identificar un script específico asociado con la dirección. En lugar de una clave pública, un script se utiliza para verificar que el propietario de la dirección es quien dice ser y para cifrar los datos que se envían a la dirección.

El script se utiliza para determinar cómo se pueden gastar los bitcoins enviados a la dirección P2SH. El script se puede utilizar para implementar condiciones y restricciones específicas que deben cumplirse antes de que los fondos puedan ser gastados. Esto proporciona una mayor flexibilidad en la creación de transacciones y puede utilizarse para implementar características avanzadas como los contratos inteligentes.

PANCAKESWAP

PancakeSwap es un exchange descentralizado (DEX) de criptomonedas que se ejecuta en la cadena de bloques Binance Smart Chain (BSC). Es un proyecto de código abierto y es completamente gestionado por la comunidad.

PancakeSwap utiliza un modelo de Proveedor de Liquidez Automatizado (APL) para permitir que los usuarios intercambien criptomonedas de manera descentralizada. Esto significa que los usuarios pueden intercambiar criptomonedas sin la necesidad de una entidad centralizada que controle el proceso.

Además de permitir el intercambio de criptomonedas, PancakeSwap también permite a los usuarios obtener recompensas por proporcionar liquidez al intercambio, mediante la participación en "granjas de liquidez". También cuenta con una funcionalidad de "staking" que permite a los usuarios apostar sus tokens para obtener recompensas en forma de tokens adicionales.

PancakeSwap se ha vuelto muy popular en la comunidad de criptomonedas debido a sus bajas tarifas de transacción y la capacidad de intercambiar criptomonedas que son compatibles con Binance Smart Chain.

PARACHAIN

Una parachain (cadena paralela) es una cadena de bloques independiente y personalizable que se ejecuta en paralelo a una cadena principal (como Ethereum o Bitcoin) y se conecta a ella mediante un mecanismo de consenso específico. Las parachains se utilizan en redes blockchain como Polkadot y Kusama para permitir la creación de nuevas cadenas de bloques y aplicaciones descentralizadas (dApps) que pueden interactuar y comunicarse con la cadena principal.

Las parachains son útiles porque permiten la creación de nuevas cadenas de bloques que pueden ser diseñadas para resolver problemas específicos o para adaptarse a las necesidades de diferentes aplicaciones. Además, como están conectadas a la cadena principal, pueden beneficiarse de las características y recursos de la cadena principal, como la seguridad y la liquidez.

En Polkadot, las parachains son seleccionadas mediante un mecanismo de subasta en el que los proyectos interesados en utilizar una parachain deben competir por un slot de tiempo limitado. Una vez que se ha asegurado un slot, la parachain se conecta a la red y se puede utilizar para ejecutar aplicaciones y procesar transacciones.

PARADOJA BIZANTINA

La paradoja bizantina, también conocida como el problema de los generales bizantinos, es un problema en la teoría de la computación que se refiere a la dificultad de llegar a un acuerdo entre múltiples sistemas informáticos distribuidos en un entorno en el que algunos sistemas pueden ser malintencionados o defectuosos y, por lo tanto, pueden enviar información falsa o maliciosa. El problema fue planteado originalmente por Lamport, Shostak y Pease en 1982, y se ha convertido en una importante área de investigación en la criptografía y la teoría de la computación distribuida. El problema es de particular importancia en los sistemas de blockchain y criptomonedas, donde la confianza y la seguridad son fundamentales.

PASARELA

En el contexto de blockchain y criptomonedas, una pasarela (también conocida como "gateway" en inglés) es un servicio que permite la transferencia de activos entre dos blockchains diferentes o entre una cadena de bloques y una entidad externa, como una cuenta bancaria o una tarjeta de crédito.

Las pasarelas pueden ser utilizadas para convertir una criptomoneda en otra, lo que puede ser útil para aquellos que deseen mover sus fondos de una blockchain a otra. Por ejemplo, si alguien desea cambiar sus ethers (ETH) por bitcoins (BTC), puede utilizar una pasarela para convertir su ETH en un token de bitcoin (por ejemplo, WBTC) que pueda ser utilizado en la cadena de bloques de Bitcoin.

Las pasarelas también pueden permitir la entrada y salida de moneda fiduciaria, lo que hace que sea más fácil para las personas comprar y vender criptomonedas y utilizarlas en el mundo real.

PAXG

Pax Gold (PAXG) es una criptomoneda respaldada por oro y que se emite en la blockchain de Ethereum. Cada token de PAXG representa una onza troy de oro físico almacenado en cajas fuertes seguras y auditadas por terceros. Los tenedores de PAXG tienen la propiedad legal del oro subyacente y pueden canjear sus tokens por oro físico si lo desean.

El objetivo de PAXG es combinar la estabilidad y la confiabilidad del oro con la accesibilidad y la facilidad de uso de las criptomonedas. Los titulares de PAXG pueden aprovechar la facilidad de uso de las criptomonedas para intercambiar oro en tiempo real sin tener que preocuparse por almacenar, asegurar o transportar oro físico. Además, la transparencia de la tecnología blockchain permite a los titulares de PAXG verificar la autenticidad y la propiedad del oro subyacente en cualquier momento.

PHISHING

El phishing es un tipo de fraude informático que se utiliza para obtener información personal, como contraseñas, números de tarjetas de crédito y otra información confidencial. El objetivo del phishing es engañar a las personas para que proporcionen información personal a través de sitios web falsos o correos electrónicos engañosos que parecen legítimos.

Por lo general, los estafadores que realizan el phishing envían correos electrónicos que parecen provenir de una fuente confiable, como un banco, una empresa de comercio electrónico o una red social, y solicitan al destinatario que proporcione información personal, haga clic en un enlace malicioso o descargue un archivo adjunto. Los enlaces y archivos adjuntos pueden contener malware que infecta el dispositivo de la víctima y le da acceso al estafador a su información personal.

El phishing puede ser muy efectivo porque los correos electrónicos y los sitios web falsos pueden parecer muy convincentes y legítimos. Por lo tanto, es importante que las personas sean cautelosas al recibir correos electrónicos sospechosos y no proporcionen información personal a través de sitios web que no sean seguros. Es recomendable verificar la autenticidad de los correos electrónicos y los sitios web mediante la comprobación de la dirección URL y la revisión de los detalles de contacto antes de proporcionar cualquier información personal.

PIZZA DAY

Pizza Day se refiere a un evento que tuvo lugar el 22 de mayo de 2010, considerado como uno de los momentos históricos tempranos en la historia de Bitcoin. Fue en este día que un programador llamado Laszlo Hanyecz hizo una transacción en la que compró dos pizzas por 10,000 bitcoins.

En ese momento, el valor de 10,000 bitcoins era muy bajo, lo que permitió a Hanyecz comprar las dos pizzas por un monto relativamente bajo. Sin embargo, a medida que la popularidad y la demanda de Bitcoin aumentaron con el tiempo, el valor de Bitcoin se disparó y 10,000 bitcoins se convirtieron en una cantidad muy valiosa.

Pizza Day se ha convertido en un evento icónico en la comunidad de criptomonedas, y muchos ven la compra de las dos pizzas como un símbolo de la creciente adopción y el uso de Bitcoin como moneda real en la vida cotidiana. Además, la fecha se celebra en la comunidad criptográfica como una forma de recordar las raíces humildes de Bitcoin y su potencial para transformar el sistema financiero y económico en el futuro.

PLASMA

Plasma es una solución de escalabilidad de Capa 2 para la red blockchain Ethereum, diseñada para abordar el problema de la congestión de la red y el alto costo de las transacciones. Fue propuesto por Joseph Poon y Vitalik Buterin en 2017.

La idea detrás de Plasma es crear "cadenas secundarias" (sidechains) que se ejecutan en paralelo con la cadena principal de Ethereum, pero con su propio conjunto de reglas y protocolos de consenso. Estas cadenas secundarias pueden procesar transacciones más rápidas y económicas que la cadena principal, lo que reduce la carga en la red principal y permite que se procesen más transacciones en general.

Las cadenas secundarias de Plasma pueden ser "anidadas" o conectadas a otras cadenas secundarias, lo que permite la creación de una "cadena de Plasma" más grande y escalable. Además, las cadenas secundarias pueden ser desconectadas y cerradas en cualquier momento, lo que garantiza la seguridad de los fondos de los usuarios.

Plasma también utiliza una técnica llamada "salida de transacción simplificada" (simplified payment verification, SPV) para permitir a los usuarios verificar el estado de las cadenas secundarias sin tener que procesar todas las transacciones.

En resumen, Plasma es una solución de escalabilidad de Capa 2 para Ethereum que utiliza cadenas secundarias para procesar transacciones más rápidas y económicas que la cadena principal, lo que reduce la carga en la red principal y permite que se procesen más transacciones en general.

PLAY-TO-EARN

"Play-to-earn" es un término que se utiliza en la industria de los videojuegos y se refiere a un modelo de juego que permite a los usuarios ganar dinero o recompensas en forma de criptomonedas o tokens al jugar. En lugar de simplemente jugar por diversión o por logros virtuales, los jugadores pueden ganar una compensación real por su tiempo y esfuerzo. Este modelo ha sido adoptado por algunos juegos descentralizados (DApps) basados en blockchain, donde los jugadores pueden ganar tokens por completar tareas dentro del juego, como luchar contra enemigos, recolectar recursos, participar en torneos o intercambiar objetos virtuales. Estos tokens pueden ser intercambiados en exchanges o utilizados para adquirir bienes o servicios dentro del ecosistema del juego.

POLKADOT

Polkadot es una plataforma de cadena de bloques de código abierto que permite la interoperabilidad entre diferentes redes blockchain. Fue creada por el cofundador de Ethereum, Gavin Wood, y se lanzó en mayo de 2020.

Polkadot utiliza una arquitectura de "paracadena" (parachains), que son cadenas de bloques personalizadas que pueden ser desarrolladas por los usuarios para satisfacer diferentes necesidades y casos de uso. Estas paracadenas están conectadas a través de la "cadena de relés" (relay chain), que actúa como una especie de carretera principal para la transferencia de datos y activos entre las distintas cadenas.

Una de las principales características de Polkadot es su enfoque en la gobernanza descentralizada. La plataforma cuenta con un sistema de gobernanza basado en tokens que permite a los titulares de DOT, la criptomoneda nativa de Polkadot, participar en la toma de decisiones de la red.

Polkadot también está diseñado para ser escalable y seguro. Utiliza un sistema de consenso llamado "Proof of Stake" (Prueba de participación) que permite una mayor eficiencia energética y una mayor seguridad de la red.

Polkadot ha ganado popularidad en la comunidad de criptomonedas y ha sido adoptada por varias empresas e instituciones financieras en todo el mundo para desarrollar aplicaciones descentralizadas y casos de uso en blockchain.

POLKASTARTER

Polkastarter es un protocolo de launchpad descentralizado construido en la red Polkadot que permite a los proyectos lanzar sus tokens de manera justa y transparente a través de una oferta inicial de monedas (ICO) o una oferta de monedas inicial (IDO).

Polkastarter se centra en proyectos de criptomonedas y blockchain con un fuerte enfoque en la innovación y la tecnología. Proporciona una plataforma para que los proyectos publiquen información sobre sus objetivos, equipo, tecnología, hoja de ruta y cualquier otro aspecto relevante. Los inversores pueden ver y analizar estos detalles para decidir si desean invertir en el proyecto.

Polkastarter utiliza un sistema de verificación de identidad KYC (conoce a tu cliente, por sus siglas en inglés) para garantizar la seguridad de los inversores y el cumplimiento normativo. También cuenta con medidas de seguridad adicionales, como auditorías de seguridad y un sistema de votación de confianza para reducir el riesgo de fraude.

Además, Polkastarter se integra con otros proyectos en el ecosistema Polkadot, lo que permite a los proyectos acceder a una amplia gama de servicios y herramientas, como servicios de oracle y aplicaciones de contratos inteligentes.

Polkastarter también tiene un token nativo llamado POLS, que se utiliza para gobernar la plataforma y tomar decisiones en la comunidad. Los titulares de POLS pueden votar en las propuestas y decisiones de la plataforma, así como recibir recompensas por participar en la comunidad.

POLS

POLS es el símbolo o token nativo del protocolo de Launchpad descentralizado Polkastarter, construido en la red Polkadot. El token POLS es utilizado para gobernar la plataforma y tomar decisiones en la comunidad, permitiendo a los titulares del token participar en la gobernanza y tomar decisiones en el desarrollo de la plataforma.

Los titulares de POLS pueden votar en propuestas y decisiones de la plataforma, lo que les permite tener una voz en el futuro de Polkastarter. Además, también pueden recibir recompensas por participar en la comunidad, como descuentos en las tarifas de transacción y otros incentivos.

Además de su papel en la gobernanza de la plataforma, POLS también se utiliza como medio de pago en la red Polkastarter. Los proyectos que desean lanzar su token en la plataforma Polkastarter deben pagar una cierta cantidad de POLS como tarifa.

POLS se puede almacenar en billeteras compatibles con tokens de Polkadot, como Polkadot.js y otras billeteras de criptomonedas compatibles con Polkadot. Además, POLS también se puede intercambiar en varios exchanges de criptomonedas que lo incluyen en su lista de activos negociables.

POLYGON

Polygon (anteriormente conocido como Matic Network) es una plataforma de escalabilidad de blockchain de capa 2 para Ethereum. La plataforma está diseñada para abordar los problemas de escalabilidad, latencia y costos que enfrenta Ethereum al permitir transacciones más rápidas y económicas en su propia red.

Polygon se basa en una arquitectura de varios nodos y utiliza una combinación de tecnologías de consenso para lograr una alta capacidad de procesamiento de transacciones y una reducción en las tarifas de gas. Además, Polygon también ofrece una solución de escalabilidad para la creación de dApps (aplicaciones descentralizadas) que se integran con la cadena de bloques de Ethereum.

La plataforma de Polygon también cuenta con una amplia gama de herramientas y servicios para desarrolladores, incluyendo un kit de desarrollo de software (SDK) y una interfaz de programación de aplicaciones (API). Esto facilita el desarrollo y la implementación de aplicaciones descentralizadas en su red.

En resumen, Polygon es una plataforma de capa 2 de código abierto que se construye sobre la infraestructura de Ethereum para mejorar la escalabilidad y la capacidad de procesamiento de transacciones de la red.

POLYMATH

Polymath es una empresa de tecnología blockchain con sede en Toronto, Canadá, que se enfoca en la creación de herramientas y servicios de cumplimiento regulatorio para la emisión de tokens de seguridad. Su objetivo es hacer que la emisión de tokens de seguridad sea más accesible y sencilla para las empresas y los emprendedores.

Los tokens de seguridad son una forma de activos digitales que representan la propiedad de un activo financiero, como acciones, bonos o bienes raíces. A diferencia de otros tipos de tokens, los tokens de seguridad están diseñados para cumplir con los requisitos regulatorios y de cumplimiento, lo que los hace más atractivos para los inversores institucionales.

Polymath proporciona una plataforma para la emisión de tokens de seguridad, que incluye herramientas para la creación y gestión de tokens, así como para el cumplimiento regulatorio. La plataforma de Polymath utiliza la blockchain de Ethereum para la emisión y gestión de tokens, y se enfoca en la automatización de los procesos de cumplimiento regulatorio, como la verificación de identidad y la acreditación de inversores.

Además de la plataforma de emisión de tokens de seguridad, Polymath también ofrece servicios de asesoramiento y consultoría en cumplimiento regulatorio para ayudar a los emisores de tokens a cumplir con las normativas aplicables en su jurisdicción.

En resumen, Polymath es una empresa de tecnología blockchain que se enfoca en la creación de herramientas y servicios de cumplimiento regulatorio para la emisión de tokens de seguridad. Proporciona una plataforma para la emisión y gestión de tokens de seguridad, así como servicios de asesoramiento y consultoría en cumplimiento regulatorio.

POLYMESH

Polymesh es una plataforma de blockchain diseñada específicamente para el mercado de valores y la tokenización de activos financieros. Fue creado por Polymath, una empresa de tecnología blockchain con sede en Toronto, Canadá, que se enfoca en la creación de herramientas y servicios de cumplimiento regulatorio para la emisión de tokens de seguridad.

La plataforma Polymesh está diseñada para cumplir con los requisitos reguladorios del mercado de valores, lo que permite a los emisores de tokens de seguridad cumplir con las normas de seguridad y cumplimiento, así como simplificar la emisión, el mantenimiento y la gestión de los tokens.

Polymesh utiliza un modelo de consenso de Proof-of-Stake (PoS), lo que significa que los nodos validadores son elegidos en función de su participación en la red en lugar de su poder de cómputo. Esto permite una mayor eficiencia energética y escalabilidad en comparación con los modelos de consenso de Proof-of-Work (PoW) utilizados por muchas otras blockchains.

Además, Polymesh cuenta con herramientas de gobernanza incorporadas que permiten a los titulares de tokens votar en la toma de decisiones importantes en la red, como cambios en las reglas de validación y actualizaciones de la plataforma.

En resumen, Polymesh es una plataforma de blockchain diseñada para el mercado de valores y la tokenización de activos financieros. Se enfoca en cumplir con los requisitos regulatorios y proporciona herramientas de gobernanza y consenso de Proof-of-Stake.

POOL

En el contexto de las criptomonedas, un pool se refiere a un grupo de mineros que trabajan juntos para minar criptomonedas de forma colaborativa y compartir las recompensas entre ellos.

La minería de criptomonedas requiere una gran cantidad de poder de procesamiento y energía, y a menudo es difícil y costoso para un solo minero obtener suficiente poder de procesamiento para competir con otros mineros en la red. Los pools permiten a los mineros combinar su poder de procesamiento y trabajar juntos para resolver los complejos algoritmos necesarios para minar criptomonedas.

Cada vez que un pool resuelve un algoritmo de minería, las recompensas se distribuyen proporcionalmente entre los miembros del pool en función de su contribución de poder de procesamiento al pool. Los pools también pueden cobrar una pequeña tarifa por sus servicios.

Además de la minería, el término "pool" también se utiliza en el contexto de los protocolos de intercambio descentralizados (DEX) como Uniswap y SushiSwap. En estos protocolos, los pools de liquidez se utilizan para permitir a los usuarios intercambiar tokens de criptomonedas sin la necesidad de un intermediario centralizado. En lugar de ello, los usuarios depositan sus tokens en un pool de liquidez, que luego se utiliza para facilitar las transacciones y generar tarifas de transacción que se distribuyen entre los proveedores de liquidez del pool.

POOL DE LIQUIDEZ

Un pool de liquidez (también conocido como liquidity pool en inglés) es una reserva de fondos de criptomonedas que se utiliza para facilitar el comercio en un exchange descentralizado (DEX) o en un protocolo de finanzas descentralizadas (DeFi).

En un pool de liquidez, los usuarios pueden depositar sus criptomonedas para proporcionar liquidez a un mercado específico. Por ejemplo, en un exchange descentralizado, los usuarios pueden depositar criptomonedas en un pool de liquidez para un par de trading en particular (por ejemplo, BTC/ETH) y recibir a cambio tokens LP (liquidity provider) que representan su participación en el pool. Los tokens LP pueden ser utilizados posteriormente para retirar la liquidez del pool.

Cuando los usuarios realizan transacciones en el mercado, el pool de liquidez se utiliza para realizar los intercambios de criptomonedas. En lugar de buscar a través de múltiples compradores y vendedores, los usuarios pueden realizar transacciones directamente desde el pool de liquidez.

Los pools de liquidez son una parte integral del funcionamiento de los exchanges descentralizados y de los protocolos de DeFi, ya que proporcionan una fuente de liquidez para los usuarios y facilitan el comercio de criptomonedas de manera eficiente y sin intermediarios.

POOL DE MINERÍA

Un pool de minería es un grupo de mineros que se unen para combinar su poder de procesamiento y recursos para resolver problemas de criptominería de manera colaborativa.

La minería de criptomonedas implica resolver problemas matemáticos complejos que requieren una gran cantidad de energía y poder de procesamiento. Debido a esto, los mineros trabajan juntos en pools de minería para aumentar sus posibilidades de resolver los problemas y obtener las recompensas correspondientes.

En un pool de minería, los mineros combinan sus recursos para formar un solo grupo. Cuando el grupo resuelve un problema de minería, la recompensa se divide entre los mineros según la cantidad de recursos que hayan contribuido al pool.

La creación de un pool de minería es una forma de aumentar las posibilidades de un minero de obtener recompensas de minería regulares. Al combinar sus recursos, los mineros pueden aumentar su poder de procesamiento y, por lo tanto, aumentar sus posibilidades de resolver problemas y ganar recompensas.

PORTAFOLIO

Un portafolio es una colección de activos financieros, como acciones, bonos, criptomonedas, efectivo, entre otros, que pertenecen a un individuo o una organización. También puede referirse a una colección de proyectos, productos o trabajos realizados por un individuo o una empresa en un campo específico.

En el contexto de las criptomonedas, un portafolio se refiere a la colección de monedas o tokens que un inversor o trader posee. El portafolio puede incluir varias criptomonedas, como Bitcoin, Ethereum, Litecoin, entre otras, y puede ser utilizado para diversificar el riesgo y maximizar el potencial de ganancias en el mercado de criptomonedas.

POSICIÓN ABIERTA

Una posición abierta en el contexto del trading de criptomonedas es una transacción en la que un inversor ha comprado o vendido una criptomoneda y aún no ha cerrado esa transacción. En otras palabras, el inversor aún tiene una posición en el mercado y está expuesto a las fluctuaciones del precio de la criptomoneda.

Por ejemplo, si un inversor compra 1 Bitcoin a $50,000, tiene una posición abierta en el mercado de Bitcoin. Si el precio de Bitcoin sube a $55,000, el inversor podría vender su posición abierta y obtener una ganancia. Por otro lado, si el precio de Bitcoin cae a $45,000, el inversor podría cerrar su posición abierta y sufrir una pérdida.

Es importante tener en cuenta que una posición abierta se mantiene abierta hasta que el inversor decida cerrarla. Si un inversor mantiene una posición abierta durante un período prolongado de tiempo, estará expuesto a las fluctuaciones del precio de la criptomoneda y al riesgo de pérdida. Por lo tanto, es importante tener una estrategia clara y utilizar herramientas de gestión de riesgos como órdenes stop-loss y límite para limitar el riesgo y proteger las ganancias en el trading de criptomonedas.

POSICIÓN CERRADA

Una posición cerrada en el contexto del trading de criptomonedas es una transacción en la que un inversor ha comprado y vendido una criptomoneda para obtener una ganancia o una pérdida. En otras palabras, la posición se cierra y el inversor ya no tiene exposición al mercado.

Por ejemplo, si un inversor compra 1 Bitcoin a $50,000 y luego vende esa misma cantidad de Bitcoin a $55,000, la posición se cierra y el inversor obtiene una ganancia de $5,000. Del mismo modo, si el inversor compra 1 Bitcoin a $50,000 y luego vende esa misma cantidad de Bitcoin a $45,000, la posición se cierra y el inversor sufre una pérdida de $5,000.

Es importante tener en cuenta que cuando una posición se cierra, se realizan los cálculos finales para determinar el beneficio o la pérdida realizada. Además, una vez que se cierra una posición, el inversor ya no está expuesto al riesgo del mercado en relación a esa posición en particular.

En resumen, una posición cerrada es el resultado final de una transacción de compra y venta de criptomonedas y se utiliza para determinar el beneficio o la pérdida realizada por el inversor en esa transacción en particular.

PROOF OF AUTHORITY

Proof of Authority (Prueba de Autoridad en español) es un algoritmo de consenso utilizado en blockchain en el que un conjunto predefinido de nodos (conocidos como autoridades) son responsables de validar las transacciones y agregar nuevos bloques a la cadena.

En lugar de depender de la potencia de procesamiento de los mineros, como en el caso de Proof of Work, o de las tenencias de criptomonedas, como en el caso de Proof of Stake, Proof of Authority confía en las identidades de los nodos que se designan previamente. Esto significa que las transacciones pueden ser validadas más rápidamente y la cadena de bloques puede procesar más transacciones por segundo que otros algoritmos de consenso.

Sin embargo, Proof of Authority se considera menos descentralizado que otros algoritmos de consenso, ya que la capacidad de validar transacciones se concentra en un grupo selecto de nodos de autoridad. Como resultado, la cadena de bloques puede ser más vulnerable a ataques si los nodos de autoridad son corrompidos o hackeados.

PROOF OF BURN

Proof of Burn (PoB) es un algoritmo de consenso utilizado en criptomonedas y blockchain, donde los usuarios "queman" (envían a una dirección sin posibilidad de recuperar) una cierta cantidad de monedas nativas de la red para demostrar su compromiso con la red. Los usuarios que queman monedas reciben el derecho a validar las transacciones y agregar nuevos bloques a la cadena de bloques. Este proceso se conoce como "quemar" porque las monedas destruidas se consideran eliminadas permanentemente del suministro total de monedas. La idea detrás de PoB es que al hacer que los usuarios quemen sus monedas, están demostrando su interés en mantener la red saludable y segura. Además, al disminuir el suministro total de monedas, se espera que se reduzca la inflación y se aumente el valor de cada moneda restante.

PROOF OF RESERVE

Proof of Reserve (PoR) es un mecanismo que permite a los proveedores de servicios financieros demostrar públicamente que tienen suficientes reservas para respaldar los activos que administran. Este mecanismo es particularmente relevante en el mundo de las criptomonedas, donde la transparencia y la verificación de las reservas son clave para la confianza de los usuarios.

En términos generales, PoR implica la publicación de una prueba criptográfica que demuestra la cantidad de activos que el proveedor de servicios financieros tiene en reserva. Esta prueba puede ser verificada públicamente para garantizar que el proveedor de servicios financieros está cumpliendo con sus obligaciones de reserva.

PoR puede ser implementado de diferentes maneras, pero en general, involucra la publicación de información sobre las reservas en un blockchain público o en una plataforma de auditoría independiente. También puede requerir que el proveedor de servicios financieros proporcione una auditoría independiente de sus reservas.

En resumen, PoR es un mecanismo que ayuda a garantizar la transparencia y la responsabilidad en el manejo de los activos financieros. Es particularmente importante en el mundo de las criptomonedas, donde la falta de regulación y supervisión puede aumentar los riesgos para los usuarios.

PROOF OF STAKE

Proof of Stake (PoS) es un algoritmo de consenso utilizado en blockchain para validar transacciones y crear nuevos bloques en la cadena de bloques.

A diferencia de Proof of Work (PoW), que requiere que los mineros resuelvan problemas matemáticos complejos para validar transacciones, PoS utiliza la propiedad de los tokens como base para la validación de transacciones.

En una red PoS, los validadores (o "nodos") bloquean una cantidad determinada de criptomonedas como garantía para ser seleccionados para crear nuevos bloques y validar transacciones. Los validadores no compiten entre sí como en PoW, sino que son seleccionados de forma aleatoria y proporcional a la cantidad de tokens que hayan bloqueado. Si un validador no cumple con sus responsabilidades o actúa de manera fraudulenta, puede perder la garantía que bloqueó.

El PoS se considera una alternativa más ecológica y eficiente energéticamente que PoW, ya que no requiere una gran cantidad de poder de procesamiento y energía eléctrica para validar transacciones. Además, PoS puede ofrecer una mayor seguridad y descentralización a la red al evitar la concentración de poder en manos de unos pocos mineros o grupos mineros poderosos.

PROOF OF WORK

Proof of Work (PoW) es un algoritmo de consenso utilizado en blockchain para validar transacciones y crear nuevos bloques en la cadena de bloques. En una red PoW, los mineros compiten para resolver problemas matemáticos complejos utilizando una gran cantidad de poder de procesamiento y energía eléctrica.

Cuando un minero resuelve el problema matemático, se crea un nuevo bloque y se valida un conjunto de transacciones. El bloque se agrega a la cadena de bloques existente y el minero recibe una recompensa en forma de criptomoneda. El proceso de resolución de problemas matemáticos es conocido como "minería" y los mineros compiten entre sí para validar transacciones y obtener la recompensa.

El PoW es conocido por ser un algoritmo de consenso seguro y resistente a la manipulación, ya que requiere una gran cantidad de poder de procesamiento y energía eléctrica para llevar a cabo un ataque exitoso a la red. Sin embargo, PoW también es criticado por ser intensivo en energía y no muy escalable, lo que puede resultar en altas tarifas de transacción y una congestión de la red.

PROMEDIO MÓVIL

El promedio móvil es un indicador técnico utilizado en el análisis de gráficos para suavizar el movimiento de los precios y mostrar la tendencia del mercado. Se calcula promediando los precios de un activo durante un período específico de tiempo y trazando el resultado en un gráfico. Los promedios móviles pueden ser simples o exponenciales, y se utilizan comúnmente en combinación con otros indicadores para tomar decisiones de trading. Por ejemplo, un cruce de promedios móviles (donde el promedio móvil de corto plazo cruza por encima o por debajo del promedio móvil de largo plazo) a menudo se considera una señal de compra o venta.

PROTOCOL LABS

Protocol Labs es una organización sin fines de lucro que se dedica a la investigación y desarrollo de tecnologías descentralizadas, incluyendo sistemas de almacenamiento de archivos, protocolos de redes y criptografía. Fue fundada en 2014 por Juan Benet, y ha creado varios proyectos importantes, como el protocolo IPFS (InterPlanetary File System) y el sistema de almacenamiento de archivos descentralizado Filecoin. El objetivo de Protocol Labs es desarrollar tecnologías que permitan una internet más segura, resistente a la censura y descentralizada.

PROTOCOLO 0X

0x es un protocolo de código abierto utilizado para la realización de intercambios de activos digitales en la cadena de bloques Ethereum. Permite a los desarrolladores construir aplicaciones descentralizadas que facilitan el intercambio de tokens ERC-20, ERC-721 y otros activos digitales.

El protocolo 0x utiliza contratos inteligentes para ejecutar los intercambios y permite a los usuarios mantener el control de sus fondos en todo momento, ya que no es necesario depositarlos en un tercero. Además, el protocolo 0x tiene como objetivo reducir los costos de los intercambios descentralizados y mejorar la liquidez al permitir que los intercambios se realicen fuera de la cadena.

El protocolo 0x también cuenta con un token nativo, el token ZRX, que se utiliza para gobernar el protocolo y recompensar a los relayers, que son los usuarios que proporcionan liquidez y facilitan los intercambios.

PUENTE DE BLOCKCHAIN

Un puente de blockchain (en inglés, "blockchain bridge") es un mecanismo que permite la transferencia de activos digitales entre dos blockchains diferentes. Estos puentes son necesarios debido a que cada blockchain tiene su propio conjunto de reglas y protocolos, lo que hace que los activos digitales en una cadena no sean directamente compatibles con los de otra.

Los puentes de blockchain permiten que los usuarios transfieran tokens o criptomonedas de una cadena a otra sin tener que utilizar un exchange centralizado, lo que puede ser más rápido, económico y seguro. Los puentes pueden ser construidos de diversas maneras, desde contratos inteligentes hasta sistemas de oráculos, y pueden ser operados por una variedad de entidades, desde comunidades de código abierto hasta empresas privadas.

PUMP

El término "pump" se refiere a un fenómeno en el mercado financiero donde un grupo de inversores intenta aumentar artificialmente el precio de un activo, generalmente mediante la compra masiva del mismo, para luego venderlo a un precio más alto a los compradores tardíos. En otras palabras, es una manipulación del mercado destinada a generar un aumento rápido y artificial del precio de un activo para obtener beneficios a corto plazo. Este comportamiento no ético es ilegal en muchos mercados financieros.

QI

QI es el token nativo de la plataforma de finanzas descentralizadas BENQI en la cadena de bloques de Binance Smart Chain. Los titulares de QI pueden usar el token para participar en la gobernanza de la plataforma BENQI y tomar decisiones sobre su evolución y desarrollo.

Además de las funciones de gobernanza, el token QI también tiene utilidad en la plataforma BENQI. Los usuarios pueden utilizar QI como colateral para tomar préstamos y ganar intereses, y también pueden utilizar el token para pagar comisiones en la plataforma.

El suministro total de QI es limitado, con un máximo de 100 millones de tokens. La distribución de QI se realizó a través de una oferta inicial de monedas (ICO) y una serie de rondas de financiación privadas, con un porcentaje de los tokens destinados a recompensas de minería y programas de incentivos para los usuarios.

En resumen, QI es un token de utilidad y gobernanza para la plataforma BENQI, diseñado para incentivar la participación de los usuarios en la comunidad y el desarrollo de la plataforma de finanzas descentralizadas.

QTUM

Qtum es una plataforma blockchain de código abierto que combina aspectos de la tecnología Bitcoin y Ethereum en una sola red. La plataforma fue lanzada en 2017 con el objetivo de crear una solución de cadena de bloques híbrida que pudiera aprovechar tanto la seguridad y la estabilidad de Bitcoin como la capacidad de contratos inteligentes de Ethereum.

La tecnología Qtum utiliza un modelo de prueba de participación (PoS) para asegurar su red y facilitar la minería de bloques. También incluye una capa de abstracción para permitir que los desarrolladores creen aplicaciones descentralizadas y contratos inteligentes en múltiples lenguajes de programación.

La criptomoneda nativa de la plataforma se llama QTUM y se utiliza como medio de intercambio y para pagar tarifas en la red Qtum.

QUEMA

El término "quema" se refiere a un proceso en el que se eliminan delibe-radamente ciertas criptomonedas o tokens de un suministro existente, con el objetivo de reducir la cantidad total de la misma en circulación. Este proceso se realiza quemando (destruyendo) las criptomonedas o tokens existentes de una forma que los hace irrecuperables.

Por ejemplo, algunos proyectos pueden implementar una quema de tokens para aumentar el valor de los tokens restantes, ya que la reducción en la oferta puede aumentar la demanda. Además, algunos proyectos también pueden utilizar la quema de tokens como una medida para controlar la inf-lación o mantener la estabilidad del precio en su ecosistema.

R

RALPH MERKLE

Ralph Merkle es un científico de la computación e inventor estadounidense, nacido el 2 de febrero de 1952 en California. Es conocido por sus contribuciones en el campo de la criptografía, incluyendo la invención del árbol de Merkle y su trabajo pionero en la criptografía de clave pública, así como en la nanotecnología.

Merkle es graduado en Física en la Universidad de California, Berkeley, y obtuvo su doctorado en Informática en la Universidad de Stanford en 1979. En su tesis doctoral, Merkle propuso una forma de utilizar la criptografía para crear firmas digitales seguras, lo que allanó el camino para el desarrollo de la criptografía de clave pública.

Además de su trabajo en criptografía, Merkle es un defensor y pionero en la investigación de la nanotecnología, la ciencia y la tecnología de la manipulación de la materia a escala atómica y molecular. Ha publicado numerosos artículos sobre la nanotecnología y ha sido galardonado con varios premios por sus contribuciones en este campo.

En resumen, Ralph Merkle es un científico de la computación e inventor estadounidense conocido por su trabajo en criptografía, incluyendo la invención del árbol de Merkle y su trabajo pionero en la criptografía de clave pública, así como en la nanotecnología.

RALPH NELSON ELLIOTT

Ralph Nelson Elliott (28 de julio de 1871 - 15 de enero de 1948) fue un analista financiero y contable estadounidense, conocido por desarrollar la Teoría de las Ondas de Elliott. Elliott trabajó en el sector ferroviario durante muchos años, pero después de su jubilación comenzó a investigar y analizar los patrones de los mercados financieros. En la década de 1930, publicó sus hallazgos en un libro titulado "The Wave Principle", que estableció los fundamentos de la Teoría de las Ondas de Elliott. La teoría ha sido muy influyente en el análisis técnico y ha sido utilizada por muchos traders e inversores para predecir el comportamiento del mercado. Elliott murió en 1948, pero su legado ha perdurado en el mundo de las finanzas y sigue siendo estudiado y utilizado por muchos profesionales hoy en día.

RARI

RARI es el token nativo de la plataforma de comercio electrónico descentralizada Rarible. Como token ERC-20 basado en la cadena de bloques Ethereum, RARI se utiliza como medio de intercambio en la plataforma Rarible para pagar tarifas de transacción y para recompensar a los usuarios que contribuyen a la comunidad de Rarible.

Además de ser utilizado como medio de intercambio, RARI también se utiliza como un mecanismo de gobernanza en la plataforma Rarible. Los titulares de RARI pueden votar en decisiones importantes de la plataforma, como cambios en las tarifas de transacción y otras políticas.

La cantidad total de RARI que se pueden crear es limitada, lo que significa que la oferta es finita y no se puede aumentar sin el consentimiento de la comunidad de Rarible. Además, la plataforma tiene un programa de recompra y quema de tokens, que reduce la cantidad total de RARI en circulación y, en teoría, podría aumentar el valor de los tokens restantes.

En general, RARI es un componente importante de la plataforma Rarible y permite a los usuarios participar en el ecosistema de Rarible de manera más efectiva y obtener beneficios de ser parte de la comunidad.

RARIBLE

Rarible es una plataforma de comercio electrónico descentralizada basada en la tecnología blockchain. La plataforma permite a los usuarios comprar, vender y crear objetos digitales únicos utilizando la cadena de bloques Ethereum.

En Rarible, los usuarios pueden crear y vender una amplia variedad de objetos digitales, como arte digital, música, videos, coleccionables y otros elementos digitales únicos que se conocen como "tokens no fungibles" o NFTs. Los NFTs son objetos digitales únicos que se pueden verificar y rastrear en la cadena de bloques, lo que permite a los compradores asegurarse de que están comprando una obra de arte o un objeto digital auténtico.

La plataforma Rarible permite a los usuarios crear y vender sus propios NFTs, lo que permite a los artistas y creadores obtener ingresos por su trabajo digital de una manera completamente nueva y descentralizada. Los compradores también pueden usar la plataforma para comprar NFTs únicos y coleccionables, que pueden mantener o revender a otros compradores.

Rarible se lanzó en 2020 y ha ganado popularidad en la comunidad de criptomonedas y el mundo del arte digital. La plataforma utiliza su propio token nativo, RARI, que se utiliza como medio de intercambio en la plataforma y permite a los usuarios votar en decisiones de gobernanza.

RECOMPENSA DE BLOQUE

La recompensa de bloque es una cantidad fija de criptomonedas que se otorga a los mineros por agregar un nuevo bloque a una cadena de bloques en una criptomoneda. En el caso de Bitcoin, la recompensa de bloque se estableció en 50 bitcoins cuando se lanzó la red en 2009, y se ha reducido a la mitad cada 210.000 bloques, aproximadamente cada cuatro años. En la actualidad, la recompensa de bloque de Bitcoin es de 6,25 bitcoins.

La recompensa de bloque es un incentivo importante para los mineros, ya que les permite obtener una recompensa por el trabajo de validar y agregar transacciones a la cadena de bloques. Además de la recompensa de bloque, los mineros también reciben las tarifas de transacción que se incluyen en cada bloque. Estas tarifas son pagadas por los usuarios que desean que sus transacciones sean procesadas de manera prioritaria.

La recompensa de bloque se establece como una forma de controlar la emisión de nuevas criptomonedas y garantizar que haya un suministro limitado. A medida que la recompensa de bloque se reduce con el tiempo, se espera que las tarifas de transacción se conviertan en la principal fuente de ingresos para los mineros.

RED CENTRALIZADA

Una red centralizada es una red en la que todas las decisiones y el control se concentran en un único punto de autoridad, usualmente en manos de una única entidad u organización. En este tipo de redes, todas las comunicaciones, datos y transacciones deben pasar a través de este punto central, que puede tomar decisiones unilaterales y tener el poder de bloquear o limitar el acceso a la red.

Las redes centralizadas son comunes en muchas áreas de la tecnología, como las redes de telecomunicaciones y las redes de computadoras, así como en servicios en línea como las redes sociales y los servicios de correo electrónico. Si bien pueden ser convenientes y eficientes en ciertas situaciones, las redes centralizadas también tienen desventajas, como la falta de transparencia, la vulnerabilidad a fallas y la falta de control por parte de los usuarios.

En el contexto de las criptomonedas y blockchain, muchas personas defienden las redes descentralizadas como una alternativa más justa y transparente a las redes centralizadas, ya que permiten a los usuarios tener un mayor control sobre sus propios datos y transacciones y reducen el riesgo de fraude y corrupción.

RED DESCENTRALIZADA

Una red descentralizada es una red informática en la que no hay un punto central de control o autoridad. En cambio, la red se compone de varios nodos o participantes que trabajan juntos para mantener la red y procesar información. Cada nodo tiene la misma capacidad y responsabilidad en la red, y todos los nodos pueden comunicarse directamente entre sí sin la necesidad de un intermediario centralizado.

En una red descentralizada, la información se distribuye y se almacena en varios nodos de la red en lugar de en un solo lugar centralizado. Esto hace que la red sea más resistente a los fallos, ya que si un nodo falla o se desconecta de la red, los demás nodos pueden continuar operando sin interrupción.

La tecnología blockchain es un ejemplo de una red descentralizada, ya que no hay una autoridad central que controle la información en la red. En cambio, la información se almacena en bloques en una cadena de bloques distribuida, y cada nodo en la red tiene una copia de la cadena de bloques completa. Otros ejemplos de redes descentralizadas incluyen las redes peer-to-peer (P2P) y algunas redes de computación en la nube descentralizadas.

RED DISTRIBUIDA

Una red distribuida es una red en la que el control y la gestión no están centralizados en una única entidad, sino que se distribuyen entre los nodos de la red. En este tipo de redes, cada nodo tiene igual capacidad para compartir información, realizar cálculos y tomar decisiones, lo que permite que la red sea más resistente a los fallos y más segura contra los ataques malintencionados.

Las redes distribuidas son utilizadas en muchos campos de la tecnología, desde el procesamiento distribuido de datos y las redes de almacenamiento en la nube, hasta las criptomonedas y blockchain. En las criptomonedas y blockchain, una red distribuida es una red de nodos que trabajan juntos para validar transacciones y mantener la integridad de la cadena de bloques, asegurando que no se produzcan transacciones fraudulentas o intentos de duplicación.

Las redes distribuidas son a menudo consideradas como una alternativa más justa y transparente a las redes centralizadas, ya que evitan que una única entidad tenga un control excesivo y les dan a los usuarios una mayor capacidad de controlar sus propios datos y transacciones. Además, las redes distribuidas pueden ser más resistentes a los ataques, ya que cualquier intento de sabotaje o corrupción debe afectar a un gran número de nodos antes de tener éxito.

RESERVA DE VALOR

La reserva de valor se refiere a la capacidad de un activo para mantener su valor a lo largo del tiempo. Un activo que se utiliza como reserva de valor puede ser almacenado y preservado a lo largo del tiempo sin experimentar una pérdida significativa de valor.

Los activos que se utilizan tradicionalmente como reserva de valor incluyen el oro, la plata y otras materias primas, así como las monedas fuertes, como el dólar estadounidense, el euro y el yen japonés. Estos activos tienen una larga historia de uso como depósitos de valor, ya que mantienen su valor a largo plazo y son aceptados universalmente como medios de intercambio.

En el mundo de las criptomonedas, Bitcoin es a menudo considerado como una reserva de valor debido a su limitada oferta total y su característica de ser un activo deflacionario, es decir, que se espera que se vuelva más escaso con el tiempo a medida que se emiten menos monedas nuevas. Otras criptomonedas también pueden ser consideradas como reservas de valor, pero generalmente tienen una menor aceptación y liquidez en comparación con Bitcoin.

La reserva de valor es importante para los inversores y ahorradores, ya que les permite proteger su riqueza de la inflación y de la depreciación de las monedas nacionales. Al tener activos que funcionan como reservas de valor, los inversores pueden preservar su riqueza a lo largo del tiempo y protegerse contra la volatilidad del mercado y los cambios en las condiciones económicas.

RIG

En el contexto de las criptomonedas, un rig se refiere a un equipo especializado de minería diseñado para extraer criptomonedas. Estos equipos están formados por varios componentes, como tarjetas gráficas de alta potencia, procesadores, ventiladores y fuentes de alimentación, y están diseñados específicamente para el propósito de la minería de criptomonedas.

Los rigs de minería son una forma popular de extraer criptomonedas, ya que pueden ser muy eficientes en la generación de grandes cantidades de criptomonedas en poco tiempo. Sin embargo, los rigs de minería también pueden ser costosos en términos de energía y requerir una cantidad significativa de espacio y ventilación adecuada para funcionar correctamente.

Los rigs de minería son utilizados principalmente para extraer criptomonedas que se basan en el algoritmo de prueba de trabajo (PoW), como Bitcoin y Ethereum, pero también se utilizan en otras criptomonedas que utilizan diferentes algoritmos de minería.

RINGCT

RingCT, o Ring Confidential Transactions, es una tecnología de privacidad utilizada en la criptomoneda Monero para hacer que las transacciones sean privadas y anónimas. Fue introducida en la actualización de software de Monero en enero de 2017.

La tecnología RingCT combina varias transacciones en una sola transacción y oculta el monto y las direcciones de envío y recepción de cada transacción en un anillo de firmas. Cada anillo de firmas está formado por un grupo de direcciones de Monero, y cada dirección en el anillo es una posible dirección de envío para la transacción.

Esta técnica hace que sea más difícil para cualquier observador externo determinar cuál de las direcciones en el anillo de firmas fue la dirección de envío real. Además, el uso de RingCT también garantiza que el monto de cada transacción permanezca privado.

En resumen, RingCT es una tecnología que permite que las transacciones de Monero sean más privadas y anónimas, lo que ha hecho que Monero sea una opción popular para aquellos que desean transacciones más privadas y seguras en comparación con otras criptomonedas.

RIPPLE

Ripple es una compañía que ha desarrollado una red de pagos globales llamada RippleNet. Esta red utiliza tecnología de contabilidad distribuida para permitir transacciones en tiempo real y reducir significativamente los costos asociados con las transacciones internacionales.

Una de las características principales de RippleNet es que permite la transferencia de cualquier moneda a cualquier otra moneda en cuestión de segundos. Esto significa que los bancos, las instituciones financieras y los proveedores de pagos pueden realizar transacciones transfronterizas de forma más rápida, económica y segura.

Además de su red de pagos, Ripple también ha desarrollado su propia criptomoneda llamada XRP. Originalmente diseñada para ser utilizada como una moneda digital en la red de Ripple, XRP también se utiliza como un activo digital para almacenar valor y como una forma de transferir valor entre diferentes monedas.

A pesar de sus innovaciones y beneficios para la industria de pagos, Ripple ha enfrentado problemas legales en los Estados Unidos debido a la clasificación de XRP como un valor no registrado por la SEC. Esto ha creado incertidumbre sobre el futuro de Ripple y XRP, pero la compañía sigue siendo una de las principales compañías de tecnología financiera en la industria de criptomonedas.

ROI

ROI significa "Return on Investment" o "Retorno de inversión" en español. Es una métrica financiera que se utiliza para evaluar el rendimiento de una inversión en relación con su costo. Se calcula dividiendo la ganancia de la inversión por el costo de la inversión y se expresa generalmente como un porcentaje. Un ROI positivo significa que la inversión generó una ganancia, mientras que un ROI negativo significa que la inversión generó una pérdida. Es una herramienta útil para los inversores para evaluar la rentabilidad de una inversión y compararla con otras oportunidades de inversión.

RONIN WALLET

Ronin Wallet es una billetera digital diseñada específicamente para el ecosistema de juegos de blockchain y NFTs (tokens no fungibles) de Axie Infinity. Ronin es una capa de escalabilidad para Ethereum que se enfoca en mejorar la experiencia de juego y la velocidad de transacción de los juegos de blockchain, especialmente en el caso de Axie Infinity. Ronin Wallet es la billetera nativa de la plataforma y es necesaria para jugar el juego de Axie Infinity y para comprar, vender y transferir los tokens de Axie (AXS) y los tokens de juego (SLP). Además, los usuarios también pueden usar Ronin Wallet para interactuar con otros juegos de blockchain y aplicaciones descentralizadas (dApps) que se ejecutan en la cadena de bloques de Ethereum.

RSI

El RSI (Relative Strength Index o Índice de Fuerza Relativa) es un indicador técnico utilizado en el análisis técnico de los mercados financieros, que ayuda a evaluar la fuerza y la dirección de una tendencia. El RSI se calcula a través de la comparación de las ganancias y pérdidas promedio de un período de tiempo determinado, y se expresa en una escala de 0 a 100. Un RSI por encima de 70 se considera generalmente como una señal de sobrecompra, mientras que un RSI por debajo de 30 se considera una señal de sobreventa.

RUG PULL

Un rug pull es un término que se refiere a una situación en la que los desarrolladores o los creadores de un proyecto de criptomonedas, engañan a los inversores y se van con el dinero de la inversión. En un rug pull, los creadores de un proyecto venden todas las criptomonedas y se van sin dejar rastro, dejando a los inversores con monedas que ya no valen nada.

Este tipo de estafa es común en el mundo de las criptomonedas, especialmente en proyectos nuevos o desconocidos que prometen altos rendimientos o beneficios en un corto período de tiempo. Los inversores pueden ser atraídos por estas promesas y pueden invertir grandes sumas de dinero en el proyecto, solo para descubrir que han sido engañados y han perdido todo su dinero.

Los rug pulls son un riesgo inherente en cualquier inversión, especialmente en el mercado de criptomonedas, donde la regulación es mínima y los proyectos nuevos pueden ser creados fácilmente. Es importante que los inversores realicen una investigación exhaustiva antes de invertir en cualquier proyecto de criptomonedas y no se dejen llevar por promesas de ganancias excesivas en poco tiempo.

RUNE

RUNE es el token nativo de Thorchain, una red blockchain que permite el intercambio descentralizado de criptomonedas sin la necesidad de un intermediario centralizado. RUNE se utiliza como un medio de intercambio en la red, lo que significa que los usuarios pueden intercambiar otros activos criptográficos en Thorchain utilizando RUNE como un token puente. Además de su uso en la plataforma Thorchain, RUNE también se utiliza como un token de inversión y comercio en muchos exchanges de criptomonedas.

Como token nativo de Thorchain, RUNE desempeña un papel importante en el ecosistema de la red. Los nodos de Thorchain requieren que los usuarios bloqueen una cierta cantidad de RUNE como garantía para participar en la validación de transacciones y recibir recompensas por su participación en la red. Además, RUNE se utiliza como un medio de pago para la redención de las comisiones de transacción en la red, lo que significa que los usuarios pueden utilizar RUNE para pagar por las transacciones que realizan en la plataforma Thorchain.

RUNE es un token ERC-20, lo que significa que se ejecuta en la red Ethereum, aunque esto podría cambiar a medida que Thorchain avanza en el desarrollo de su propia red blockchain. La oferta total de RUNE es limitada a 500 millones de tokens, lo que ayuda a mantener la estabilidad y el valor del token en el mercado.

S

S2F

Stock-to-Flow (S2F) es un modelo utilizado para evaluar la escasez de un activo y su capacidad de mantener un valor a largo plazo, utilizando la relación entre la cantidad de un activo que existe actualmente en stock (stock) y la cantidad producida anualmente (flujo). Este modelo se ha utilizado principalmente en el análisis de criptomonedas como Bitcoin.

El modelo S2F mide la cantidad de tiempo que se tardaría en producir una cantidad de activo equivalente a la cantidad que ya existe en el mercado. Un activo con un alto ratio S2F se considera escaso, ya que se necesitaría una gran cantidad de tiempo para producir una cantidad significativa de ese activo. Por lo tanto, se espera que un activo con un alto ratio S2F mantenga su valor a largo plazo.

En el caso de Bitcoin, la emisión de nuevas monedas se reduce a la mitad cada 4 años a través del proceso conocido como halving. Esto significa que la cantidad de nuevos Bitcoins producidos se reduce a la mitad, lo que aumenta su relación S2F y, en teoría, debería conducir a un aumento en su precio debido a la escasez. Algunos analistas utilizan el modelo S2F para predecir el precio futuro de Bitcoin y otras criptomonedas.

Sin embargo, es importante tener en cuenta que el modelo S2F no es una herramienta infalible para predecir el precio de los activos, y que los mercados pueden ser impredecibles e influenciados por múltiples factores.

SAMOURAI WALLET

Samourai Wallet es una cartera de criptomonedas de código abierto y no custodial que se enfoca en la privacidad y la seguridad de las transacciones de Bitcoin. Fue desarrollada por Samourai Wallet LLC y lanzada en 2015.

Samourai Wallet utiliza varias tecnologías para mejorar la privacidad y la seguridad de las transacciones, incluyendo la implementación de CoinJoin, la mezcla de monedas, la eliminación de direcciones de cambio y la compatibilidad con Tor y VPN. Además, la cartera cuenta con la función "Stonewall", que agrega una capa adicional de privacidad a las transacciones mediante la creación de transacciones de múltiples entradas y múltiples salidas.

La cartera también ofrece una función de "seguridad por defecto", lo que significa que la cartera utiliza automáticamente las características de seguridad más avanzadas disponibles en el momento de la transacción, lo que aumenta la seguridad de los fondos del usuario. Además, Samourai Wallet cuenta con una función de "gastos en espera" que permite a los usuarios verificar manualmente las transacciones antes de enviarlas, lo que agrega una capa adicional de seguridad y previene errores en las transacciones.

Al igual que Wasabi Wallet, Samourai Wallet es una cartera no custodial, lo que significa que el usuario tiene el control total de sus claves privadas y fondos. La cartera no almacena las claves privadas en ningún servidor centralizado, lo que aumenta la seguridad de los fondos.

En resumen, Samourai Wallet es una cartera de criptomonedas de código abierto y no custodial que se enfoca en la privacidad y la seguridad de las transacciones de Bitcoin. Utiliza varias tecnologías para mejorar la privacidad y la seguridad de las transacciones, incluyendo la implementación de CoinJoin, la mezcla de monedas, la eliminación de direcciones de cambio y la compatibilidad con Tor y VPN. La cartera cuenta con varias funciones avanzadas de seguridad y es no custodial.

SAND

SAND es el token nativo del metaverso The Sandbox, una plataforma de juegos en línea basada en blockchain que utiliza la tecnología de realidad virtual y aumentada para permitir que los usuarios creen, compartan y monetizen sus propios juegos y experiencias. SAND se utiliza como medio de intercambio dentro de la plataforma, permitiendo a los usuarios comprar, vender e intercambiar bienes virtuales, como terrenos y objetos, así como participar en eventos y actividades dentro de la comunidad de The Sandbox. También se utiliza para recompensar a los creadores de contenido y a los jugadores que contribuyen al desarrollo y la expansión del metaverso.

SANDBOX

Sandbox es un metaverso en línea que permite a los usuarios crear, construir y monetizar sus propios mundos virtuales. Los usuarios pueden comprar, vender e intercambiar terrenos virtuales, así como crear y compartir experiencias interactivas en línea utilizando herramientas de creación de contenido incorporadas en la plataforma. Sandbox utiliza la tecnología blockchain para proporcionar propiedad y autenticidad de los activos virtuales, así como para permitir la economía de tokens y la monetización de la creación de contenido.

SATOSHI

Un satoshi es la unidad más pequeña de medida en la red Bitcoin. Fue nombrada así en honor al creador de Bitcoin, Satoshi Nakamoto. Un satoshi equivale a una centésima millonésima parte de un Bitcoin (BTC), lo que significa que hay 100 millones de satoshis en un solo Bitcoin.

El uso del satoshi como unidad de medida permite a los usuarios de Bitcoin realizar transacciones con fracciones muy pequeñas de Bitcoin. Por ejemplo, si alguien quiere enviar una pequeña cantidad de Bitcoin, puede enviar un número específico de satoshis en lugar de una fracción de Bitcoin. Además, el uso del satoshi permite una mayor precisión en las transacciones y hace que el Bitcoin sea más fácil de usar para las transacciones cotidianas.

En resumen, un satoshi es la unidad más pequeña de medida en la red Bitcoin, equivalente a una centésima millonésima parte de un Bitcoin. Se utiliza para permitir transacciones con fracciones muy pequeñas de Bitcoin y para hacer que el Bitcoin sea más fácil de usar para las transacciones cotidianas.

SATOSHI NAKAMOTO

Satoshi Nakamoto es el seudónimo utilizado por la persona o grupo de personas que crearon la criptomoneda Bitcoin y su white paper original en 2008. Hasta el día de hoy, la verdadera identidad de Satoshi Nakamoto sigue siendo desconocida.

El nombre "Satoshi Nakamoto" es un seudónimo japonés que se cree que se utilizó para ocultar la verdadera identidad del creador o creadores de Bitcoin. A pesar de los esfuerzos de muchos para descubrir la verdadera identidad de Satoshi, su identidad sigue siendo desconocida y ha sido objeto de mucha especulación en la comunidad de criptomonedas.

En cualquier caso, la creación de Bitcoin y la tecnología subyacente del blockchain que permitió su funcionamiento revolucionaron el mundo de las finanzas y las transacciones en línea. La creación de Bitcoin también ha inspirado la creación de muchas otras criptomonedas y ha dado lugar a nuevas formas de pensar sobre el dinero, la privacidad y la seguridad en línea.

SBT

Un Soulbound Token (SBT) es un tipo de token no fungible (NFT) que se utiliza en algunos juegos blockchain para representar objetos únicos que pertenecen a un jugador en particular y que no se pueden transferir a otros jugadores. Los SBT están diseñados para crear una verdadera propiedad de los objetos dentro del juego, lo que permite a los jugadores intercambiar o vender los objetos en el mercado secundario. La propiedad única se garantiza mediante la vinculación del token a la cuenta del jugador, lo que significa que solo el propietario de la cuenta puede poseer y controlar el objeto representado por el token.

SCALPING TRADING

El scalping trading es una técnica utilizada en el trading de criptomonedas y otros instrumentos financieros, que se enfoca en realizar múltiples operaciones en un corto período de tiempo con el objetivo de obtener pequeñas ganancias en cada operación.

El objetivo del scalping es obtener ganancias a través de la compra y venta rápida de activos, aprovechando pequeñas fluctuaciones de precios en el mercado. Por lo general, las operaciones se realizan en plazos muy cortos, como segundos o minutos, y se basan en un análisis técnico para identificar patrones de precios y oportunidades de entrada y salida del mercado.

El scalping puede ser una estrategia muy rentable si se utiliza correctamente, pero también puede ser muy arriesgado debido a la cantidad de operaciones que se realizan en un corto período de tiempo. Los scalpers también deben estar preparados para monitorear constantemente el mercado y tomar decisiones rápidas para aprovechar las oportunidades de ganancias.

SCAM

"Scam" es un término en inglés que se refiere a una estafa o fraude. En el contexto de las criptomonedas, una estafa puede referirse a una variedad de prácticas fraudulentas, como la creación de proyectos falsos o la promoción de inversiones falsas con la intención de engañar a los inversores y robarles su dinero. Las estafas en criptomonedas pueden ser difíciles de detectar y prevenir, por lo que es importante realizar una investigación exhaustiva y tomar precauciones antes de invertir en cualquier proyecto o plataforma.

SCRYPT

Scrypt es un algoritmo de prueba de trabajo utilizado en algunos protocolos blockchain, como Litecoin. Fue diseñado para ser una alternativa al algoritmo de prueba de trabajo SHA-256 utilizado por Bitcoin, que se considera más resistente a la minería con ASIC (Circuito Integrado Específico de la Aplicación). Scrypt es más difícil de implementar en hardware especializado y, por lo tanto, se espera que sea más resistente a la centralización de la minería. Además, Scrypt requiere más memoria que SHA-256, lo que hace que sea más difícil de minar en grandes cantidades.

SDK

SDK son las siglas de "Software Development Kit" (Kit de Desarrollo de Software, en español), y se trata de un conjunto de herramientas, bibliotecas y documentación que se proporcionan a los desarrolladores de software para facilitar la creación de aplicaciones para una plataforma o sistema específico.

Un SDK incluye, entre otras cosas, el conjunto de herramientas de programación, el compilador, el depurador, y los archivos de encabezado y bibliotecas de software necesarios para desarrollar aplicaciones para la plataforma o sistema en cuestión. También puede incluir documentación detallada, ejemplos de código, guías de programación y otros recursos que faciliten el desarrollo de aplicaciones.

Los SDK son muy útiles para los desarrolladores de software, ya que les permiten crear aplicaciones para plataformas y sistemas específicos de manera más rápida y eficiente, ya que les proporcionan las herramientas y recursos necesarios para crear aplicaciones de alta calidad y funcionalidad.

Los SDK son comúnmente utilizados en el desarrollo de aplicaciones móviles, de escritorio y web, y están disponibles para una amplia gama de sistemas operativos y plataformas, incluyendo iOS, Android, Windows, Mac, Linux y muchos otros.

SEC

La SEC es la Comisión de Valores y Bolsa de los Estados Unidos (Securities and Exchange Commission, por sus siglas en inglés). Es una agencia gubernamental independiente que fue establecida en 1934 para proteger a los inversores y mantener la integridad del mercado de valores de los Estados Unidos.

La SEC tiene una amplia gama de responsabilidades, incluyendo la regulación de las bolsas de valores, la supervisión de los asesores de inversiones y las empresas de corretaje, la aplicación de las leyes de valores, y la divulgación y presentación de informes financieros. Además, la SEC también tiene la autoridad para investigar y procesar a individuos y empresas que violan las leyes de valores.

En el contexto de las criptomonedas, la SEC ha sido un regulador importante en los Estados Unidos, y ha tomado medidas enérgicas contra varias empresas que han ofrecido tokens digitales que la SEC considera valores sin cumplir con las regulaciones correspondientes. La SEC ha establecido que las leyes de valores se aplican a ciertos tokens digitales, y ha emitido pautas para ayudar a las empresas a determinar si sus tokens pueden ser considerados valores y, por lo tanto, están sujetos a la regulación de la SEC.

SECURITY TOKEN

Un security token (token de seguridad) es un tipo de token que se emite en una cadena de bloques (blockchain) y que representa la propiedad de un activo subyacente, como acciones, bonos, bienes raíces, materias primas, entre otros. A diferencia de los tokens de utilidad, que se utilizan para acceder a productos o servicios dentro de una plataforma, los security tokens se utilizan para representar la propiedad de un activo y ofrecen a los inversores una participación en los beneficios del activo subyacente.

Los security tokens suelen estar sujetos a regulaciones de valores y, por lo tanto, deben cumplir con los requisitos regulatorios de los mercados en los que se negocian. Estos requisitos pueden incluir la identificación de los inversores (conocido como KYC), la realización de verificaciones de antecedentes, la emisión de informes financieros y la supervisión continua de la actividad del token.

SEED PHRASE

Una seed phrase, también conocida como frase semilla, es una secuencia de palabras en un orden específico que se utiliza para generar y recuperar una dirección de criptomoneda y su correspondiente clave privada.

La seed phrase generalmente consta de 12, 18 o 24 palabras, y es una forma conveniente y segura de respaldar una clave privada, ya que puede ser fácilmente memorizada o escrita y guardada en un lugar seguro. La seed phrase se utiliza en el proceso de recuperación de una cartera de criptomonedas en caso de pérdida o robo del dispositivo original. Es importante mantener la seed phrase en un lugar seguro y privado, ya que cualquier persona que tenga acceso a ella podría acceder a los fondos de la cartera.

SEGWIT

SegWit es una abreviatura de "Segregated Witness" (Testigo segregado en español) y es un protocolo de actualización para la red de Bitcoin. SegWit fue diseñado para resolver algunos de los problemas relacionados con la escalabilidad de Bitcoin y la maleabilidad de las transacciones, mejorando así la eficiencia de la red.

Con SegWit, los datos de la firma digital de una transacción se separan del bloque principal de la transacción, lo que permite que más transacciones se puedan procesar en un solo bloque y mejora la eficiencia de la red. Además, SegWit también permite la implementación de tecnologías de segunda capa, como Lightning Network, que pueden ayudar a aumentar aún más la capacidad y la eficiencia de la red.

SegWit fue implementado en la red de Bitcoin en agosto de 2017 después de una larga y controvertida discusión sobre su implementación. A pesar de algunas preocupaciones iniciales, la implementación de SegWit ha sido generalmente bien recibida por la comunidad de Bitcoin y se considera un paso importante hacia una red de Bitcoin más escalable y eficiente.

SELFISH MINING

Selfish Mining es una estrategia de minería de bloques en la blockchain que busca obtener una ventaja injusta en la obtención de recompensas por parte de los mineros. En lugar de seguir las reglas de la red, los mineros que usan la estrategia de Selfish Mining trabajan para crear su propia cadena de bloques secreta y oculta.

En esta estrategia, un grupo de mineros malintencionados crea y mantiene una cadena privada de bloques, ocultándola de la red de blockchain pública. En lugar de publicar cada bloque que encuentran inmediatamente en la red pública, estos mineros lo mantienen privado, con el fin de crear una cadena privada más larga que la cadena de bloques pública.

Si el grupo de mineros malintencionados logra crear una cadena privada más larga que la cadena pública, pueden hacer que la cadena pública se invalida y reemplazarla por la cadena privada. De esta manera, el grupo de mineros puede reclamar las recompensas de bloque y, en última instancia, controlar la red.

Selfish Mining es considerado un comportamiento malintencionado y anti-competitivo en el espacio de las criptomonedas y blockchain, ya que viola los principios de descentralización, transparencia y equidad que sustentan estas tecnologías. Los protocolos de consenso de blockchain, como Proof-of-Work y Proof-of-Stake, están diseñados para prevenir el Selfish Mining y otros ataques malintencionados mediante la creación de incentivos para que los mineros sigan las reglas de la red y actúen en el interés colectivo.

SHA-256

SHA-256 (Secure Hash Algorithm 256 bits) es una función de hash cripto-gráfica que se utiliza en criptografía para calcular resúmenes o huellas di-gitales de datos. Es decir, toma un conjunto de datos y los transforma en una cadena de bits de longitud fija (256 bits), que representa una versión única e irreproducible del original. SHA-256 es ampliamente utilizado en la tec-nología blockchain, particularmente en la minería de Bitcoin, para generar la prueba de trabajo que garantiza la seguridad y la integridad de la red.

SHIBA INU

Shiba Inu (SHIB) es una criptomoneda lanzada en agosto de 2020 como un token ERC-20 en la cadena de bloques de Ethereum. Se describe a sí misma como una "moneda de meme", inspirada en el famoso perro de la raza Shiba Inu, que también es el mismo perro que inspiró a la criptomoneda Dogecoin.

El objetivo principal de Shiba Inu es proporcionar una moneda alternativa a los inversores de criptomonedas, y su equipo de desarrollo ha establecido un suministro total de un cuatrillón de tokens SHIB, lo que significa que hay una gran cantidad de tokens disponibles. Además, una parte significativa del suministro total de SHIB se ha bloqueado en el suministro de liquidez, lo que puede ayudar a estabilizar el precio de la moneda.

Shiba Inu también ha lanzado otros tokens como LEASH y BONE. LEASH es una criptomoneda más escasa y valiosa, con un suministro máximo de solo 107,646 tokens, y se utiliza como una especie de token premium para los inversores de Shiba Inu. BONE es una criptomoneda que se utiliza en la pla-taforma de gobernanza de Shiba Inu, permitiendo a los titulares de BONE votar sobre el futuro del proyecto.

Sin embargo, es importante tener en cuenta que Shiba Inu es una inversión altamente especulativa y que el precio de la moneda puede ser altamente volátil. Como cualquier inversión, se recomienda que los inversores hagan su propia investigación antes de invertir y solo inviertan lo que puedan permitirse perder.

SHITCOIN

El término "shitcoin" es un término peyorativo en el mundo de las criptomonedas que se utiliza para describir monedas digitales consideradas de baja calidad o sin valor real. Las shitcoins suelen ser proyectos de criptomonedas que no tienen un caso de uso real o un equipo de desarrollo serio detrás de ellos. A menudo se promocionan mediante esquemas de pump and dump, lo que significa que los precios de la criptomoneda son manipulados artificialmente por un grupo de personas para ganar dinero rápidamente antes de que el precio vuelva a caer.

SHORT

En el trading de criptomonedas, un "short" es una posición de venta de un activo con la expectativa de que su precio caerá en el futuro. Cuando un trader toma una posición "short", está vendiendo el activo con la intención de recomprarlo posteriormente a un precio más bajo.

Por ejemplo, si un trader cree que el precio de Bitcoin caerá en el futuro, puede tomar una posición "short" en Bitcoin vendiendo la criptomoneda en un exchange. Si el precio de Bitcoin cae, el trader puede recomprar sus Bitcoins a un precio más bajo y obtener una ganancia.

La posición "short" es opuesta a la posición "long", que implica comprar un activo con la expectativa de que su precio aumentará en el futuro. Un trader que toma una posición "long" compra un activo con la intención de venderlo posteriormente a un precio más alto y obtener una ganancia.

Es importante tener en cuenta que las posiciones "long" y "short" tienen diferentes riesgos y beneficios. Las posiciones "long" tienen el potencial de obtener grandes ganancias si el precio del activo aumenta, pero también pueden resultar en grandes pérdidas si el precio del activo cae. Las posiciones "short" tienen el potencial de obtener ganancias si el precio del activo cae, pero también pueden resultar en grandes pérdidas si el precio del activo aumenta. Por lo tanto, es importante que los traders comprendan los riesgos involucrados en ambas posiciones antes de tomar una decisión de trading.

SHORT SQUEEZE

Un short squeeze es una situación en la que los inversores que han vendido en corto un activo, como una criptomoneda, se ven obligados a cerrar sus posiciones de venta en corto debido a un aumento repentino y significativo en el precio del activo.

En una operación de venta en corto, el inversor toma prestado un activo y lo vende con la esperanza de que su precio baje para poder comprarlo de nuevo a un precio más bajo y obtener una ganancia. Sin embargo, si el precio del activo comienza a subir en lugar de bajar, los inversores que vendieron en corto pueden enfrentar pérdidas significativas.

Un short squeeze ocurre cuando los inversores que han vendido en corto el activo intentan cerrar sus posiciones de venta en corto comprando el activo en el mercado para evitar mayores pérdidas. Pero como muchos inversores están tratando de comprar el mismo activo al mismo tiempo, la demanda aumenta y el precio del activo sube aún más, lo que a su vez obliga a más inversores a cerrar sus posiciones de venta en corto.

Este aumento en la demanda puede llevar a un rápido aumento en el precio del activo y puede crear una especie de "efecto dominó" en el mercado, donde más y más inversores se ven obligados a cerrar sus posiciones de venta en corto, lo que a su vez impulsa aún más el precio del activo al alza.

SIDECHAIN

Una sidechain es una cadena lateral que se conecta a una cadena principal de blockchain. Básicamente, es una cadena de bloques separada que puede funcionar de forma independiente, pero que está conectada a la cadena principal de blockchain para aprovechar su seguridad y eficiencia. Las sidechains pueden utilizarse para crear nuevas funcionalidades o aplicaciones que no son posibles en la cadena principal, y para realizar transacciones rápidas y eficientes entre ellas y la cadena principal. Además, las sidechains pueden utilizarse para probar nuevas características y actualizaciones sin afectar la cadena principal.

SIGNATURE AGGREGATION

La agregación de firmas o signature aggregation es un método utilizado en la criptografía para reducir el tamaño de las transacciones y mejorar la escalabilidad en las redes blockchain.

En lugar de tener múltiples firmas individuales en una transacción, la agregación de firmas permite combinar varias firmas en una sola, lo que reduce el tamaño de la transacción y ahorra espacio en el blockchain.

Además, la agregación de firmas también puede mejorar la privacidad de los usuarios al ocultar el número de firmas involucradas en una transacción. Al utilizar la agregación de firmas, se puede aumentar la eficiencia de la red y reducir las tarifas de transacción.

SÍMBOLO

En el contexto de las criptomonedas, un símbolo se refiere a una abreviatura o acrónimo utilizado para identificar una criptomoneda en los intercambios o en los mercados. Los símbolos suelen estar compuestos por varias letras mayúsculas y a menudo se utilizan para representar el nombre de la criptomoneda en lugar de su código. Por ejemplo, BTC es el símbolo utilizado para representar la criptomoneda Bitcoin, mientras que ETH se utiliza para representar Ethereum. Los símbolos son útiles para simplificar y estandarizar la identificación de las criptomonedas en los intercambios y en otros entornos de negociación.

SKALE

Skale Network es una plataforma de escalabilidad blockchain que permite a los desarrolladores crear aplicaciones descentralizadas (dApps) con alta escalabilidad y seguridad. Skale Network es compatible con Ethereum y utiliza un enfoque de prueba de participación delegada (DPoS) para procesar transacciones y ejecutar contratos inteligentes de manera eficiente. Los desarrolladores pueden personalizar la configuración de su cadena de bloques y ejecutar nodos de validación en Skale Network. Además, Skale Network proporciona una solución de almacenamiento de datos descentralizada para los dApps a través de su servicio de almacenamiento de archivos IPFS. El token nativo de Skale Network es SKL, que se utiliza para garantizar la seguridad de la red y como medio de intercambio en la plataforma.

SKL

SKL es el símbolo o token nativo de la red de Skale Network. SKL se utiliza como medio de intercambio para pagar las tarifas de transacción y las comisiones en la red Skale, y también se utiliza como incentivo para los validadores que aseguran la red y procesan las transacciones. Además, SKL también se puede utilizar para participar en la gobernanza de la red y tomar decisiones sobre el desarrollo y la evolución de la red Skale.

SLIPPAGE

El slippage es un término que se utiliza en el trading de criptomonedas para referirse a la diferencia entre el precio deseado de una orden y el precio al que realmente se ejecuta la orden. En otras palabras, es la brecha entre el precio que un inversor desea comprar o vender una criptomoneda y el precio real al que se realiza la transacción.

El slippage puede ocurrir en situaciones de alta volatilidad del mercado, cuando el precio de una criptomoneda se mueve rápidamente y hay una gran cantidad de órdenes de compra o venta en el mercado. En estas circunstancias, puede haber una escasez temporal de liquidez y la ejecución de una orden puede retrasarse o ejecutarse a un precio menos favorable.

Por ejemplo, si un inversor desea comprar 1 Bitcoin a $50,000 pero debido a la alta volatilidad del mercado, la orden se ejecuta a $52,000, el slippage es de $2,000. Del mismo modo, si un inversor desea vender 1 Bitcoin a $50,000 pero debido al slippage, la orden se ejecuta a $48,000, el slippage es de $2,000.

Es importante tener en cuenta que el slippage puede afectar la rentabilidad de una operación de trading y por lo tanto, es importante tener en cuenta este factor al realizar transacciones en criptomonedas. Para reducir el slippage, los inversores pueden utilizar órdenes límite y órdenes stop-limit, que permiten establecer el precio de entrada y salida de una transacción con mayor precisión.

SLP

Smooth Love Potion (SLP) es un token de criptomoneda utilizado en el juego Axie Infinity, que se utiliza para criar y criar Axies, que son personajes de juego en el ecosistema Axie. Los jugadores pueden ganar SLP completando tareas y desafíos en el juego, y pueden usar SLP para criar nuevos Axies, comprar y vender Axies en el mercado y participar en otros aspectos del juego. El valor de SLP varía en función de la oferta y la demanda en los mercados de criptomonedas y puede ser intercambiado por otras criptomonedas o monedas fiduciarias en varios intercambios.

SMART CONTRACT

Un contrato inteligente (smart contract en inglés) es un programa informático que automatiza la ejecución de un contrato o acuerdo, de manera que se autoejecuta una vez se cumplen las condiciones programadas. Estos contratos están escritos en lenguajes de programación específicos y se ejecutan en una cadena de bloques, lo que los hace inmutables y seguros. Los smart contracts permiten realizar transacciones sin necesidad de intermediarios, lo que reduce costos y aumenta la eficiencia. Además, son transparentes, ya que cualquier persona puede ver su código y comprobar su funcionamiento.

SNX

SNX es el símbolo de la criptomoneda nativa de la plataforma Synthetix. Synthetix es un protocolo descentralizado construido en la cadena de bloques Ethereum que permite la creación de activos sintéticos o sintéticos que rastrean el valor de otros activos, como monedas, materias primas, acciones y criptomonedas. SNX es utilizado para garantizar la estabilidad del sistema, al igual que para votar sobre la gobernanza y las actualizaciones del protocolo. También se puede utilizar como colateral para crear y comerciar con activos sintéticos en la plataforma.

SOFT FORK

Un soft fork (bifurcación suave) es un tipo de actualización de un protocolo blockchain en el que se realiza un cambio en las reglas de consenso que es compatible con versiones anteriores del software. En otras palabras, se trata de una actualización que no requiere que todos los usuarios actualicen su software, ya que los nuevos bloques generados por la versión actualizada seguirán siendo válidos para los usuarios que no han actualizado.

En un soft fork, las reglas de consenso se vuelven más estrictas, lo que significa que los bloques que se ajustan a las reglas antiguas seguirán siendo válidos para la nueva versión. Sin embargo, los nuevos bloques generados por la versión actualizada pueden no ser aceptados por los nodos que no se han actualizado, lo que puede llevar a una bifurcación de la cadena.

SOL

SOL es la criptomoneda nativa de la plataforma de cadena de bloques Solana. Es una criptomoneda utilizada para pagar tarifas de transacción en la red y para participar en la gobernanza de la red. Al igual que otras criptomonedas, su valor es determinado por la oferta y la demanda en los mercados de intercambio donde se comercializa.

SOL es una moneda muy importante en la plataforma Solana, ya que se utiliza para pagar tarifas de transacción, recompensas de validación y para votar en las propuestas de mejora y cambios en la plataforma. Además, SOL es utilizada como colateral para apoyar los préstamos en la plataforma de DeFi que se construyen sobre Solana.

Desde su lanzamiento en 2020, SOL ha experimentado un fuerte creci-miento en su valor, impulsado por la adopción de la plataforma Solana por parte de los desarrolladores y los proyectos de DeFi y NFT. SOL se ha convertido en una de las criptomonedas más importantes en el mercado y está disponible en una amplia variedad de intercambios de criptomonedas.

SOLANA

Solana es una plataforma de cadena de bloques de alta velocidad y alto rendimiento que se centra en la escalabilidad y la descentralización. Fue creada en 2017 por el equipo liderado por Anatoly Yakovenko y fue lanzada en 2020.

Solana utiliza una arquitectura de cadena de bloques única que combina el consenso de Prueba de Historia (PoH) con el consenso de Prueba de Par-ticipación (PoS), lo que permite alcanzar velocidades de transacción extre-madamente altas, de hasta 65,000 transacciones por segundo. Además, la plataforma es capaz de realizar transacciones a un costo muy bajo, lo que la hace atractiva para aplicaciones de DeFi y NFT que requieren transacciones rápidas y económicas.

La plataforma Solana cuenta con su propia criptomoneda nativa, SOL, que se utiliza para pagar las tarifas de transacción en la red y para participar en la gobernanza de la red, permitiendo a los titulares de SOL votar en las propuestas de mejora y cambios en la plataforma.

Solana ha ganado una gran cantidad de atención y apoyo en la comu-nidad criptográfica debido a su velocidad, escalabilidad y capacidad de soportar una amplia variedad de aplicaciones descentralizadas. La plata-forma también ha atraído a muchos desarrolladores y proyectos de DeFi y NFT, lo que ha contribuido a su rápido crecimiento y adopción.

SOLIDITY

Solidity es un lenguaje de programación orientado a contratos inteligentes, utilizado para crear aplicaciones descentralizadas en la plataforma Ethe-reum y otras redes blockchain compatibles. Fue creado por el cofundador de Ethereum, Gavin Wood, en colaboración con otros desarrolladores, y es similar en estructura a los lenguajes de programación más populares como JavaScript, C++ y Python.

Solidity está diseñado específicamente para escribir contratos inteligentes, que son programas autónomos que se ejecutan automáticamente en la cade-na de bloques, sin necesidad de intermediarios. Estos contratos inteligentes pueden utilizarse para automatizar procesos, realizar pagos y transferencias de activos, y establecer acuerdos entre múltiples partes.

El lenguaje Solidity se utiliza en la creación de dApps (aplicaciones descentralizadas) y protocolos DeFi (finanzas descentralizadas), y ha sido adoptado por una amplia gama de desarrolladores y empresas en todo el mundo. Debido a su creciente popularidad, Solidity se ha convertido en uno de los lenguajes de programación más utilizados en la industria de blockchain y criptomonedas.

SOLSCAN

Solscan es un explorador de bloques y una herramienta de análisis para la cadena de bloques de Solana. Permite a los usuarios explorar y verificar transacciones, direcciones de billetera, tokens y otros datos en la red de Solana. También proporciona información detallada sobre la actividad en la cadena de bloques, como el número de transacciones y la tasa de hash. Solscan es una herramienta útil para los desarrolladores que trabajan en la creación de aplicaciones descentralizadas (dApps) en la cadena de bloques de Solana y para los inversores que desean realizar un seguimiento de sus transacciones y la actividad del mercado en la red de Solana.

SPOOFING

En el ámbito del trading, el "spoofing" es una técnica de manipulación del mercado en la que un trader o grupo de traders colocan órdenes falsas de compra o venta en un mercado financiero con la intención de crear la ilusión de una mayor oferta o demanda, con el objetivo de mover el precio a su favor. Una vez que el precio se mueve, el trader o grupo de traders cancelan las órdenes falsas y colocan órdenes verdaderas en la dirección que buscan beneficiarse de la manipulación previa. El spoofing es ilegal en muchos países y los reguladores financieros han tomado medidas para detectar y penalizar a aquellos que utilizan esta técnica.

SPOT

En el mundo de las criptomonedas, el término "spot" se refiere a la compra o venta de criptomonedas en el mercado al precio actual, es decir, al precio "spot". En otras palabras, una transacción de criptomonedas al precio spot significa que la transacción se realiza al precio de mercado actual.

Por ejemplo, si el precio de Bitcoin en el mercado es de $50,000 y un inversor compra un Bitcoin al precio spot, entonces está comprando un Bitcoin al precio actual de mercado de $50,000.

La negociación al precio spot es una de las formas más comunes de negociar criptomonedas en los mercados. Es un método simple y directo que permite a los inversores comprar o vender criptomonedas en tiempo real, sin tener que esperar a que se cumpla una orden de compra o venta.

Es importante tener en cuenta que el precio spot de una criptomoneda puede cambiar rápidamente, y los inversores deben tener cuidado de monitorear el mercado en tiempo real para tomar decisiones de negociación informadas.

SPREAD

El spread es la diferencia entre el precio de compra y el precio de venta de un activo financiero. Por ejemplo, si el precio de compra de un activo es de 10 dólares y el precio de venta es de 9.5 dólares, el spread sería de 0.5 dólares. Es una medida importante de la liquidez de un activo y afecta el costo total de una transacción. Un spread más estrecho indica una mayor liquidez del activo y un menor costo de transacción. Por el contrario, un spread más amplio indica una menor liquidez del activo y un mayor costo de transacción.

STABLECOIN

Una stablecoin es una criptomoneda que está diseñada para mantener su valor estable en relación a algún activo externo, como una moneda fiduciaria (por ejemplo, dólares estadounidenses, euros, etc.) o una mercancía (por ejemplo, oro). Esto se logra a través de diversas técnicas, como el anclaje a un activo externo, la emisión y quema de monedas según la demanda, o la regulación automática de la oferta y la demanda en un mercado descentralizado.

El objetivo de una stablecoin es proporcionar una alternativa digital a las monedas fiduciarias, que a menudo experimentan fluctuaciones significativas de valor en el mercado. Al mantener un valor relativamente constante, las stablecoins pueden ofrecer una mayor estabilidad a los usuarios y facilitar el uso de criptomonedas en aplicaciones comerciales y de consumo.

STAKING

Staking se refiere al proceso de mantener fondos en una criptomoneda particular para recibir recompensas o ganancias. En general, el staking se utiliza en blockchains que utilizan el algoritmo de consenso de prueba de participación (PoS) para validar las transacciones en la red. En lugar de resolver problemas matemáticos complejos, como en el caso de la minería en el protocolo de prueba de trabajo (PoW), los usuarios de PoS mantienen sus tokens en una billetera de staking y ofrecen su "participación" en la red a cambio de recompensas en forma de tokens adicionales. A medida que la red valida transacciones, se seleccionan al azar a los validadores de staking para confirmar y verificar esas transacciones, y se les recompensa con más tokens. Además de las recompensas de staking, algunos proyectos de criptomonedas también ofrecen votación de gobernanza y otros derechos y privilegios a los titulares de tokens que están apostando, lo que puede ser beneficioso para la comunidad a largo plazo.

STEEM

Steem es una plataforma de redes sociales basada en blockchain que recompensa a los creadores de contenido con su propia criptomoneda, STEEM. Fue lanzada en 2016 por Dan Larimer y Ned Scott, y ha sido diseñada para permitir a los usuarios crear y compartir contenido en una plataforma descentralizada, donde los creadores son recompensados directamente por su trabajo en lugar de por la publicidad o las vistas.

La plataforma Steem utiliza un algoritmo de consenso de prueba de participación delegada (DPoS) para procesar las transacciones y validar los bloques. Esto significa que los titulares de STEEM pueden votar por los nodos que procesan las transacciones y ganar recompensas en función de su participación en la red.

Además de la creación de contenido y la interacción social, la plataforma Steem también se utiliza para alojar aplicaciones descentralizadas, como juegos y mercados en línea.

STP

Standard Tokenization Protocol (STP) es un protocolo de tokenización que permite la emisión, gestión y negociación de tokens basados en blockchain. El objetivo del protocolo es proporcionar un marco de trabajo seguro y estandarizado para la creación de tokens que representen cualquier activo, como bienes raíces, acciones, materias primas, obras de arte, etc.

STP utiliza la tecnología blockchain para registrar la propiedad de los activos y la emisión de tokens respaldados por dichos activos. Los tokens STP pueden ser negociados en cualquier intercambio que soporte el protocolo y se benefician de la seguridad, transparencia y eficiencia de la tecnología blockchain.

Además, STP cuenta con una serie de herramientas y funciones para la gestión de tokens, incluyendo la gestión de la liquidez, el control de la oferta y la demanda, la asignación de derechos de voto y dividendos, entre otras. Todo esto se realiza de manera descentralizada y transparente, permitiendo una mayor democratización en la inversión y el acceso a los activos tradicionalmente inaccesibles para muchas personas.

STPT

STPT es el token nativo de la red de blockchain de Standard Tokenization Protocol (STP), que se utiliza para pagar por los servicios y transacciones dentro de la red. STP es una plataforma descentralizada que permite la creación, emisión y negociación de tokens de seguridad, lo que significa que los tokens están respaldados por activos reales como bienes raíces, acciones, obras de arte y otros activos financieros. STPT se utiliza para facilitar el intercambio de tokens de seguridad en la plataforma STP y también puede ser utilizado como una forma de pago en aplicaciones y servicios que utilizan la red de blockchain de STP.

SUSHI

SUSHI es el token nativo del protocolo descentralizado de intercambio de criptomonedas llamado SushiSwap. El protocolo se basa en la tecnología blockchain de Ethereum y utiliza un modelo de proveedores de liquidez automatizados (AMLP) para permitir a los usuarios intercambiar criptomonedas de manera eficiente y sin la necesidad de un intermediario centralizado.

El token SUSHI se utiliza como una forma de gobernanza para la comunidad SushiSwap, lo que significa que los titulares de tokens pueden votar sobre cambios en el protocolo y en el ecosistema en general. Además, el token también se utiliza como una forma de recompensar a los proveedores de liquidez y a los usuarios que realizan transacciones en la plataforma.

SUSHISWAP

SushiSwap es un exchange descentralizado (DEX) de criptomonedas que se ejecuta en la cadena de bloques Ethereum. Es similar a Uniswap, otro popular DEX, pero SushiSwap tiene algunas características adicionales que lo hacen único.

En SushiSwap, los usuarios pueden proporcionar liquidez a los "pools" de intercambio y recibir a cambio tokens SUSHI, el token nativo de la plataforma. Los usuarios también pueden apostar sus tokens SUSHI para ganar más tokens SUSHI como recompensa. Además, SushiSwap ha introducido una función de "yield farming", que permite a los usuarios ganar recompensas adicionales en forma de tokens SUSHI al proporcionar liquidez a ciertos pares de tokens.

SUSHI se utiliza como medio de intercambio en SushiSwap y también se puede utilizar para acceder a ciertas funciones en la plataforma, como la participación en granjas de liquidez y el "staking" de tokens.

El suministro total de SUSHI es de 250 millones de tokens, y el equipo detrás de SushiSwap ha implementado un mecanismo de quema de tokens para reducir gradualmente la oferta total de SUSHI con el tiempo.

SWAP

Un swap, en el contexto de las criptomonedas, se refiere a un intercambio de una criptomoneda por otra. Este intercambio puede ser realizado a través de diferentes medios, como exchanges centralizados o descentralizados, y puede ser utilizado con diferentes propósitos, como obtener una criptomoneda específica que no se encuentra disponible en un exchange determinado, cambiar una criptomoneda por otra con mejores perspectivas de crecimiento, entre otros. En algunos casos, el swap puede implicar el pago de una comisión o tarifa, que es utilizada para mantener y administrar la plataforma de intercambio.

SWING TRADING

El swing trading es una técnica de trading en la que los operadores compran y venden activos financieros, incluyendo criptomonedas, en un plazo de tiempo más largo que el scalping, pero más corto que el trading a largo plazo. El objetivo del swing trading es aprovechar las fluctuaciones de precios en el mercado y obtener ganancias en un plazo de tiempo que puede variar desde unos pocos días hasta varias semanas.

En el swing trading, los operadores utilizan principalmente análisis técnico para identificar tendencias y patrones en los precios de los activos financieros y decidir cuándo entrar y salir del mercado. Una vez que se identifica una tendencia alcista o bajista, el operador realiza la compra o venta del activo y espera a que el precio alcance el objetivo de ganancias antes de cerrar la posición.

El swing trading puede ser una estrategia rentable para los operadores que están dispuestos a dedicar tiempo y esfuerzo a la investigación y el análisis del mercado. Sin embargo, también es importante tener en cuenta que el swing trading conlleva cierto nivel de riesgo, ya que las tendencias pueden cambiar rápidamente y los precios pueden fluctuar en cualquier dirección en un corto período de tiempo.

SWIPE

Swipe es una plataforma de pagos y criptomonedas que permite a los usuarios comprar, vender, almacenar y gastar criptomonedas de manera fácil y segura. Fundada en 2018, Swipe se ha convertido en una de las principales plataformas de pago de criptomonedas con una amplia gama de servicios y productos relacionados con criptomonedas.

La plataforma Swipe ofrece una aplicación móvil que permite a los usuarios comprar, vender y almacenar criptomonedas, así como gastar criptomonedas en una amplia gama de comercios en línea y tiendas físicas que aceptan pagos con criptomonedas. La aplicación de Swipe también ofrece una billetera criptográfica segura que permite a los usuarios almacenar y administrar sus criptomonedas de manera segura.

Además de su plataforma de pagos, Swipe también ofrece una tarjeta de débito de criptomonedas que permite a los usuarios gastar sus criptomonedas en cualquier lugar que acepte tarjetas de débito. La tarjeta de débito de Swipe se puede recargar con Bitcoin, Ethereum, Litecoin, entre otros, y se acepta en más de 50 millones de comercios en todo el mundo.

Swipe también ha lanzado su propio token nativo, SXP, que se utiliza como medio de intercambio en la plataforma Swipe y ofrece a los usuarios descuentos en las tarifas de transacción, staking, gobernanza y adopción.

En resumen, Swipe es una plataforma de pagos y criptomonedas que ofrece una amplia gama de servicios y productos relacionados con criptomonedas, incluyendo una aplicación móvil, una tarjeta de débito de criptomonedas y su propio token nativo, SXP. Swipe permite a los usuarios comprar, vender, almacenar y gastar criptomonedas de manera fácil y segura.

SXP

SXP es el token nativo de Swipe, una plataforma de pagos y criptomonedas que permite a los usuarios comprar, vender, almacenar y gastar criptomonedas de manera fácil y segura.

El token SXP se utiliza como medio de intercambio en la plataforma Swipe y tiene varias funciones, incluyendo:

Descuentos en tarifas: Los usuarios que utilizan SXP para pagar las tarifas de transacción en la plataforma Swipe reciben descuentos en las tarifas.

Staking: Los usuarios pueden bloquear sus tokens SXP en la plataforma para ganar recompensas en forma de más tokens SXP.

Gobernanza: Los titulares de SXP tienen la capacidad de votar en decisiones importantes de la plataforma, como cambios en las tarifas o mejoras en la funcionalidad.

Adopción: El token SXP se utiliza en la integración de la plataforma Swipe con otras aplicaciones y servicios relacionados con criptomonedas.

El suministro total de tokens SXP es de 300 millones y el token se basa en la red Ethereum como un token ERC-20. Swipe también ha lanzado su propia cadena de bloques, Swipe Network, que permite a los usuarios intercambiar tokens SXP y otros tokens basados en ERC-20 de forma rápida y segura.

En resumen, SXP es el token nativo de la plataforma de pagos y criptomonedas Swipe. Se utiliza como medio de intercambio, para obtener descuentos en tarifas, staking, gobernanza y adopción. SXP se basa en la red Ethereum como un token ERC-20 y tiene un suministro total de 300 millones.

SYNTHETIX

Synthetix es una plataforma descentralizada de finanzas (DeFi) construida en la blockchain de Ethereum que permite a los usuarios acceder a activos sintéticos, es decir, activos que tienen el mismo valor que un activo real pero son creados digitalmente. En la plataforma de Synthetix, los usuarios pueden negociar estos activos sintéticos, que están respaldados por un colateral en la moneda nativa de Synthetix, SNX. La plataforma también tiene su propio intercambio descentralizado, donde los usuarios pueden intercambiar estos activos sintéticos entre sí y con otros tokens de Ethereum. La visión de Synthetix es crear una plataforma donde cualquier activo del mundo pueda ser sintetizado y comercializado, lo que permitiría a los inversores tener exposición a cualquier clase de activos que deseen, desde acciones hasta divisas y materias primas, sin la necesidad de poseer realmente el activo subyacente.

TAKER

En el ámbito de las criptomonedas y los exchanges, un taker es un participante que realiza una operación de compra o venta de criptomonedas al precio de mercado actual. Es decir, el taker toma una orden existente en el libro de órdenes del exchange, en lugar de crear una nueva orden.

Cuando un taker realiza una operación, se ejecuta inmediatamente y se llena a un precio existente en el libro de órdenes del exchange. Esto significa que el taker paga el precio que se está ofreciendo actualmente en el mercado, en lugar de esperar a que un comprador o vendedor acepte su orden.

Los takers son importantes para la liquidez del mercado, ya que ayudan a completar las órdenes de los makers, que son los participantes que crean nuevas órdenes en el libro de órdenes. Los takers proporcionan un flujo constante de demanda en el mercado, lo que puede ayudar a mantener los precios estables y facilitar la compra y venta de criptomonedas.

En algunos exchanges, los takers pueden estar sujetos a tarifas de negociación más altas que los makers, ya que suelen pagar una prima por la inmediatez de la ejecución de la operación.

TAPROOT

Taproot es una importante actualización del protocolo Bitcoin que se programó para ser implementada en noviembre de 2021. Esta actualización se ha diseñado para mejorar la privacidad y la eficiencia de las transacciones de Bitcoin, al tiempo que reduce los costos de transacción y la complejidad del código.

La característica principal de Taproot es la introducción de firmas Schnorr en la cadena de bloques de Bitcoin. Las firmas Schnorr permiten a varios participantes en una transacción combinar sus claves públicas en una sola firma, lo que hace que las transacciones sean más privadas y eficientes. Además, la introducción de las firmas Schnorr también hace posible la creación de contratos inteligentes más complejos que son más eficientes en términos de costos y ocupan menos espacio en la cadena de bloques.

Otra característica de Taproot es la introducción de "taproot script", un nuevo tipo de script que permite a los usuarios combinar varias condiciones para desbloquear una transacción. Estas condiciones pueden incluir cosas como contraseñas, información de huellas dactilares o claves privadas, lo que hace que las transacciones sean aún más privadas y seguras.

En resumen, Taproot es una importante actualización del protocolo Bitcoin que mejora la privacidad, la eficiencia y la seguridad de las transacciones de Bitcoin al tiempo que reduce los costos de transacción y la complejidad del código.

TENDERMINT

Tendermint es una plataforma de consenso de código abierto basada en blockchain que se utiliza para crear redes de blockchain escalables, seguras y de alta disponibilidad. Tendermint proporciona un motor de consenso de alta velocidad y tolerante a fallos bizantinos (BFT) que puede ser utilizado por aplicaciones blockchain para llegar a un acuerdo sobre el estado de la red.

Además del motor de consenso, Tendermint también ofrece una capa de aplicación modular que permite a los desarrolladores construir aplicaciones de blockchain personalizadas utilizando diferentes lenguajes de programación. Tendermint es conocido por ser la base de varias redes blockchain, incluyendo Cosmos Network y Binance Chain.

TEORÍA DE DOW

La Teoría de Dow es una metodología de análisis técnico utilizada para identificar tendencias en el mercado financiero. Fue desarrollada por Charles Dow, fundador de Dow Jones & Company y cofundador del Wall Street Journal, a finales del siglo XIX.

La Teoría de Dow se basa en la idea de que el mercado se mueve en tendencias y que estas tendencias se pueden identificar y analizar a través de la observación de los precios de las acciones en el mercado. Dow definió tres tipos de tendencias: primaria, secundaria y menor. La tendencia primaria puede durar de varios meses a varios años y es la más importante. La tendencia secundaria es una corrección de la tendencia primaria y puede durar varias semanas a varios meses. La tendencia menor es de corta duración y se superpone a las tendencias primaria y secundaria.

La Teoría de Dow también establece que el mercado tiene tres fases: la fase de acumulación, la fase de publicidad y la fase de distribución. Durante la fase de acumulación, los inversores compran acciones a precios bajos. Durante la fase de publicidad, las noticias positivas sobre la empresa impulsan el precio de las acciones al alza. Durante la fase de distribución, los inversores venden sus acciones a precios altos.

La Teoría de Dow se considera una de las bases del análisis técnico moderno y sigue siendo utilizada por muchos traders e inversores para tomar decisiones en el mercado financiero.

TEORÍA DE LAS ONDAS

La Teoría de las Ondas, también conocida como Teoría de las Ondas de Elliott, es una teoría desarrollada por el analista financiero Ralph Nelson Elliott en la década de 1930. La teoría se basa en la idea de que los mercados financieros se mueven en ciclos repetitivos, y que estos ciclos pueden ser identificados y aprovechados por los inversores.

Según la Teoría de las Ondas de Elliott, los movimientos de los precios en los mercados financieros se producen en patrones repetitivos que se conocen como ondas. Estas ondas se dividen en dos tipos principales: ondas impulsivas y ondas correctivas. Las ondas impulsivas se mueven en la dirección de la tendencia predominante y se dividen en cinco sub-ondas, mientras que las ondas correctivas se mueven en sentido contrario a la tendencia predominante y se dividen en tres sub-ondas.

La Teoría de las Ondas de Elliott sostiene que estos patrones de ondas se repiten en todos los marcos temporales, desde los gráficos de minutos hasta los gráficos de años. Por lo tanto, los inversores pueden utilizar la teoría para identificar posibles movimientos futuros del precio y tomar decisiones de inversión basadas en estas predicciones.

Es importante tener en cuenta que la Teoría de las Ondas de Elliott es una herramienta de análisis técnico avanzada y requiere de una comprensión detallada de los patrones de ondas y su interpretación. Además, aunque algunos inversores han obtenido éxito utilizando la teoría, otros cuestionan su validez y efectividad en la predicción del comportamiento del mercado.

TERRENO VIRTUAL

Un terreno virtual es un espacio digital que se asemeja a la propiedad inmobiliaria en el mundo físico. En un terreno virtual, los usuarios pueden poseer, desarrollar y comercializar sus propiedades digitales. Estos espacios pueden ser utilizados para diversos fines, como la creación de juegos en línea, la construcción de mundos virtuales o la organización de eventos digitales. Los terrenos virtuales se construyen sobre una plataforma tecnológica, como blockchain o servidores centralizados, y pueden requerir el uso de monedas virtuales o tokens específicos para realizar transacciones dentro del espacio digital.

TESTNET

La Testnet es una red de prueba o red de desarrollo para las criptomonedas y otras aplicaciones basadas en blockchain. Se utiliza para probar nuevas características, realizar pruebas de seguridad, experimentar con nuevas implementaciones y para que los desarrolladores prueben y depuren sus aplicaciones antes de implementarlas en la red principal (Mainnet).

En una Testnet, los tokens utilizados no tienen valor real y su propósito es simplemente para pruebas. Esto permite a los desarrolladores experimentar sin correr el riesgo de perder activos o comprometer la seguridad de la red principal.

La Testnet es una réplica de la red principal y utiliza la misma tecnología de blockchain, pero con algunas diferencias. Por ejemplo, la Testnet puede tener un tiempo de bloque más rápido, lo que permite a los desarrolladores probar más transacciones en un período de tiempo más corto. También puede tener una dificultad de minería más baja, lo que facilita la creación de bloques para los desarrolladores.

En resumen, la Testnet es una herramienta importante para los desarrolladores, ya que les permite probar y experimentar con nuevas funcionalidades y aplicaciones en un entorno seguro y sin riesgos antes de ser implementado en la red principal.

TETHER

Tether es una criptomoneda conocida como "stablecoin", que se utiliza para representar el valor del dólar estadounidense. Es decir, cada unidad de Tether (USDT) está respaldada por una unidad de dólar estadounidense en una cuenta bancaria designada.

El objetivo principal de Tether es proporcionar una forma de transferir y almacenar valor en el mundo de las criptomonedas sin tener que preocuparse por la volatilidad del mercado. Al estar vinculada al valor del dólar estadounidense, Tether ofrece una forma de protegerse contra la fluctuación de precios que se observa en otras criptomonedas.

Tether se utiliza ampliamente como una forma de transferir fondos entre exchanges de criptomonedas y también se utiliza como una forma de mantener el valor de las criptomonedas en momentos de alta volatilidad del mercado. Además, Tether se utiliza en muchas transacciones de trading de criptomonedas como una forma de comprar y vender otras criptomonedas sin tener que pasar por el proceso de convertir a moneda fiduciaria.

Sin embargo, es importante tener en cuenta que Tether ha sido objeto de controversia en el pasado debido a las preocupaciones sobre si realmente tiene una reserva completa en dólares estadounidenses para respaldar cada unidad de USDT en circulación. A pesar de esto, sigue siendo una de las stablecoins más populares en el mundo de las criptomonedas y se utiliza ampliamente en transacciones comerciales y de inversión.

TEZOS

Tezos es una plataforma blockchain y una criptomoneda que se lanzó en 2018. Fue fundada por Arthur y Kathleen Breitman. La tecnología de Tezos está diseñada para ser más avanzada y escalable que la de otras criptomonedas, y utiliza un mecanismo de consenso llamado "Delegated Proof-of-Stake" (DPoS) que permite que los poseedores de la criptomoneda participen en la gobernanza de la red y tomen decisiones sobre su futuro desarrollo. Además, Tezos cuenta con un sistema integrado de contratos inteligentes y permite la creación de aplicaciones descentralizadas (dApps) sobre su plataforma. La criptomoneda de Tezos se llama XTZ.

THETA

THETA es el token nativo de la plataforma Theta, una red blockchain descentralizada de transmisión de video en vivo que utiliza la tecnología peer-to-peer (P2P) para mejorar la calidad y la eficiencia de la transmisión de video en línea.

THETA se utiliza como medio de intercambio en la plataforma Theta, lo que permite a los usuarios pagar por el contenido de video en vivo y a los creadores de contenido recibir recompensas por su trabajo. Además, los titulares de THETA también pueden participar en la gobernanza de la plataforma y tomar decisiones sobre el futuro de la plataforma.

Además de su uso en la plataforma Theta, THETA también se utiliza como colateral en el protocolo de préstamos descentralizados THETA, donde los titulares de THETA pueden prestar sus tokens a otros usuarios a cambio de intereses.

El suministro total de THETA está limitado a 1 billón de tokens y se distribuyen mediante una variedad de mecanismos, incluyendo la minería de Theta, la staking de Theta y la participación en eventos de la comunidad Theta. Desde su lanzamiento en 2018, THETA ha ganado popularidad en la comunidad de criptomonedas y ha visto un aumento significativo en su precio y volumen de negociación.

THETA NETWORK

Theta es una plataforma blockchain descentralizada de transmisión de video en vivo que utiliza la tecnología peer-to-peer (P2P) para mejorar la calidad y la eficiencia de la transmisión de video en línea.

La plataforma Theta permite a los usuarios transmitir video en vivo, al mismo tiempo que utilizan la capacidad no utilizada de su ancho de banda y recursos de computación para ayudar a otros usuarios de la plataforma a mejorar su calidad de transmisión. Como recompensa por su contribución, los usuarios que proporcionan ancho de banda y recursos de computación reciben tokens Theta.

Los tokens Theta se utilizan como medio de intercambio en la plataforma, lo que permite a los usuarios pagar por el contenido de video en vivo y a los creadores de contenido recibir recompensas por su trabajo. Además, los tokens Theta también se pueden utilizar para votar en decisiones de gobernanza de la plataforma.

La tecnología Theta se basa en la cadena de bloques de Ethereum, lo que significa que los tokens Theta son ERC-20 y se pueden almacenar en carteras compatibles con ERC-20. La plataforma Theta ha sido adoptada por varias compañías y organizaciones de la industria de los medios y el entretenimiento, y ha ganado popularidad como una forma innovadora de mejorar la calidad y eficiencia de la transmisión de video en línea.

THOMAS VOEGTLIN

Thomas Voegtlin es un desarrollador de software suizo y el creador de Electrum, uno de los primeros monederos de Bitcoin de código abierto.

Antes de trabajar en Electrum, Voegtlin trabajó en proyectos relacionados con la criptografía y la seguridad informática. A principios de la década de 2010, Voegtlin se interesó en Bitcoin y decidió crear su propio monedero para la criptomoneda. En noviembre de 2011, lanzó Electrum como un software de código abierto y desde entonces ha seguido trabajando en mejoras y actualizaciones para el monedero.

Voegtlin es conocido en la comunidad de Bitcoin por su experiencia en criptografía y seguridad informática, y por ser uno de los desarrolladores más activos en la mejora de la seguridad y la usabilidad de los monederos de Bitcoin. Actualmente, sigue trabajando en el desarrollo de Electrum y en otros proyectos relacionados con la criptografía y la seguridad informática.

THORCHAIN

Thorchain (RUNE) es una red blockchain que permite el intercambio descentralizado de criptomonedas sin la necesidad de un intermediario centralizado. La red utiliza una arquitectura multi-cadena y un sistema de intercambio automatizado (AMM) para facilitar el intercambio de activos entre diferentes cadenas de bloques, incluyendo Bitcoin, Ethereum, Binance Coin y otras criptomonedas.

Una de las características clave de Thorchain es que permite el intercambio directo de criptomonedas sin necesidad de utilizar un token de intercambio nativo o intermediario. En cambio, las criptomonedas se intercambian a través de la red utilizando pares de activos directos. Esto permite a los usuarios intercambiar entre diferentes criptomonedas de manera más rápida y eficiente que en otros intercambios descentralizados.

Thorchain utiliza un sistema de gobernanza descentralizada, lo que significa que las decisiones importantes sobre la dirección de la red y su desarrollo futuro son tomadas por la comunidad de usuarios en lugar de una sola entidad centralizada. La red también recompensa a los usuarios que participan en el mantenimiento y seguridad de la red a través del mecanismo de consenso de prueba de participación (PoS).

En resumen, Thorchain es una red blockchain que permite el intercambio descentralizado de criptomonedas a través de una arquitectura multi-cadena y un sistema de intercambio automatizado. La red utiliza un modelo de gobernanza descentralizada y recompensa a los usuarios que participan en el mantenimiento y seguridad de la red.

TICKER

Un ticker en el contexto de los mercados financieros es un símbolo o abreviatura única que se utiliza para identificar una determinada acción, criptomoneda, índice o cualquier otro instrumento financiero que se negocie en un mercado. Los tickers suelen ser una combinación de letras y números, y se utilizan para identificar de manera única un activo en particular y para facilitar su seguimiento en tiempo real en los mercados. Por ejemplo, el ticker para la acción de Apple en la Bolsa de Nueva York es "AAPL", mientras que el ticker para Bitcoin en la mayoría de los mercados es "BTC".

TIEMPO DE VIGENCIA

El tiempo de vigencia (también conocido como "time in force" en inglés) se refiere a la duración de tiempo durante la cual una orden de compra o venta de activos financieros (como criptomonedas) permanece activa en el mercado.

Hay diferentes tipos de tiempos de vigencia que se pueden establecer al realizar una orden, algunos de los más comunes son:

- "Good Till Canceled" (GTC): la orden permanecerá activa hasta que se ejecute, sea cancelada por el usuario o se alcance una fecha límite específica (generalmente 30-90 días).
- "Immediate or Cancel" (IOC): la orden debe ejecutarse inmediatamente en su totalidad o ser cancelada.
- "Fill or Kill" (FOK): la orden debe ejecutarse en su totalidad de inmediato, de lo contrario será cancelada.
- "Good Till Time" (GTT): la orden permanecerá activa hasta que se alcance una hora específica para su ejecución o hasta que sea cancelada.

El tiempo de vigencia es importante para que los traders puedan controlar su riesgo y estrategias de trading, ya que les permite establecer limitaciones de tiempo y asegurarse de que las órdenes se ejecuten según sus planes.

TOKEN

En el contexto de las criptomonedas y la tecnología blockchain, un token es una unidad de valor que se crea y se gestiona en una red blockchain. Un token puede representar cualquier cosa, desde una moneda o una mercancía hasta un activo digital o un derecho de acceso.

Los tokens se pueden crear y distribuir mediante la creación de contratos inteligentes en una red blockchain, como Ethereum. Estos contratos definen las reglas para la creación, distribución y gestión de los tokens en la red.

Cada token tiene un valor, que puede ser determinado por el mercado y fluctuar en función de la oferta y la demanda. Los tokens se pueden intercambiar en diferentes plataformas y exchanges que permiten la compra y venta de criptomonedas y tokens.

Es importante destacar que existen diferentes tipos de tokens en el ecosistema cripto, algunos son considerados monedas, otros representan activos físicos como oro o propiedades, y otros se usan para recompensar a los usuarios de una plataforma. Por lo tanto, es importante entender el propósito y las características de cada token para poder comprender su valor y su utilidad en el mercado.

TOKEN DE GOBERNANZA

Un token de gobernanza es un tipo de token que se utiliza para votar y tomar decisiones en una red blockchain o en una organización descentralizada. Los titulares de estos tokens tienen derecho a participar en la toma de decisiones relacionadas con el protocolo, la dirección y el futuro de la red. En general, se utilizan para fomentar la participación comunitaria y para dar voz a los titulares de tokens en el proceso de gobernanza de la red. A menudo se les otorga a los titulares de tokens de gobernanza el derecho a votar sobre cambios importantes en el protocolo, como la asignación de fondos, la implementación de nuevas características o la elección de los miembros del equipo de desarrollo.

TOKEN DE OFERTA ELÁSTICA

Un token de oferta elástica es un tipo de criptomoneda cuyo suministro puede aumentar o disminuir automáticamente en función de la demanda del mercado. En otras palabras, la oferta de este tipo de token no es fija, sino que está diseñada para ser flexible y ajustarse a la demanda del mercado.

Los tokens de oferta elástica utilizan un mecanismo automatizado para ajustar la oferta en tiempo real en función de la demanda del mercado. Por ejemplo, si la demanda de un token de oferta elástica aumenta, el suministro del token se expandirá automáticamente para satisfacer la demanda y evitar una escasez de tokens en el mercado. De manera similar, si la demanda disminuye, el suministro del token se reducirá para mantener un equilibrio adecuado entre la oferta y la demanda.

La idea detrás de los tokens de oferta elástica es que la oferta se ajusta automáticamente para mantener una estabilidad relativa en el precio del token. En teoría, esto podría ayudar a evitar la volatilidad extrema del precio y hacer que el token sea más atractivo como una forma de pago y reserva de valor.

Algunos ejemplos de tokens de oferta elástica incluyen Ampleforth (AMPL) y Basis Cash (BAC). Cada uno de estos tokens tiene un suministro que se ajusta automáticamente en función de la demanda del mercado.

285

TOKENIZACIÓN

La tokenización es el proceso de convertir activos físicos o virtuales en tokens digitales en una blockchain o una plataforma de criptomonedas. Esto permite que dichos activos sean intercambiados de manera más eficiente, segura y transparente en la red blockchain.

En la tokenización, se crea un token digital que representa el activo subyacente, como una propiedad inmobiliaria, una obra de arte, una empresa o cualquier otro tipo de activo. Los tokens pueden tener diferentes funciones y características, dependiendo del activo que representen y de la plataforma en la que se emitan.

La tokenización ha abierto nuevas oportunidades para la inversión y el financiamiento, ya que permite que los activos que antes eran ilíquidos o difíciles de comerciar, como los bienes raíces, puedan ser fraccionados en tokens más pequeños, lo que permite a los inversores comprar una parte de ellos y poseer una fracción del activo en cuestión.

Además, la tokenización también puede ayudar a reducir los costos y la complejidad de los procesos de intercambio y registro de activos, ya que la tecnología blockchain y los smart contracts pueden automatizar gran parte de estos procesos, lo que permite una mayor eficiencia y transparencia.

En resumen, la tokenización es el proceso de convertir activos en tokens digitales en una blockchain o plataforma de criptomonedas, lo que permite una mayor eficiencia, seguridad y transparencia en la gestión e intercambio de dichos activos.

TOKEN LP

Un token LP (liquidity provider) es un token emitido por un pool de liquidez en un exchange descentralizado (DEX) o en un protocolo de finanzas descentralizadas (DeFi) que representa la participación de un usuario en el pool de liquidez.

Cuando los usuarios depositan criptomonedas en un pool de liquidez para proporcionar liquidez a un mercado específico, reciben tokens LP a cambio. Estos tokens LP representan su participación en el pool de liquidez y les otorgan el derecho a reclamar una parte de las tarifas de trading generadas en el mercado.

Los tokens LP son útiles porque permiten a los usuarios retirar su liquidez del pool en cualquier momento y recibir una proporción de los fondos del pool en función de su participación. Además, los tokens LP se pueden negociar en el mercado secundario, lo que permite a los usuarios obtener ganancias adicionales si el valor de los tokens LP aumenta.

En resumen, un token LP es un instrumento financiero que permite a los usuarios participar en un pool de liquidez en un exchange descentralizado o en un protocolo de DeFi, y recibir una parte de las tarifas de trading generadas en el mercado en función de su participación.

TOKENOMICS

Tokenomics es un término que se utiliza para describir el diseño y la economía detrás de un token o criptomoneda específica. Se refiere a todos los aspectos económicos de un proyecto de criptomonedas, incluyendo su oferta total, la distribución de tokens, la política monetaria, la inflación, la deflación, el mecanismo de consenso, las tarifas de transacción, y otros factores que pueden afectar el valor y la adopción del token.

Los tokenomics son un aspecto crítico del diseño de un token o criptomoneda, ya que pueden afectar directamente el valor y la utilidad del token, así como su capacidad para atraer y retener usuarios y desarrolladores. Los proyectos de criptomonedas con una buena tokenomics pueden tener una mayor probabilidad de éxito a largo plazo, ya que están diseñados para ser sostenibles y escalables.

Algunos de los factores que pueden influir en los tokenomics incluyen:

La política de emisión: se refiere a la forma en que se crean y distribuyen nuevos tokens en la red, y puede tener un impacto en la oferta total de tokens y en la inflación de la criptomoneda.

El mecanismo de consenso: se refiere a la forma en que se validan las transacciones y se mantienen los registros en la red, y puede influir en la seguridad y la eficiencia de la criptomoneda.

La distribución de tokens: se refiere a cómo se distribuyen los tokens entre los miembros de la comunidad, y puede afectar la descentralización y la gobernanza de la red.

Las tarifas de transacción: se refiere a la cantidad de tokens que se cobran por procesar una transacción en la red, y puede tener un impacto en la velocidad y la escalabilidad de la criptomoneda.

En resumen, los tokenomics son el conjunto de factores económicos que influyen en el valor, la utilidad y la adopción de una criptomoneda o token específico. Son un aspecto crítico del diseño de un proyecto de criptomonedas y pueden afectar significativamente su éxito a largo plazo.

TOR

Tor es una red de comunicaciones anónima que se utiliza para proteger la privacidad y la seguridad de los usuarios en Internet. La red Tor funciona mediante el enrutamiento de las conexiones de los usuarios a través de una serie de nodos o relays encriptados, lo que hace que sea difícil para cualquier persona rastrear el origen y el destino de la comunicación.

El nombre "Tor" significa "The Onion Router" (El enrutador de cebolla) y hace referencia a la forma en que funciona la red. Al igual que una cebolla tiene capas que se pelan una a una, la red Tor tiene capas de encriptación que se desencriptan sucesivamente en cada nodo o relay. Esto hace que sea difícil para un observador externo (como un ISP o un ciberdelincuente) interceptar o espiar la conexión del usuario.

Tor también es utilizado por activistas políticos, periodistas, y otras personas que necesitan proteger su privacidad y seguridad en línea. Sin embargo, Tor no es completamente infalible y hay ciertas técnicas de ataque que pueden ser utilizadas para desenmascarar a los usuarios de la red Tor.

Es importante destacar que el uso de Tor no es ilegal en sí mismo, pero su uso puede atraer la atención de las autoridades en ciertas situaciones. Por esta razón, es importante que los usuarios de Tor sean conscientes de los riesgos y tomen precauciones adicionales para proteger su privacidad y seguridad en línea.

En resumen, Tor es una red de comunicaciones anónima que se utiliza para proteger la privacidad y la seguridad de los usuarios en Internet. Funciona mediante el enrutamiento de las conexiones de los usuarios a través de una serie de nodos o relays encriptados, lo que hace que sea difícil para cualquier persona rastrear el origen y el destino de la comunicación. Tor es utilizado por activistas políticos, periodistas y otras personas que necesitan proteger su privacidad y seguridad en línea.

TORO

En el mundo de las criptomonedas y las inversiones financieras, un "toro" es una persona que es optimista sobre el futuro del mercado y espera que los precios de los activos aumenten. Por lo tanto, el término "mercado alcista" se utiliza a menudo para describir un período en el que los precios de los activos están en aumento.

El término "toro" se deriva de la forma en que un toro ataca, levantando sus cuernos hacia arriba, lo que se asemeja a una curva ascendente en un gráfico de precios. Los inversores que tienen una perspectiva alcista suelen estar motivados por las noticias positivas del mercado, como un aumento en la adopción de una criptomoneda en particular o un anuncio de una nueva característica que pueda aumentar su valor.

Por el contrario, un inversor "oso" es aquel que tiene una perspectiva bajista sobre el mercado y espera que los precios de los activos caigan. Los inversores "osos" están motivados por las noticias negativas del mercado, como una disminución en la adopción de una criptomoneda en particular o un anuncio de una nueva regulación que pueda afectar su valor.

TRADER

Un trader (o negociador) es una persona o entidad que compra y vende activos financieros, como acciones, bonos, divisas o criptomonedas, en los mercados financieros. El objetivo de un trader es obtener una ganancia al comprar un activo a un precio bajo y venderlo a un precio más alto en el futuro.

Los traders utilizan diferentes estrategias y técnicas para comprar y vender activos financieros, como el análisis técnico, el análisis fundamental, el trading algorítmico, entre otros. Además, los traders pueden operar en diferentes plazos, desde operaciones a corto plazo (conocidas como "day trading") hasta operaciones a largo plazo.

Los traders pueden trabajar para sí mismos como traders independientes, o pueden trabajar para empresas de trading, hedge funds, bancos de inversión, entre otros. Además, con la creciente popularidad de las criptomonedas, ha habido un aumento en el número de traders de criptomonedas que compran y venden criptomonedas en los mercados de criptomonedas.

Es importante destacar que el trading en los mercados financieros conlleva riesgos y requiere habilidades y conocimientos especializados. Por lo tanto, es recomendable que los traders adquieran una educación sólida y obtengan experiencia antes de operar en los mercados financieros.

TRADING

El trading es la actividad de comprar y vender activos financieros, como acciones, bonos, divisas o criptomonedas, en los mercados financieros con el objetivo de obtener una ganancia a partir de la diferencia entre el precio de compra y el precio de venta. El trading es una actividad que se realiza con frecuencia en los mercados financieros, donde los participantes buscan aprovechar las oportunidades de negociación que surgen a medida que cambian las condiciones del mercado.

Los traders utilizan diferentes estrategias y técnicas para comprar y vender activos financieros. Algunos traders se basan en el análisis técnico, que implica el uso de gráficos y otros indicadores para identificar patrones de precios y tendencias en el mercado. Otros traders utilizan el análisis fundamental, que implica la evaluación de los fundamentos económicos de una empresa o país para tomar decisiones de inversión. También hay traders que utilizan técnicas de trading cuantitativo, donde se utilizan algoritmos informáticos para realizar operaciones.

El trading se realiza en diferentes plazos, desde operaciones a corto plazo (conocidas como "day trading") hasta operaciones a largo plazo. Los traders pueden trabajar de forma independiente o pueden trabajar para empresas de trading, hedge funds, bancos de inversión, entre otros. Además, con la creciente popularidad de las criptomonedas, ha habido un aumento en el número de traders de criptomonedas que compran y venden criptomonedas en los mercados de criptomonedas.

Es importante destacar que el trading en los mercados financieros conlleva riesgos y requiere habilidades y conocimientos especializados. Por lo tanto, es recomendable que los traders adquieran una educación sólida y obtengan experiencia antes de operar en los mercados financieros.

TRADINGVIEW

TradingView es una plataforma web y de software que permite a los usuarios ver y analizar gráficos financieros y de trading en tiempo real, así como compartir ideas y estrategias de trading. La plataforma incluye herramientas de análisis técnico, indicadores personalizables, capacidades de visualización de datos y funciones sociales, lo que permite a los usuarios interactuar con otros traders, publicar gráficos y discutir las condiciones del mercado. TradingView es utilizada por una amplia variedad de traders, desde principiantes hasta profesionales, para analizar el mercado, encontrar oportunidades de trading y compartir conocimientos y estrategias. La plataforma ofrece servicios gratuitos y de pago, con opciones de suscripción para acceder a características avanzadas y herramientas adicionales.

TRANSACTION BLOCK

Un transaction block, o bloque de transacciones en español, es una estructura de datos fundamental en la tecnología de blockchain. Un bloque de transacciones es un registro digital que contiene un conjunto de transacciones verificadas y validadas en la red de blockchain.

Cada bloque de transacciones en una cadena de bloques contiene información como la hora y fecha de las transacciones, el número de transacciones, el valor de las transacciones, las direcciones de las billeteras de criptomonedas de los remitentes y destinatarios, y una firma digital única que identifica el bloque.

Los bloques de transacciones son creados por los mineros, que utilizan su poder de procesamiento para resolver complejos problemas matemáticos y validar las transacciones en la red de blockchain. Una vez que un bloque de transacciones es validado, se agrega a la cadena de bloques, lo que significa que la información en el bloque se vuelve inmutable y no puede ser alterada.

Cada bloque de transacciones en una cadena de bloques se enlaza al bloque anterior mediante una cadena criptográfica de hash, lo que crea un registro inmutable de todas las transacciones que se han realizado en la red de blockchain. Este proceso de enlace de bloques se conoce como minería de bloques, y es lo que permite a la tecnología de blockchain ser segura y descentralizada.

TRAZABLE

Trazable es una plataforma blockchain que utiliza tecnología de registro distribuido para rastrear la cadena de suministro de alimentos y productos frescos. La plataforma permite a los consumidores, minoristas y productores rastrear el origen de los productos, monitorear su calidad y verificar que se cumplan los estándares de seguridad alimentaria y de calidad. Además, Trazable ofrece una solución para prevenir la falsificación y el fraude en la cadena de suministro de alimentos, lo que garantiza la autenticidad y la trazabilidad de los productos desde su origen hasta el destino final. El token nativo de la plataforma es TRZ.

TRC-10

TRC-10 es un estándar de token que se utiliza en la red blockchain de TRON. Es una de las dos normas de token utilizadas en la red TRON, siendo la otra el TRC-20.

Los tokens TRC-10 son compatibles con la red TRON y se utilizan para representar activos digitales, como monedas, puntos de fidelidad, tokens de juego, etc. Estos tokens se pueden intercambiar en la red TRON y también se pueden almacenar en billeteras compatibles con TRON.

La creación de tokens TRC-10 en la red TRON es relativamente sencilla, lo que ha llevado a un gran número de proyectos a crear sus propios tokens TRC-10.

TRC-20

TRC-20 es un estándar técnico utilizado en la red blockchain de TRON para la creación de tokens fungibles. Un token fungible es aquel que es intercambiable con otro de igual valor y características.

TRC-20 es muy similar a ERC-20, que es el estándar utilizado en la red Ethereum para la creación de tokens. Ambos estándares definen una serie de reglas y requisitos técnicos para la creación y gestión de tokens en su respectiva red blockchain.

Al utilizar TRC-20 en la red TRON, los desarrolladores pueden crear sus propios tokens y utilizarlos para una variedad de propósitos, como la financiación colectiva (ICO), recompensas de lealtad, programas de incentivos, entre otros. Además, estos tokens pueden ser intercambiados en exchanges y utilizados como medios de pago en diversas plataformas y aplicaciones que acepten TRC-20 como forma de pago.

TRON

Tron es una plataforma de blockchain descentralizada y una criptomoneda (TRX) que se lanzó en 2017. La plataforma se centra en la creación de un ecosistema descentralizado para el entretenimiento y los contenidos digitales. Fue fundada por Justin Sun, un empresario chino que también fundó la aplicación de redes sociales Peiwo.

La plataforma Tron se basa en la tecnología blockchain y se utiliza para alojar y distribuir contenido digital de manera descentralizada. Algunos ejemplos de este contenido incluyen música, videos, juegos y aplicaciones. La plataforma permite a los creadores de contenido publicar y distribuir su contenido sin intermediarios y de manera más rentable que las plataformas centralizadas tradicionales.

Tron también tiene su propia criptomoneda, TRX, que se utiliza para transacciones dentro de la plataforma. Los titulares de TRX también pueden participar en la gobernanza de la plataforma, votando sobre cambios propuestos y tomando decisiones sobre su futuro desarrollo.

En resumen, Tron es una plataforma de blockchain centrada en la creación de un ecosistema descentralizado para el entretenimiento y los contenidos digitales, y su criptomoneda, TRX, se utiliza para transacciones y gobernanza dentro de la plataforma.

TRUE

TRUE es el token nativo de la plataforma de préstamos descentralizada (DeFi) TrueFi, basada en la blockchain de Ethereum. TRUE se utiliza para gobernar la plataforma, proporcionar incentivos a los usuarios y pagar tarifas de transacción.

Los titulares de TRUE pueden participar en la gobernanza de TrueFi, lo que les permite tomar decisiones sobre el desarrollo futuro de la plataforma, como cambios en las tarifas y la adición de nuevos activos para préstamos.

Además, TRUE se utiliza para proporcionar incentivos a los usuarios que participan en la plataforma. Los prestamistas y prestatarios reciben TRUE como recompensa por su participación en el ecosistema de TrueFi, lo que ayuda a aumentar la liquidez de la plataforma y a incentivar la participación de los usuarios.

TrueFi también utiliza TRUE para pagar tarifas de transacción, lo que significa que los usuarios pueden usar TRUE para reducir las tarifas que deben pagar en la plataforma.

En resumen, TRUE es el token nativo de la plataforma TrueFi y se utiliza para gobernar la plataforma, proporcionar incentivos a los usuarios y pagar tarifas de transacción.

TRUEFI

TrueFi es una plataforma de préstamos descentralizada (DeFi) basada en la blockchain de Ethereum. La plataforma TrueFi permite a los usuarios solicitar préstamos y a los prestamistas proporcionar fondos, todo dentro del ecosistema de DeFi y sin la necesidad de intermediarios financieros tradicionales.

Una característica distintiva de TrueFi es su enfoque en la transparencia y la seguridad de los préstamos. La plataforma utiliza un sistema de reputación para garantizar que los prestatarios y prestamistas cumplan con sus obligaciones y, al mismo tiempo, proteger la privacidad de los usuarios.

Los préstamos en TrueFi están respaldados por un colateral en forma de criptomonedas como Ethereum, y se administran a través de contratos inteligentes en la blockchain de Ethereum. Los préstamos son procesados de forma rápida y sin necesidad de aprobaciones de terceros.

TrueFi también tiene su propio token, el TRUE, que se utiliza para gobernar la plataforma y proporcionar incentivos a los participantes. Los usuarios que prestan sus fondos a través de la plataforma ganan intereses en TRUE.

En resumen, TrueFi es una plataforma de préstamos DeFi que ofrece transparencia, seguridad y eficiencia a través del uso de la blockchain de Ethereum y contratos inteligentes.

TRUSTPAD

TrustPad es una plataforma de Launchpad descentralizada que permite a los proyectos de criptomonedas recaudar fondos y lanzar sus tokens en el mercado de manera justa y transparente. La plataforma utiliza tecnología blockchain para garantizar la seguridad y la transparencia en el proceso de recaudación de fondos y lanzamiento de tokens.

Los proyectos pueden solicitar un lanzamiento en TrustPad y, si son aceptados, se someten a un riguroso proceso de revisión y auditoría para garantizar su viabilidad y seguridad. Una vez aprobados, los proyectos pueden recaudar fondos a través de una oferta inicial de monedas (ICO) o una oferta de monedas inicial (IDO) en la plataforma.

Los inversores que desean participar en un lanzamiento en TrustPad deben tener una billetera compatible con la plataforma y poseer una cierta cantidad de criptomonedas en su billetera. Durante el lanzamiento, los inversores pueden comprar los tokens del proyecto con criptomonedas, y las recompensas en tokens adicionales se distribuyen a los inversores después del lanzamiento.

TrustPad también cuenta con una serie de herramientas de análisis y estadísticas para ayudar a los inversores a tomar decisiones informadas sobre su participación en los lanzamientos. Además, la plataforma tiene un sistema de gobernanza en el que los titulares de tokens de TrustPad pueden participar en la toma de decisiones en el desarrollo de la plataforma.

En resumen, TrustPad es una plataforma de Launchpad bien establecida que utiliza tecnología blockchain para ofrecer una manera segura y confiable para que los proyectos de criptomonedas recauden fondos y lancen sus tokens en el mercado.

TRUST WALLET

Trust Wallet es una billetera digital de criptomonedas que permite a los usuarios almacenar, enviar y recibir una amplia variedad de criptomonedas. Fue fundada en 2017 por Viktor Radchenko y fue adquirida por Binance en 2018. Trust Wallet es una aplicación móvil para iOS y Android que permite a los usuarios controlar sus fondos directamente desde sus dispositivos móviles, lo que la hace conveniente para aquellos que necesitan acceder a sus criptomonedas mientras están en movimiento. Además de almacenar criptomonedas, Trust Wallet también permite a los usuarios interactuar con aplicaciones descentralizadas (dApps) en la cadena de bloques Ethereum y Binance Smart Chain.

TRX

TRX es el símbolo o ticker de la criptomoneda Tron, que es la moneda nativa de la plataforma Tron. Tron es una plataforma de blockchain descentralizada que se utiliza para alojar y distribuir contenido digital de manera descentralizada, incluyendo música, videos, juegos y aplicaciones.

TRX se utiliza dentro de la plataforma Tron para realizar transacciones y como medio de pago para los creadores de contenido que publican y distribuyen su contenido en la plataforma. También se puede utilizar como medio de intercambio en los intercambios de criptomonedas que lo admiten.

Además de su uso como medio de pago dentro de la plataforma Tron, TRX también se utiliza para la gobernanza de la plataforma. Los titulares de TRX pueden participar en la toma de decisiones sobre el futuro desarrollo de la plataforma mediante la votación sobre cambios propuestos.

TRZ

El token TRZ se refiere al token nativo de la red Trazable, una plataforma que utiliza tecnología blockchain para rastrear y verificar la cadena de suministro de productos. El token TRZ se utiliza para realizar transacciones en la red Trazable, incluyendo la verificación de productos y la compensación de participantes de la red. Además, el token también puede ser utilizado para acceder a servicios y aplicaciones adicionales en la plataforma Trazable.

TVL

TVL significa "Total Value Locked" (valor total bloqueado, en español) y es una métrica utilizada en DeFi (finanzas descentralizadas) para medir la cantidad de fondos en dólares que están depositados en un protocolo específico en un momento determinado.

En términos simples, TVL es la suma de todos los activos que se mantienen en un protocolo, incluyendo tokens, criptomonedas y otros activos, valorados en dólares estadounidenses en tiempo real. Es importante tener en cuenta que el valor total bloqueado cambia constantemente a medida que los usuarios depositan o retiran fondos del protocolo.

TVL se utiliza como una métrica para evaluar la popularidad y el éxito de un protocolo de DeFi. Los protocolos con un alto TVL pueden indicar que son confiables, seguros y populares entre los usuarios. Sin embargo, TVL no es una medida infalible del éxito y no es la única métrica que se debe considerar al evaluar un protocolo de DeFi.

U

UMA

UMA es un protocolo de contratos inteligentes que permite la creación, mantenimiento y liquidación de contratos financieros sintéticos en la cadena de bloques Ethereum. UMA significa "Universal Market Access" (Acceso Universal al Mercado), y tiene como objetivo permitir la creación de mercados sintéticos para cualquier tipo de activo financiero, desde acciones hasta materias primas y otros instrumentos financieros.

El protocolo UMA utiliza oráculos descentralizados para proporcionar datos de precios en tiempo real y asegurar la integridad de los contratos sintéticos. Además, UMA también cuenta con un sistema de garantías para mantener la estabilidad del sistema y evitar la liquidación de los contratos. La criptomoneda nativa del protocolo UMA es UMA, que se utiliza como incentivo para los creadores de contratos y los validadores de datos del oráculo.

UNI

UNI es el token nativo de Uniswap, un protocolo descentralizado de intercambio de criptomonedas basado en la red Ethereum. UNI se lanzó en septiembre de 2020 como una forma de distribuir la propiedad del protocolo entre los usuarios y fomentar la participación en la gobernanza del protocolo. Los titulares de UNI pueden votar en propuestas de mejora del protocolo y recibir recompensas por proporcionar liquidez en el intercambio. Además, UNI se utiliza como medio de pago de tarifas de intercambio y recompensas de minería de liquidez en la plataforma.

UNISWAP

Uniswap es un protocolo de intercambio descentralizado (DEX) basado en la blockchain de Ethereum que utiliza un algoritmo de mercado automatizado (AMM) para determinar los precios de los activos y facilitar las transacciones.

Uniswap utiliza pools de liquidez para permitir a los usuarios intercambiar tokens de Ethereum de manera descentralizada y sin intermediarios. Los pools de liquidez son fondos que contienen un par de tokens de Ethereum, y los usuarios pueden depositar sus tokens en el pool para obtener una parte proporcional de las tarifas de transacción generadas en ese pool.

Los AMM de Uniswap ajustan automáticamente el precio de los tokens en el pool en función de la oferta y la demanda del mercado. Cuando un usuario realiza una transacción en Uniswap, el protocolo calcula el precio de los tokens y ajusta el pool de liquidez correspondiente. Luego, el usuario recibe sus tokens intercambiados y el pool de liquidez recibe una tarifa por la transacción.

Uniswap es uno de los DEX más populares en la comunidad criptográfica debido a su capacidad para proporcionar un intercambio descentralizado eficiente y sin intermediarios, y su facilidad de uso a través de una interfaz de usuario intuitiva. Además, Uniswap ha lanzado una versión 3 en la que se han realizado mejoras importantes en el diseño del AMM, lo que permite una mayor eficiencia en la asignación de capital y reduce la exposición al riesgo de pérdida.

USD COIN

USD Coin (USDC) es una criptomoneda conocida como "stablecoin" que tiene un valor fijo de un dólar estadounidense. Es decir, cada unidad de USD Coin está respaldada por una unidad de dólar estadounidense en una cuenta bancaria reservada.

El objetivo principal de USD Coin es proporcionar una forma de transferir y almacenar valor en el mundo de las criptomonedas sin tener que preocuparse por la volatilidad del mercado. Al estar vinculada al valor del dólar estadounidense, USD Coin ofrece una forma de protegerse contra la fluctuación de precios que se observa en otras criptomonedas.

USD Coin se utiliza ampliamente como una forma de transferir fondos entre exchanges de criptomonedas y también se utiliza como una forma de mantener el valor de las criptomonedas en momentos de alta volatilidad del mercado. Además, USD Coin se utiliza en muchas transacciones de trading de criptomonedas como una forma de comprar y vender otras criptomonedas sin tener que pasar por el proceso de convertir a moneda fiduciaria.

Al igual que otras stablecoins, USD Coin ha sido creada para proporcionar estabilidad en un mercado de criptomonedas que es conocido por su volatilidad y riesgos. Sin embargo, es importante tener en cuenta que la emisión y el uso de USD Coin todavía están sujetos a los mismos riesgos y regulaciones que se aplican a otras criptomonedas.

UTC-JSON

UTC-JSON (Coordinated Universal Time - JSON) es un formato de archivo utilizado para almacenar una keystore (almacenamiento de claves) que contiene claves privadas en sistemas criptográficos como Ethereum. Este formato de archivo es un tipo de archivo JSON (JavaScript Object Notation) que está encriptado y comprimido para proteger la seguridad de las claves privadas almacenadas.

El formato UTC-JSON incluye información sobre la clave privada, así como una versión encriptada y comprimida de la clave privada. La keystore en formato UTC-JSON se utiliza en combinación con una contraseña para proteger la clave privada y autenticar al propietario de la cuenta.

Para acceder a la keystore en formato UTC-JSON, se requiere una contraseña para desencriptar y descomprimir la información. Es importante guardar una copia de seguridad de la keystore y mantener la contraseña de la keystore en un lugar seguro y privado, ya que perder la keystore o la contraseña puede resultar en la pérdida permanente de los fondos criptográficos almacenados en ella.

UTILITY TOKEN

Un utility token es un tipo de criptomoneda o token que se utiliza para acceder a un producto o servicio ofrecido por una plataforma blockchain. Estos tokens pueden utilizarse como medio de pago para servicios, productos, y/o para acceder a características adicionales dentro de una plataforma.

A diferencia de los security tokens, los utility tokens no se consideran valores y no otorgan al poseedor derechos sobre la empresa que los emitió. En cambio, su valor se basa en su utilidad en la plataforma que los emitió y en su demanda en el mercado.

UTXO

UTXO significa "Unspent Transaction Output" o "Salida de transacción no gastada". Es una medida fundamental en la cadena de bloques de Bitcoin y se refiere a las unidades de valor no gastadas en una transacción de Bitcoin. En otras palabras, cuando alguien envía Bitcoin a otra persona, lo que realmente están haciendo es crear una transacción que gasta ciertos UTXOs (o salidas de transacción no gastadas) que ya existen en la cadena de bloques y creando nuevas salidas de transacción no gastadas para la persona que recibe los Bitcoin. Cada UTXO tiene un valor en Bitcoin y solo puede ser gastado una vez, lo que garantiza la integridad y seguridad de la cadena de bloques.

VALIDADOR

En el contexto de blockchain, un validador es un participante en la red que se encarga de confirmar la validez de las transacciones y validar nuevos bloques en la cadena de bloques.

Los validadores son esenciales para el funcionamiento de una red de blockchain descentralizada, ya que ayudan a asegurar la integridad y la inmutabilidad de la cadena de bloques. Los validadores utilizan un algoritmo de consenso (como el Proof-of-Work o el Proof-of-Stake) para determinar quién puede agregar el siguiente bloque a la cadena y recibir una recompensa por su trabajo.

En algunas redes de blockchain, los validadores pueden tener diferentes niveles de responsabilidad y recompensas, y pueden requerir diferentes cantidades de recursos y esfuerzo para realizar su trabajo. En general, ser un validador de blockchain es una tarea importante que requiere un conocimiento profundo del sistema y un compromiso con la integridad de la red.

VAULT

"Vault" es una palabra en inglés que se puede traducir como "bóveda" o "cámara acorazada". En el contexto de las finanzas descentralizadas (DeFi), "vault" se refiere a una función específica de algunos protocolos DeFi que permite a los usuarios depositar sus activos en una bóveda de seguridad que está diseñada para optimizar el rendimiento de esos activos.

Por ejemplo, en el protocolo Yearn Finance, los usuarios pueden depositar sus criptomonedas en un "vault" que está diseñado para maximizar los rendimientos de esas criptomonedas, utilizando una variedad de estrategias de inversión. Los usuarios pueden depositar una amplia gama de criptomonedas, incluyendo Bitcoin, Ethereum, USDC y otros tokens.

El objetivo de un "vault" es proporcionar una forma segura y eficiente para que los usuarios maximicen los rendimientos de sus criptomonedas, sin tener que preocuparse por las complejidades de la inversión en DeFi. Al depositar sus activos en un "vault", los usuarios pueden delegar la tarea de optimizar el rendimiento a un equipo de expertos en inversión, mientras que ellos simplemente reciben los beneficios.

VECHAIN

VeChain es una plataforma blockchain pública enfocada en la gestión de la cadena de suministro y la trazabilidad empresarial. Su objetivo es mejorar la transparencia, la eficiencia y la calidad en la cadena de suministro y en otras áreas empresariales mediante el uso de tecnología blockchain. VeChain utiliza tokens para garantizar la seguridad, la trazabilidad y la transparencia de la información a lo largo de la cadena de suministro y permitir que los usuarios realicen transacciones en la plataforma. La plataforma VeChain también cuenta con una serie de herramientas y soluciones para la gestión de datos y la verificación de autenticidad.

VENDER EN CORTO

Vender en corto, también conocido como short selling, es una técnica de inversión que implica la venta de un activo financiero, incluyendo criptomonedas, que el inversor no posee con la intención de comprarlo más tarde a un precio más bajo. En otras palabras, es una apuesta a que el precio del activo caerá en el futuro.

Para vender en corto, el inversor toma prestado el activo de alguien más, generalmente de un corredor o de otro inversor, y lo vende en el mercado. Una vez que el precio del activo ha caído, el inversor lo recompra en el mercado a un precio más bajo y se lo devuelve al prestamista original. La diferencia entre el precio de venta y el precio de recompra es la ganancia del inversor.

La venta en corto puede ser una herramienta útil para los inversores que buscan obtener ganancias en un mercado en declive o para aquellos que buscan protegerse contra una posible caída en los precios de los activos que ya poseen. Sin embargo, la venta en corto también implica un alto nivel de riesgo, ya que si el precio del activo aumenta en lugar de disminuir, el inversor puede enfrentar pérdidas significativas y posibles llamadas de margen.

Es importante tener en cuenta que la venta en corto a veces puede ser objeto de críticas y controversias, ya que algunos argumentan que puede llevar a la manipulación del mercado y a una mayor volatilidad en los precios de los activos. Por esta razón, algunos mercados y reguladores financieros han impuesto restricciones o prohibiciones a la venta en corto en ciertos casos o bajo ciertas circunstancias.

VENUS PROTOCOL

Venus Protocol es un protocolo de finanzas descentralizadas (DeFi) construido en la red blockchain de Binance Smart Chain. Fue lanzado en septiembre de 2020 y tiene como objetivo permitir el intercambio y préstamo de activos digitales en una plataforma descentralizada.

Venus Protocol funciona como un mercado de préstamos descentralizado (DLP, por sus siglas en inglés) que permite a los usuarios obtener préstamos o prestar sus criptomonedas y obtener intereses a cambio. También permite el comercio de criptomonedas en la plataforma, lo que permite a los usuarios intercambiar activos digitales con baja latencia y bajos costos.

Una característica distintiva de Venus Protocol es que utiliza una variedad de activos como colaterales, incluyendo criptomonedas como Bitcoin, Ethereum y Binance Coin, así como tokens sintéticos como XRP y Litecoin. Además, también permite el préstamo y el comercio de activos de moneda estable, como USDT, BUSD y DAI.

Venus Protocol utiliza su propio token de utilidad, el token XVS, para el gobierno de la plataforma y para permitir que los usuarios obtengan beneficios y descuentos en la plataforma. XVS es un token de gobernanza que permite a los titulares del token participar en la toma de decisiones en la plataforma, como cambios en las tasas de interés y en el conjunto de activos que se pueden utilizar como colateral.

VESTING

El vesting en las criptomonedas se refiere a un mecanismo que se utiliza para controlar el acceso y la distribución de las criptomonedas en una plataforma, especialmente en el caso de las nuevas empresas que emiten tokens o criptomonedas como parte de su financiamiento inicial.

El vesting establece un período de tiempo durante el cual los tokens o criptomonedas no se pueden vender o transferir, lo que significa que están "bloqueados". Durante este tiempo, las criptomonedas permanecen en una cuenta restringida hasta que se cumple el plazo de vesting y se desbloquean para su uso.

El objetivo del vesting es fomentar la estabilidad y la continuidad del proyecto a largo plazo, así como evitar la especulación y la manipulación del mercado en las etapas iniciales. Además, el vesting puede ser utilizado para motivar a los fundadores y miembros del equipo al garantizar que reciben una porción de las criptomonedas de forma gradual, en lugar de recibir todo el pago de una sola vez.

El vesting puede tener diferentes duraciones, según los términos establecidos por la empresa, pero suele ser de varios meses o incluso años. También puede haber diferentes tipos de vesting, como el vesting escalonado, en el que las criptomonedas se liberan en incrementos durante un período de tiempo determinado.

VET

VET es el símbolo o token utilizado en la red VeChain, que es una plataforma de cadena de bloques centrada en empresas. VET se utiliza para representar y transferir valor a través de la red VeChain, y también se utiliza para pagar las tarifas de transacción en la red. Además, VET se utiliza para participar en la gobernanza y toma de decisiones en la red VeChain.

VIKTOR RADCHENKO

Viktor Radchenko es un empresario y desarrollador de software ucraniano, conocido principalmente por ser el fundador y CEO de Trust Wallet. Trust Wallet es una billetera digital de criptomonedas que se utiliza para almacenar, enviar y recibir criptomonedas y tokens ERC-20 en la cadena de bloques Ethereum, y que fue adquirida por Binance en 2018. Radchenko ha sido un defensor activo de la seguridad y la privacidad en el espacio de las criptomonedas, y ha trabajado en varios proyectos de seguridad informática antes de fundar Trust Wallet.

VITALIK BUTERIN

Vitalik Buterin es un programador y empresario ruso-canadiense, conocido principalmente como el fundador de la plataforma blockchain Ethereum y como uno de los líderes más influyentes en la industria de las criptomonedas.

Buterin nació en 1994 en Kolomna, Rusia, y creció en Canadá. Comenzó a interesarse en la tecnología blockchain en 2011, después de descubrir Bitcoin, y rápidamente se convirtió en un defensor y participante activo en la comunidad de criptomonedas. En 2013, se propuso crear una plataforma blockchain que fuera más flexible y programable que Bitcoin, y comenzó a trabajar en lo que eventualmente se convertiría en Ethereum.

En 2014, Buterin lanzó el libro blanco de Ethereum, que detallaba la arquitectura y las características de la plataforma. La plataforma se lanzó en 2015, y se convirtió en una de las criptomonedas más importantes del mercado, impulsando una amplia gama de proyectos y aplicaciones descentralizadas.

Buterin ha recibido numerosos premios y reconocimientos por su trabajo en la tecnología blockchain, incluyendo el premio Thiel Fellowship y la inclusión en la lista Forbes 30 Under 30 en la categoría de tecnología. También es conocido por su activismo en temas relacionados con la privacidad, la seguridad y la gobernanza en la tecnología blockchain y en la sociedad en general.

VOLUMEN DE NEGOCIACIÓN

El volumen de negociación es una métrica que se utiliza en el mercado de criptomonedas (y en otros mercados financieros) para medir la cantidad de activos que se compran y venden en un período de tiempo determinado.

En el caso de las criptomonedas, el volumen de negociación se refiere a la cantidad total de la criptomoneda que se ha comprado y vendido en un exchange o en varios exchanges en un período de tiempo determinado, por lo general 24 horas.

El volumen de negociación es importante porque puede indicar la liquidez de una criptomoneda o un exchange en particular. Una mayor liquidez significa que hay más compradores y vendedores dispuestos a negociar esa criptomoneda, lo que puede hacer que sea más fácil comprar y vender la criptomoneda a un precio justo. También puede indicar la actividad y el interés de los inversores y traders en una criptomoneda en particular.

Es importante tener en cuenta que el volumen de negociación puede variar significativamente de un exchange a otro, y que algunos exchanges pueden informar sobre el volumen falso o inflado. Por lo tanto, es importante investigar cuidadosamente la fuente del volumen de negociación y no basar las decisiones de inversión únicamente en esta métrica.

VPN

El término VPN significa "Virtual Private Network" o Red Privada Virtual en español. Es una herramienta que permite crear una conexión segura y encriptada entre un dispositivo y una red privada a través de Internet.

La principal función de una VPN es proporcionar privacidad y seguridad a la conexión a Internet del usuario. Al conectarse a una VPN, la dirección IP del dispositivo del usuario se oculta y se reemplaza por la dirección IP de la VPN. Esto significa que el proveedor de servicios de Internet (ISP) del usuario no puede ver qué sitios web visita el usuario y, por lo tanto, no puede registrar su actividad en línea. Además, al estar encriptada, la conexión a través de una VPN protege la información del usuario de posibles ciberataques y espionaje.

Además de la privacidad y la seguridad, las VPN también se utilizan para acceder a contenidos restringidos geográficamente. Al cambiar la dirección IP del usuario a la dirección IP de la VPN, se puede acceder a contenido que normalmente estaría bloqueado en la ubicación geográfica del usuario.

Existen muchas opciones de VPN disponibles en el mercado, desde opciones gratuitas hasta opciones de pago con características adicionales. Es importante elegir una VPN confiable y segura para garantizar la protección de los datos y la privacidad del usuario.

En resumen, una VPN es una herramienta que permite crear una conexión segura y encriptada entre un dispositivo y una red privada a través de Internet. Su función principal es proporcionar privacidad y seguridad a la conexión a Internet del usuario, ocultando la dirección IP del dispositivo y encriptando la conexión. Las VPN también se utilizan para acceder a contenido restringido geográficamente. Es importante elegir una VPN confiable y segura para garantizar la protección de los datos y la privacidad del usuario.

VWAP

VWAP es la abreviatura de "Volumen ponderado por precio medio" (del inglés "Volume Weighted Average Price"). Es una medida de la media ponderada del precio de un activo financiero basado en su volumen de negociación. El VWAP se utiliza a menudo por los traders como una herramienta para medir la eficacia de su trading y para determinar si han obtenido un precio favorable en sus operaciones.

El VWAP se calcula sumando el precio de cada transacción multiplicado por su volumen, y dividiendo el resultado por el volumen total. El VWAP se actualiza continuamente durante el día de negociación a medida que se producen nuevas transacciones.

El VWAP se utiliza a menudo como una referencia para el precio justo de un activo, y los traders pueden comparar el precio actual de un activo con su VWAP para determinar si el precio actual es favorable o desfavorable en relación con su precio medio ponderado por volumen. Los traders también pueden utilizar el VWAP para determinar los niveles de soporte y resistencia en el precio de un activo, y para tomar decisiones sobre cuándo comprar o vender un activo en función de su posición en relación al VWAP.

WALLET

Una wallet (o cartera en español) es un programa o aplicación que se utiliza para almacenar, enviar y recibir criptomonedas. Funciona de manera similar a una cuenta bancaria, pero en lugar de almacenar dinero fiduciario, almacena criptomonedas.

Cada wallet tiene una dirección única asociada a ella, que se utiliza para enviar y recibir criptomonedas. La dirección de la wallet es un código alfanumérico único que puede compartirse con otros usuarios para recibir pagos en criptomonedas.

Existen diferentes tipos de wallets, como wallets de hardware, wallets de escritorio, wallets móviles y wallets en línea. Cada tipo de wallet tiene sus propias características y niveles de seguridad.

Las wallets de hardware son consideradas las más seguras, ya que almacenan las claves privadas en un dispositivo físico fuera de línea, lo que las hace menos vulnerables a ataques informáticos. Las wallets de escritorio y móviles también son populares y ofrecen un buen nivel de seguridad. Las wallets en línea son menos seguras, ya que las claves privadas se almacenan en un servidor en línea, lo que las hace más vulnerables a los ataques cibernéticos.

En resumen, una wallet es un programa o aplicación que se utiliza para almacenar, enviar y recibir criptomonedas. Cada wallet tiene una dirección única asociada a ella que se utiliza para enviar y recibir criptomonedas. Existen diferentes tipos de wallets, cada uno con sus propias características y niveles de seguridad.

WALLETCONNECT

WalletConnect es un protocolo de código abierto que se utiliza para conectar billeteras criptográficas a aplicaciones descentralizadas (dApps) en la cadena de bloques. La idea detrás de WalletConnect es hacer que la interacción con aplicaciones descentralizadas sea más fácil y segura para los usuarios de billeteras criptográficas, al tiempo que se mejora la privacidad y la seguridad de las transacciones en la cadena de bloques.

WalletConnect utiliza una combinación de códigos QR y enlaces profundos para conectar las billeteras criptográficas con las dApps. Los usuarios simplemente escanean un código QR generado por la dApp con su billetera criptográfica o abren un enlace profundo que los lleva directamente a la dApp. La conexión se realiza mediante una conexión cifrada punto a punto, lo que significa que WalletConnect no almacena ni accede a ninguna información confidencial del usuario o de la billetera.

WALLET HARDWARE

Una wallet hardware, también conocida como cartera de hardware, es un dispositivo físico diseñado para almacenar de forma segura las claves privadas de criptomonedas. Las claves privadas son las claves que permiten acceder a las criptomonedas almacenadas en una dirección específica de una blockchain, y son esenciales para enviar o gastar esas criptomonedas.

Las wallets hardware se conectan a un ordenador o a un dispositivo móvil a través de un cable USB o de forma inalámbrica, y se utilizan para firmar transacciones de criptomonedas de forma segura. Cuando se realiza una transacción, la wallet hardware muestra los detalles de la transacción en su pantalla, y el usuario debe confirmar la transacción presionando un botón físico en el dispositivo.

La principal ventaja de una wallet hardware es su seguridad. Las claves privadas se almacenan en el dispositivo de forma segura, y nunca se comparten con el ordenador o dispositivo móvil conectado. Esto hace que sea casi imposible para un hacker robar las claves privadas y acceder a las criptomonedas.

Algunas de las wallets hardware más populares son Trezor, Ledger Nano S, y KeepKey, pero hay muchas otras opciones disponibles en el mercado.

WALLET HD

Una wallet HD (Hierarchical Deterministic wallet) es un tipo de cartera de criptomonedas que utiliza un algoritmo matemático para generar una secuencia de direcciones de criptomonedas a partir de una única frase mnemotécnica o "semilla".

Cada vez que se necesita una nueva dirección de criptomonedas para recibir fondos, la wallet HD utiliza la semilla para generar una nueva dirección, y puede generar un número infinito de direcciones de esta manera. De esta manera, las wallets HD ofrecen una mayor privacidad y seguridad, ya que no es necesario generar una nueva semilla cada vez que se crea una nueva dirección.

Además, las wallets HD suelen tener características de seguridad adicionales, como la capacidad de generar contraseñas adicionales para proteger la semilla o la posibilidad de establecer una frase de recuperación en caso de pérdida o robo del dispositivo.

Las wallets HD son populares entre los usuarios de criptomonedas porque son más fáciles de usar y gestionar que las wallets tradicionales, ya que eliminan la necesidad de crear y almacenar múltiples direcciones de forma manual. Algunos ejemplos de wallets HD incluyen Copay, Electrum y Mycelium.

WALLET MÓVIL

Una wallet móvil (monedero móvil, en español) es un tipo de monedero de criptomonedas que se ejecuta en dispositivos móviles, como teléfonos inteligentes y tabletas. Las wallets móviles permiten a los usuarios enviar y recibir criptomonedas desde cualquier lugar con una conexión a Internet y un dispositivo móvil.

Las wallets móviles pueden ser aplicaciones descargables desde tiendas de aplicaciones en línea, como Google Play o App Store. Al igual que otros tipos de monederos de criptomonedas, las wallets móviles contienen una clave privada y una clave pública. La clave privada se utiliza para firmar transacciones y acceder a los fondos almacenados en la dirección de la clave pública.

Una de las ventajas de las wallets móviles es que son convenientes y fáciles de usar. Los usuarios pueden enviar y recibir criptomonedas con solo unos pocos toques en la pantalla de su dispositivo móvil. Además, las wallets móviles pueden ser muy seguras si se utilizan de manera adecuada y se toman medidas para proteger la clave privada, como la autenticación de dos factores y la encriptación.

Sin embargo, es importante tener en cuenta que las wallets móviles pueden ser vulnerables a los ataques de malware y phishing. Los atacantes pueden tratar de engañar a los usuarios para que descarguen aplicaciones maliciosas que se hacen pasar por wallets móviles legítimas, o pueden intentar acceder a la clave privada a través de técnicas de phishing o de fuerza bruta.

En general, las wallets móviles son una forma conveniente y segura de almacenar y enviar criptomonedas, siempre y cuando se utilicen de manera adecuada y se tomen medidas para proteger la seguridad de la clave privada.

WALLET PAPER

Una wallet paper (monedero de papel, en español) es una forma de almacenar criptomonedas en un documento físico, como un trozo de papel. Una wallet paper generalmente contiene información sobre la clave privada y la clave pública necesarias para acceder a los fondos almacenados en una dirección de criptomonedas específica.

La clave privada es una cadena de caracteres alfanuméricos que se utiliza para firmar transacciones y acceder a los fondos almacenados en la dirección de la clave pública. La clave pública es una dirección única de criptomonedas que se utiliza para recibir fondos.

Para crear una wallet paper, el usuario genera una clave privada y una clave pública en un software de monedero de criptomonedas, y luego imprime la información en un pedazo de papel. El usuario debe mantener la wallet paper en un lugar seguro, ya que cualquier persona que tenga acceso a la clave privada puede acceder a los fondos almacenados en la dirección de la clave pública.

La wallet paper puede ser una forma segura de almacenar criptomonedas a largo plazo, ya que no está conectada a Internet y, por lo tanto, es menos vulnerable a los ataques de hackers y malware. Sin embargo, la wallet paper también puede ser vulnerable a la pérdida o el daño físico, lo que podría resultar en la pérdida permanente de los fondos almacenados.

En general, las wallet paper son una forma de almacenamiento de criptomonedas segura y práctica para aquellos que desean mantener sus fondos fuera de línea y en un lugar seguro.

WASABI WALLET

Wasabi Wallet es una cartera de criptomonedas de código abierto y no custodial que se enfoca en la privacidad y la seguridad de las transacciones de Bitcoin. Fue desarrollada por zkSNACKs Ltd y lanzada en 2018.

Wasabi Wallet utiliza la tecnología CoinJoin para mezclar las transacciones de Bitcoin de múltiples usuarios y así proporcionar un alto nivel de privacidad y anonimato en las transacciones. También utiliza la tecnología Tor para enmascarar la dirección IP del usuario, lo que agrega una capa adicional de anonimato y privacidad.

Además de sus características de privacidad, Wasabi Wallet también es fácil de usar y ofrece una interfaz de usuario intuitiva. La cartera es compatible con múltiples sistemas operativos, como Windows, Linux y macOS, y ofrece características avanzadas como la generación de direcciones múltiples y la restauración de carteras a partir de una frase semilla.

Wasabi Wallet es una cartera no custodial, lo que significa que el usuario tiene el control total de sus claves privadas y fondos. No almacena las claves privadas en ningún servidor centralizado, lo que aumenta la seguridad de los fondos.

En resumen, Wasabi Wallet es una cartera de criptomonedas de código abierto y no custodial que se enfoca en la privacidad y la seguridad de las transacciones de Bitcoin. Utiliza la tecnología CoinJoin y Tor para proporcionar anonimato y privacidad en las transacciones, y es fácil de usar con características avanzadas como la generación de direcciones múltiples y la restauración de carteras a partir de una frase semilla.

WEB 3

Web 3, también conocida como la "tercera generación de la web", se refiere a un conjunto de tecnologías emergentes que tienen como objetivo crear una Internet descentralizada y más segura, en la que los usuarios tengan un mayor control sobre sus datos y una mayor privacidad en línea.

En lugar de depender de grandes corporaciones y servidores centralizados, la Web 3 utiliza tecnologías de blockchain y criptomonedas para permitir la creación de aplicaciones y servicios descentralizados, que funcionan a través de una red global de nodos y usuarios, sin la necesidad de un intermediario central.

Además, la Web 3 también se centra en proporcionar una mayor privacidad y seguridad en línea, utilizando tecnologías como el cifrado y la autenticación descentralizada para garantizar que los datos de los usuarios estén seguros y protegidos.

Algunas de las tecnologías clave que forman parte de la Web 3 incluyen la blockchain, los contratos inteligentes, las criptomonedas, la autenticación descentralizada, la computación distribuida, entre otras. En conjunto, estas tecnologías buscan revolucionar la forma en que interactuamos con Internet y crear una Internet más abierta, transparente y justa para todos.

WETH

WETH es una versión envuelta de ether (ETH) en la cadena de bloques Ethereum. Es una forma de representar ETH como un token ERC-20 estándar en Ethereum, lo que significa que se puede usar y negociar fácilmente en aplicaciones descentralizadas (dApps) en la red Ethereum. WETH se creó para permitir el intercambio de ETH en los protocolos de intercambio descentralizado (DEX) de Ethereum sin tener que depositar y retirar ETH directamente de la billetera. En cambio, los usuarios pueden envolver ETH como WETH y usarlo en el protocolo DEX sin tener que preocuparse por el manejo de la moneda nativa. Cuando un usuario desea retirar su ETH, puede simplemente convertir su WETH de vuelta a ETH.

WHITEPAPER

Un whitepaper (libro blanco) es un documento técnico que describe un problema y propone una solución para el mismo. En el contexto de las criptomonedas, un whitepaper es un documento que describe los detalles técnicos de una nueva criptomoneda o de una mejora en una criptomoneda existente.

El whitepaper de una criptomoneda suele incluir información sobre la tecnología subyacente, como el protocolo de consenso, el algoritmo de hashing y los detalles de la cadena de bloques. También puede incluir información sobre el suministro máximo de la criptomoneda, su estructura económica y cualquier otro detalle relevante.

El whitepaper es un documento importante para la comunidad de criptomonedas, ya que proporciona una comprensión técnica y detallada de cómo funciona una criptomoneda. Los inversores y los desarrolladores pueden utilizar el whitepaper para evaluar si una criptomoneda es adecuada para sus necesidades y objetivos.

En resumen, un whitepaper es un documento técnico que describe los detalles técnicos de una nueva criptomoneda o de una mejora en una criptomoneda existente. Contiene información detallada sobre la tecnología subyacente, la estructura económica y otros detalles relevantes. Es una herramienta importante para la comunidad de criptomonedas para evaluar si una criptomoneda es adecuada.

WITEK RADOMSKI

Witek Radomski es un emprendedor y desarrollador de blockchain que es conocido por ser uno de los fundadores de Enjin, una plataforma de juegos en línea que utiliza la tecnología blockchain para crear tokens de juegos no fungibles (NFT) y para permitir el comercio de activos de juegos en línea.

Radomski nació en Polonia en 1987 y comenzó a programar desde una edad temprana. Después de graduarse de la Universidad de Tecnología de Wrocław, comenzó a trabajar en proyectos de desarrollo de juegos en línea y en 2009 fundó Enjin, junto con Maxim Blagov. En 2017, la compañía lanzó su propia criptomoneda, Enjin Coin (ENJ), que se utiliza como una forma de pago y como incentivo en la plataforma Enjin.

Radomski es conocido por su trabajo en el desarrollo de estándares de tokens en la cadena de bloques Ethereum, como el estándar ERC-1155. También es un defensor de la tecnología blockchain y ha hablado en conferencias y eventos en todo el mundo sobre su potencial para revolucionar las industrias de los juegos en línea, el comercio electrónico y más.

En resumen, Witek Radomski es un emprendedor y desarrollador de blockchain conocido por ser uno de los fundadores de Enjin, una plataforma de juegos en línea que utiliza la tecnología blockchain para crear tokens de juegos no fungibles (NFT) y para permitir el comercio de activos de juegos en línea. También es conocido por su trabajo en el desarrollo de estándares de tokens en la cadena de bloques Ethereum y es un defensor de la tecnología blockchain en general.

WOO

WOO es el símbolo o token nativo de la red Woo Network. Woo Network es una red de blockchain de capa 2 construida en el protocolo Substrate de Polkadot y está diseñada para permitir transacciones más rápidas y económicas que las cadenas de bloques de capa 1 como Bitcoin o Ethereum. El token WOO se utiliza como una forma de pago para las tarifas de transacción y como incentivo para los validadores de la red. También se puede utilizar para la gobernanza de la red, como votación para cambios en la red y propuestas de mejoras.

WOOFI

Woofi es una criptomoneda basada en la blockchain de Binance Smart Chain (BSC) que se autodefine como una "criptomoneda de utilidad comunitaria con un enfoque en el bienestar animal". Su objetivo principal es brindar apoyo financiero y ayuda a los refugios y organizaciones de rescate de animales de todo el mundo.

Según su sitio web, el equipo detrás de Woofi está formado por entusiastas de las criptomonedas y amantes de los animales que creen que pueden marcar la diferencia en la vida de los animales necesitados a través de su proyecto. La criptomoneda funciona con un sistema de recompensas y distribución de tokens que incentiva a los usuarios a participar en la comunidad y apoyar la causa animal.

Woofi se lanzó en mayo de 2021 y ha ganado cierta popularidad en la comunidad criptográfica. Según su sitio web, una parte de cada transacción de Woofi se destina a la caridad para apoyar a los refugios y organizaciones de rescate de animales. También tiene una función de quema de tokens para reducir el suministro en circulación y aumentar su valor.

En resumen, Woofi es una criptomoneda de utilidad comunitaria basada en Binance Smart Chain que tiene como objetivo apoyar a los refugios y organizaciones de rescate de animales mediante la recaudación de fondos y donaciones de su comunidad.

WOO NETWORK

Woo Network es una plataforma de blockchain que está diseñada para la creación de mercados de predicción descentralizados. La plataforma utiliza tecnología de cadena de bloques y contratos inteligentes para permitir la creación y el comercio de mercados de predicción basados en eventos del mundo real. Woo Network tiene como objetivo proporcionar una plataforma más eficiente y descentralizada para el comercio de mercados de predicción, lo que permite a los usuarios especular y protegerse contra eventos futuros.

WRAPPED BITCOIN

Wrapped Bitcoin (WBTC) es un token ERC-20 respaldado por Bitcoin en una relación de 1:1, lo que significa que cada WBTC emitido representa 1 Bitcoin (BTC) en reserva. WBTC permite a los usuarios de la red Ethereum utilizar Bitcoin en aplicaciones descentralizadas (dApps), contratos inteligentes y protocolos de finanzas descentralizadas (DeFi). Para obtener WBTC, los usuarios deben enviar sus BTC a un custodio acreditado, quien a su vez emitirá el mismo monto de WBTC en la dirección de la billetera del usuario. Cuando los usuarios desean recuperar su BTC, deben destruir el WBTC y retirar sus BTC de la reserva. Esto permite a los usuarios mover Bitcoin de la cadena de bloques de Bitcoin a la cadena de bloques de Ethereum y viceversa, lo que brinda más flexibilidad y oportunidades de inversión en el ecosistema DeFi.

WRAPPED ETHEREUM

Wrapped Ethereum (WETH) es una versión "envuelta" de Ethereum, que se utiliza en la cadena de bloques de Ethereum para permitir la interoperabilidad con otras cadenas de bloques y aplicaciones descentralizadas (dApps) en el ecosistema de DeFi. WETH es una forma de representar tokens de Ethereum como ERC-20, que son compatibles con la mayoría de las plataformas de intercambio descentralizadas y otros servicios DeFi, lo que permite a los usuarios acceder a una amplia variedad de productos y servicios. Los usuarios pueden intercambiar ETH por WETH en ciertas plataformas de intercambio descentralizadas y viceversa. El objetivo principal de WETH es mejorar la liquidez en los intercambios descentralizados y hacer que los tokens de Ethereum sean más accesibles para una variedad de aplicaciones y casos de uso en el ecosistema de DeFi.

WRAPPED XRP

Wrapped XRP (wXRP) es un token ERC-20 respaldado por XRP en una proporción 1:1, lo que significa que cada wXRP en circulación está respaldado por una cantidad equivalente de XRP. wXRP permite a los usuarios de la red Ethereum interactuar con la cadena de bloques XRP y aprovechar las funcionalidades de ambas redes. El proceso de envolver XRP implica bloquear XRP en una dirección específica y emitir una cantidad equivalente de tokens wXRP en la red Ethereum. Estos tokens pueden ser utilizados en aplicaciones descentralizadas (dApps) y en contratos inteligentes que acepten tokens ERC-20.

X

XRP

XRP es una criptomoneda creada por la compañía Ripple. Originalmente, fue diseñada para ser utilizada como una moneda digital para facilitar transacciones financieras rápidas y eficientes en todo el mundo.

Una de las principales características de XRP es que utiliza una tecnología de contabilidad distribuida llamada "RippleNet" que permite transacciones en tiempo real y reduce significativamente los costos asociados con las transacciones internacionales. RippleNet es una red de pagos globales que conecta a bancos, instituciones financieras y proveedores de pagos para permitir transacciones en todo el mundo.

Además de su uso como moneda digital, XRP también se utiliza como un activo digital para almacenar valor. Al igual que otras criptomonedas, XRP se puede comprar, vender e intercambiar en exchanges de criptomonedas y se utiliza como un activo especulativo en el mercado de criptomonedas.

Es importante tener en cuenta que XRP ha sido objeto de controversia en los últimos años debido a su relación con Ripple y los problemas legales que ha enfrentado Ripple en los Estados Unidos. Esto ha llevado a algunos exchanges de criptomonedas a suspender la negociación de XRP y ha creado incertidumbre sobre el futuro de la criptomoneda. Sin embargo, sigue siendo una de las criptomonedas más populares y se utiliza en transacciones de pago y trading en todo el mundo.

XRP LEDGER

El XRP Ledger es una red de contabilidad distribuida creada por Ripple Labs en 2012 para respaldar su moneda digital XRP y permitir transacciones rápidas y seguras. Es un registro descentralizado y de código abierto de todas las transacciones que ocurren en la red, y cualquier persona puede participar en la validación de transacciones en la red.

Además de la moneda digital XRP, el XRP Ledger también admite la creación y el intercambio de otros tokens y activos digitales en la plataforma. La tecnología detrás del XRP Ledger se basa en una estructura de árbol de consenso y utiliza un algoritmo de consenso único llamado el algoritmo de consenso del XRP Ledger para validar y confirmar las transacciones en la red de forma rápida y eficiente.

XTZ

XTZ es el símbolo o ticker utilizado para representar la criptomoneda Tezos en los mercados de intercambio. Tezos es una cadena de bloques descentralizada que utiliza un algoritmo de consenso de prueba de participación delegada (DPoS) para validar las transacciones en la red. XTZ se utiliza como un medio de pago dentro de la red Tezos y también se puede intercambiar en los mercados de criptomonedas por otras monedas digitales o fiat. Además de su uso como una criptomoneda, Tezos también se utiliza para la creación de contratos inteligentes y aplicaciones descentralizadas.

XVS

XVS es el token nativo del protocolo de finanzas descentralizadas (DeFi) Venus Protocol, construido en la red blockchain de Binance Smart Chain. XVS es un token de utilidad que se utiliza para gobernar la plataforma y obtener beneficios en la plataforma.

Como token de gobernanza, los titulares de XVS tienen voz y voto en las decisiones de gobernanza del protocolo, incluyendo cambios en las tasas de interés y en el conjunto de activos que se pueden utilizar como colateral en el mercado de préstamos descentralizados. Además, los titulares de XVS también pueden participar en la distribución de recompensas y en el sistema de incentivos en la plataforma.

Además de su función de gobernanza, XVS también se utiliza para proporcionar beneficios y descuentos a los usuarios de la plataforma Venus Protocol. Por ejemplo, los usuarios pueden obtener descuentos en las tarifas de transacción en la plataforma al utilizar XVS para pagar las tarifas.

XVS se puede adquirir en intercambios de criptomonedas y se puede almacenar en cualquier billetera que sea compatible con tokens de la red Binance Smart Chain.

318

Y

YEARN FINANCE

Yearn Finance (YFI) es un protocolo de finanzas descentralizadas (DeFi) construido en la red Ethereum que tiene como objetivo ayudar a los usuarios a optimizar sus rendimientos en criptomonedas. El proyecto fue lanzado en 2020 por Andre Cronje y se ha convertido en uno de los protocolos DeFi más populares y exitosos en términos de valor total bloqueado (TVL).

El objetivo principal de Yearn Finance es maximizar los rendimientos para los usuarios que depositan sus fondos en el protocolo. El protocolo logra esto mediante la optimización del rendimiento de los activos de los usuarios a través de diferentes estrategias de inversión. El protocolo de Yearn Finance automatiza el proceso de inversión al combinar varias estrategias de inversión y fondos de liquidez de diferentes protocolos DeFi en una sola plataforma.

Yearn Finance cuenta con varios productos en su ecosistema, como Vaults (bóvedas), donde los usuarios pueden depositar sus fondos y el protocolo se encarga de optimizar la rentabilidad. Además, Yearn Finance también ofrece productos de préstamos y apalancamiento, y está trabajando en un proyecto llamado "Coordinape", que tiene como objetivo permitir que los equipos de DeFi gestionen su propio presupuesto y recompensen a los miembros del equipo de manera descentralizada.

YFI es el token nativo de Yearn Finance y es utilizado para la gobernanza y el gobierno del protocolo. Los titulares de YFI pueden votar en las propuestas de gobernanza y tomar decisiones importantes sobre el futuro del protocolo. YFI es compatible con la red Ethereum y se puede almacenar en billeteras que soportan la red, como MetaMask y MyEtherWallet.

YFI

YFI es el token nativo de Yearn Finance, un protocolo de finanzas descentralizadas (DeFi) que ayuda a los usuarios a maximizar sus rendimientos en criptomonedas a través de diferentes estrategias de inversión automatizadas. YFI es un token ERC-20 de Ethereum y se utiliza para la gobernanza y el gobierno del protocolo Yearn Finance.

A diferencia de la mayoría de los tokens de criptomonedas, YFI no se lanzó a través de una oferta inicial de monedas (ICO) o una venta privada. En cambio, se distribuyó de forma completamente descentralizada a través de un proceso llamado "yield farming", donde los usuarios que proporcionaban liquidez al protocolo Yearn Finance recibían YFI como recompensa.

El suministro máximo de YFI es de solo 30,000 tokens, lo que lo convierte en uno de los tokens más escasos del mercado de criptomonedas. Como resultado de esta escasez y la popularidad del protocolo Yearn Finance, el precio de YFI ha experimentado una gran volatilidad, llegando a alcanzar un valor máximo histórico de más de $90,000 en septiembre de 2020.

Los titulares de YFI pueden votar en las propuestas de gobernanza de Yearn Finance y tomar decisiones importantes sobre el futuro del protocolo. Además, también pueden recibir recompensas por proporcionar liquidez a los diferentes pools de liquidez de Yearn Finance.

YIELD FARMING

El yield farming, también conocido como agricultura de rendimiento, es una forma de generar ingresos pasivos mediante la participación en la provisión de liquidez en un protocolo de finanzas descentralizadas (DeFi) a cambio de recompensas en criptomonedas.

Básicamente, el yield farming consiste en prestar tus fondos a un protocolo DeFi a cambio de tokens nativos de la plataforma o de otra criptomoneda, los cuales pueden ser luego intercambiados por otras criptomonedas o monedas fiduciarias. La cantidad de recompensas que recibes depende de factores como la cantidad de fondos que prestas, el tiempo durante el cual prestas tus fondos, la volatilidad del mercado y la demanda de liquidez.

En el yield farming, los usuarios aportan sus fondos a una pool de liquidez para que otros usuarios puedan intercambiar sus activos con facilidad. A cambio de proporcionar esa liquidez, los proveedores de liquidez reciben una recompensa que puede variar dependiendo del protocolo DeFi. Algunos protocolos DeFi también ofrecen incentivos adicionales para atraer a los usuarios a participar en su plataforma, como la distribución de tokens adicionales para los primeros proveedores de liquidez.

En resumen, el yield farming es una estrategia de inversión que permite a los usuarios obtener ingresos pasivos a través del préstamo de sus fondos a un protocolo DeFi a cambio de recompensas en criptomonedas. Es importante tener en cuenta que el yield farming conlleva riesgos y es importante investigar bien los protocolos DeFi antes de participar en ellos.

YIELD GUILD GAMES

Yield Guild Games (YGG) es una comunidad y un gremio en línea centrado en el juego "play-to-earn" Axie Infinity. Axie Infinity es un juego basado en blockchain que permite a los jugadores ganar dinero real jugando. YGG se dedica a ayudar a los jugadores a obtener acceso a Axies (los personajes del juego), proporcionar herramientas y recursos para maximizar las ganancias en el juego, y fomentar una comunidad sólida y sostenible en torno a la experiencia de juego. Además de Axie Infinity, YGG también está explorando otros juegos de "play-to-earn" y oportunidades de inversión en el espacio de los juegos basados en blockchain.

YGG

YGG son las siglas de Yield Guild Games, una plataforma que permite a los jugadores ganar dinero en línea a través de la participación en juegos de economía de tokens y blockchain. Los usuarios pueden ganar recompensas en criptomonedas, tokens y NFT por participar en juegos como Axie Infinity y otros juegos en línea. Los miembros de la comunidad de YGG también pueden invertir en NFT de juego para obtener ingresos pasivos y participar en la toma de decisiones de la plataforma a través de la gobernanza descentralizada. YGG utiliza la tecnología blockchain para crear un ecosistema de juegos justo y descentralizado donde los jugadores pueden ganar dinero real mientras se divierten.

Z

ZKP

Zero Knowledge Proof (ZKP) o Prueba de Conocimiento Cero, en español, es un protocolo criptográfico que permite a una persona demostrar que conoce cierta información (como una contraseña o clave privada) sin revelar la información en sí misma. Es decir, permite demostrar que se tiene conocimiento de algo sin tener que revelar ese algo.

En esencia, ZKP es una forma de autenticación que protege la privacidad y la seguridad de la información personal y confidencial. Por ejemplo, un usuario podría demostrar que tiene la edad suficiente para acceder a un servicio o producto sin tener que revelar su fecha de nacimiento real.

El protocolo ZKP utiliza matemáticas avanzadas y criptografía para crear un conjunto de pruebas y verificaciones que permiten demostrar que se posee la información deseada sin tener que revelarla. Esto se logra mediante la creación de una serie de "cuestionarios" que deben ser respondidos correctamente para demostrar el conocimiento de la información.

La tecnología de ZKP se está aplicando cada vez más en diversos campos, incluyendo la ciberseguridad, la protección de datos personales y la verificación de identidad. Por ejemplo, se está utilizando en la blockchain para permitir transacciones privadas y anónimas sin tener que revelar la información de las partes involucradas.

En resumen, ZKP es un protocolo criptográfico que permite demostrar que se tiene conocimiento de cierta información sin tener que revelar la información en sí misma, lo que lo convierte en una herramienta valiosa para la protección de la privacidad y la seguridad de la información confidencial.

ZK-ROLLUP

El protocolo zk-rollup es una solución de escalabilidad para blockchains que permite procesar un gran número de transacciones sin comprometer la seguridad o la descentralización. El término "zk" se refiere a "pruebas de conocimiento cero", que son un tipo de criptografía que permite a los usuarios demostrar que conocen cierta información sin revelarla realmente. En un zk-rollup, las transacciones se agrupan y se procesan fuera de la cadena principal de la blockchain, y solo se publican pruebas criptográficas resumidas en la cadena principal, lo que permite un procesamiento mucho más rápido y eficiente. Además, zk-rollup también ofrece mejoras en la privacidad de las transacciones y en la reducción de tarifas de gas.

2

2FA

2FA significa "autenticación de dos factores" en inglés, y es un método de seguridad utilizado para proteger cuentas en línea y otras plataformas digitales.

La autenticación de dos factores implica el uso de dos formas diferentes de identificación para verificar la identidad del usuario. El primer factor suele ser una contraseña, que es algo que el usuario sabe. El segundo factor puede ser algo que el usuario posee, como un teléfono móvil, una llave de seguridad física, una tarjeta inteligente o una huella dactilar.

Por ejemplo, al activar 2FA en una cuenta de correo electrónico, después de ingresar la contraseña, el usuario puede recibir un código único en su teléfono móvil, que debe ser ingresado en la página de inicio de sesión para completar el proceso de autenticación. De esta manera, si un atacante logra obtener la contraseña del usuario, todavía tendría que tener acceso al segundo factor para poder ingresar a la cuenta.

La autenticación de dos factores es una medida de seguridad adicional que ayuda a proteger las cuentas en línea de los usuarios, ya que incluso si alguien conoce la contraseña, no podrían acceder a la cuenta sin el segundo factor de autenticación.

www.ingramcontent.com/pod-product-compliance
Lightning Source LLC
LaVergne TN
LVHW051221050326
832903LV00028B/2204